◎ 江苏区域协调与发展特色研究丛书

扬州地方教育家研究

潘洪建 刘 华 编著

南京大学出版社

《江苏区域协调与发展特色研究丛书》

总　序

江苏是具有较强全国代表性的区域经济发展不平衡的地区。作为东部经济较发达省份,与全国东部、中部、西部发展具有明显的梯度特征相似,江苏一个较为突出的现象就是存在着较为突出的区域差异,即苏南、苏中、苏北三大区域板块之间经济发展差距较大,几乎是我国东、中、西部经济发展水平的缩影。

虽然地区经济的非均衡发展是经济发展过程中的一种普遍现象,但也在一定程度上影响区域和谐稳定。为促进江苏区域协调、持续、健康发展,根据区域经济发展梯级差异显著的具体省情,历届江苏省委、省政府在做好区域功能定位的同时,积极加大统筹力度,高度关注并千方百计推动区域发展。早在 1984 年省第七次党代会就提出了"加快发展苏北,积极提高苏南"的方针,1994 年省第九次党代会明确了"没有苏北的小康就没有全省的小康,没有苏北的现代化就没有全省的现代化"的战略思想,把区域共同发展作为三大发展战略之一。世纪之交,省委、省政府进一步提出"苏南提升、苏中崛起、苏北振兴"的区域协调发展战略,省"十一五"规划确立了"提升苏南发展水平,促进苏中快速崛起,发挥苏北后发优势"的分类指导方针。省委、省政府将区域协调发展确立为"十二五"发展战略目标,提出"把区域共同发展战略深化为区域协调发展战略,构建三大区域优势互补、互动发展机制,逐步缩小区域发展差距,全面提升区域协调发展水平"。2011 年 11 月,省第十二次党代会上罗志军书记强调:"支持苏中加快崛起,更大力度推进江海联动开发和跨江合作开发,促进苏中尽快融入苏南经济板块。"省委、省政府积极探索区域协调发展的新途径、新模式,相继出台了一系列加快区域协调发展的政策措施,在扶持苏北产业发展、促进对内对外开放、推动苏南苏北合作等方面发挥了重要作用，在促进区域协调发展尤其是苏北地区振兴发展方面取得了重要突破和明显成效，形成了江海联动、南北呼应，三大区域优势互补、竞相发展的格局，为全省经济社会全面发展增添了新动力。

扬州大学作为江苏省属重点综合性大学，是全国率先进行合并办学的高校，具有学科门类齐全、多学科交叉融合的显著特点。学校以人文社会科学中的经济学、管理学、法学、社会学和教育学等学科为主体，同时积极与自然科学中的工学、农学和医学等学科交叉整合，围绕江苏区域协调与发展这一主题，精心确定了研究领域和方向，建设研究平台和科研团队，积极开展研究工作，大力推进产学研合作。1997年，经江苏省哲学社会科学规划办、江苏省教育厅批准，学校成立"苏中发展研究院"，以促进江苏区域协调发展为目标，围绕苏中发展中的全局性、综合性、战略性问题，向地方征集重大选题，由校地专家合作攻关开展理论和应用研究。依托"苏中发展研究院"建设的以提升合作研究手段为目的的实验平台，获得中央财政专项资金资助。2009年起，学校创立"苏中发展论坛"，作为发布江苏区域协调发展研究成果的重要平台。2013年，"苏中发展研究基地"被江苏省哲学社会科学界联合会确定为江苏省决策咨询研究基地，重点研究苏中发展问题。

在江苏省人民政府的重点支持下，学校从"九五"开始启动参照"211工程"项目建设以来，前后三期建设都将地方经济社会发展、地方文化传承与创新等重大课题纳入项目建设总体规划。特别是在"十一五"参照"211工程"项目第三期建设中，学校将"江苏区域协调与发展特色"作为重点研究项目，划拨重点建设经费，组织精干科研团队，针对江苏区域经济协调发展与管理现代化、扬州地方文化的传承和发展两大方向，从开发区管理、服务转型、地方治理与制度创新、人力资本利用、外资利用、金融创新、产业结构转型、城乡统筹、法制建设、地方文化的保护挖掘和传承发展等视角，就江苏经济、文化和社会的区域协调发展进行了专项研究，产生了一批具有重要理论价值和实践意义的研究成果，可望为推动江苏区域协调与发展提供积极有效的理论支持、决策参考和实践范式。

在《江苏区域协调与发展特色研究丛书》即将付梓之际,我们谨向关心支持"江苏区域协调与发展特色"重点研究项目的江苏省教育厅、江苏省财政厅的各位领导,为各子项目顺利结题付出辛勤劳动的所有专家学者,给予丛书出版以鼎力相助的南京大学出版社表示诚挚的谢意!

扬州大学《江苏区域协调与发展特色研究丛书》
编辑委员会
2013 年 10 月

前　言

　　扬州有着 2500 余年的历史,在这片古老的土地上,曾经涌现出了无数名人志士、文人骚客、商贾市贩。其中,也出现过一批学者、教师,他们致力于人才培养、学术研究与文化发展,为扬州乃至中国的历史传承、文化传播、社会进步做出了重要贡献。有关扬州教育家的教育事迹、实践和主张,已在一些书籍报刊如《扬州地方志》、《扬州历史人物辞典》、《扬州日报》、《扬州市教育志》中有过零星的介绍,但这些介绍还不够完整、系统,有待梳理挖掘和深度阐释。

　　本书研究的"扬州地方教育家"中的"扬州"是指文化、历史意义上的扬州,不局限于现今行政区域的扬州。它不仅包括现在行政区域内的扬州市,而且包括今天泰州市、南通市的部分地区,因为,历史上的扬州范围很广,比今天的扬州大得多。"教育家"指在教育教学工作中成绩突出,产生了一定影响的教育工作者。"扬州地方教育家"指与扬州有密切关系,在教育工作中有所建树,具有较大影响的私塾、学堂、中小学、师范学校的教师乃至大学教育教学工作者(不包括社会行业里的师傅,扬州"三把刀"闻名海内外,曾经涌现出一大批知名师傅如民国时期的扬州评话艺术大师王少堂等,又如今天的扬州脚艺名人陆琴等,他们可以称为文化名人,所以暂不收录)。总之,凡出生、工作、生活在扬州,或虽不在扬州出生但在扬州工作、生活过,或在扬州出生、生活但后来在外地工作的教育者,他们对扬州教育乃至全国教育产生过积极影响,均应被纳入研究的视野。

　　由于资料的限制,我们只能基于现有的文献开始工作。从目前搜集到的资料来看,扬州教育家的分布显现出下述状况:从历史朝代看,最早可以追溯的扬州教育家是西汉时期的董仲舒,隋唐时期甚少,宋代有欧阳修、胡瑗、孙觉等,元代、明代亦少,清代最多,如王艮、阮元、焦循、刘熙载等,民国时期涌现出了一批有影响的教育家如黄质夫、朱自清等;从学校层次看,既有小学教师、中学教师、师范学校的教师,又有大学教授、学者;除了众多中小学、师范学校校长(如徐公美、李更生、周厚枢、张卓如、朱白吾等),还有一批大学校长(如复旦大学的吴南轩、上海交通大学的朱物华、南京大学的李方训、同济大学的丁文渊、河南大学的许心武、扬州师范学院的孙蔚民、华中工学院的朱九思、中国人民大学的纪宝成等);既有一线的教师校长,又有实业教育家如张謇;既有国学大师刘师培,又有著名学者专家如朱东润、任中敏、余冠英、朱物华、束星北等;既有在教育理论研究上颇有建树的教育学家如陈侠、陈桂生等,又有学科教育专家如黄泰、顾黄初、洪宗礼、金成梁等。他们除了教学、科研,还担任学校管理、教育行政工作。他们为一方教育事业的改革与发展历尽艰辛,鞠躬尽瘁,成就辉煌,可歌可泣。

扬州教育家特别是近现代在扬州生活、工作过的教育家,他们有着共同的文化背景和志趣追求。扬州文化深深濡染、浸润了生活和工作在这里的人们,那些生活和工作在这里的一大批教育工作者,他们的教育实践、教育思想不同程度地烙上了扬州文化的印记。生长在这样的历史文化环境之中,他们具有一些共同的或类似的特征。扬州教育家的群体特征主要表现在以下几个方面:

(1)良好的学术背景。扬州历史悠久,文化资源丰富,为扬州教育家特别是近现代扬州教育家的成长提供了得天独厚的土壤,从扬州教育家的成长历程来看,他们大多数具有良好的文化修养或学术背景。许多近现代扬州教育家是大学毕业,或有出国留学的经历,一大批具有研究生学历,或获得博士学位,如吴南轩、周厚枢、朱物华等,这为他们的教育教学工作奠定了良好的文化素养与扎实的专业基础。良好的学术修养与较高的学历,可能与扬州文化经济发达,家长重视子女的教育密切相关。

(2)诚挚的爱国热情。近代中国,内忧外患,民族矛盾尖锐,国家面临生死存亡的危机,特殊的历史环境,激发了扬州教育家崇高的爱国热情。

他们具有强烈的爱国精神,希望通过教育拯救中华民族于危难,改变中国贫穷落后的面貌,实现教育救国的梦想。一些教育家本身是革命出身,转而从事教育,把教育工作作为革命事业,以实现自己的革命理想,如李更生、徐公美、张卓如、孙蔚民等早期均投身革命,后来转向教育。正是因为诚挚的爱国热情,他们才能克服教育教学工作中的重重困难,创造辉煌的教育业绩。朱自清一身重病,宁可饿死,也不领美国政府的救济粮,受到毛泽东的高度评价。这种爱国热情,激发着一代代学子的学习热情,唯有如此,才能人才辈出。

（3）开放的教育视野。扬州自古以来,地理位置优越,交通便利,文人、商者云集,来自不同地区、国度的人们在这里生活、工作、交流,使得扬州文化呈现出开放的形态。近代以后,许多学子纷纷留学英美,对西方科学技术、民主精神有着深刻的理解,他们知识丰富,视野开阔,因此,扬州教育家大多具有开放的视野,善于吸收世界成功经验,教育理念先进。近现代国外一些著名教育实验如分组教学、设计教学等,均在扬州有所实验,扬州教育能呼应世界教育改革与发展潮流,从而在国内处于前沿水平。

（4）踏实的工作作风。扬州教育家有着诚挚的爱国热情,他们视教育为民族独立、国家强盛的手段,抱有教育救国的理想,因此能全身心地投入教育事业,呕心沥血,求真务实。同时,也可能受扬州学派朴实学风的影响(扬州学派是乾隆、嘉庆时期以考据为治学方法的汉学的重要分支,相对于专讲"义理"的宋学而言,尤其注重考据;相对于文章,更重实证,又称"朴学"或"实学",即以"实事求是"为宗旨,注重如实考证),许多扬州教育家的教育教学工作认真踏实,作风朴实,身体力行,不辞辛劳,不虚夸,深受学生欢迎。他们在平凡的岗位创造非凡的业绩,为扬州学子的成长、成才营造良好的环境。

（5）独特的创造精神。扬州教育家文化素养良好、专业基础深厚、教育视野开阔,特别是近代教育工作者在中国传统文化与西方现代文化碰撞、交流之际,善于吸收海内外先进的经验与做法,保持创造的活力。他们在清末民初中国社会文化急剧动荡的时期,勇敢地站在社会变革的风口浪尖,积极倡导和推行教育改革。他们思维活跃,不断探索,勇于创新,提出与实施了一些当时十分先进的教育主张和做法,如李更生的分科制、周厚枢的导师制、黄质夫的乡村教育实践等。他们的实践创造卓有成效,对当时乃至后来的教育产生了积极而深远的影响。

正是由于扬州教育家群体的智慧与创造,才保证了扬州教育的高水平、高质量,扬州教育才能在国内位居领先水平。如扬州中学的教育实践成就非凡,据统计,从扬州中学走出来的院士就有 30 余位,国家领导人多位,这在国内并不多见,足以证明扬州教育的质量与影响。可见,研究扬州教育家的实践与思想、主张,无论对提升扬州教育质量,还是对当代中国教育改革与发展,都具有积极的参考价值和重要的启发意义。

总之,扬州古代文化的繁荣、近代社会的大变革,中国传统文化与西方现代文化之间的激烈碰撞和冲突,为扬州教育的发展提供了极佳的土壤与气候,也为扬州教育家的专业成长提供了良好的条件与动力。综观扬州教育家的教育实践与思想,可以说,它们既有对传统文化优秀成分的继承和弘扬,也有对其糟粕的批判和否弃;既有对西方现代教育思想核心精神的虚心学习和大胆借鉴,也有对其地域局限性成分的根本改造,先进的教育观念引导着先进的教育实践,开拓性的教育实践催生着创造性的教育思想,如此,扬州教育才能生机勃勃,富有特色,成就卓著。

本书的执笔与分工为:董仲舒、胡瑗、徐公美、李更生、吴南轩、黄质夫、孙蔚民、周厚枢、朱物华、黄泰、余冠英、张卓如由潘洪建撰写。欧阳修、王艮、焦循、阮元、刘熙载、张謇、刘师培、朱东润、任中敏、朱自清、洪宗礼由刘华撰写。附录1与附录2,由潘洪建收集整理。此外,本书还收录了朱敏、徐林祥撰写的"顾黄初:影响当今语文教坛的风云人物",李金钟、刘久成撰写的"金成梁:数学教育研究的探索者"。全书由潘洪建统稿。

本书是江苏省参照"211 工程"三期建设项目"江苏区域协调与发展特色——扬州地方文化的传承和发展"之"扬州地方教育家研究"课题(课题编号为 SQB0813B4)的研究成果,课题成果出版还得到扬州大学的资助,特表感谢！扬州大学教育科学学院院长薛晓阳教授给予大力支持,原扬州市教育局郑万钟局长和扬州中学的张铨、王雄等老师提供了部分资料,研究生王清、陆薇、杨娇、吴旭、戴莹、戴霞兰、孙建、殷玲、薛松、赵静等参与了课题前期的资料搜集工作,亦表感谢！

　　由于研究资料有限,研究时间较短,我们还难以对扬州教育家展开深入的个案剖析和文化透视,还有众多的扬州地方教育家未能纳入研究的范围,为了弥补这一缺憾,我们在书后列出两个附录,"扬州教育家传略"(共 62 人)和"当代扬州教育人物名录"(主要为 1980 年以来在现扬州市中小学校工作的江苏省特级教师 157 人),为以后的研究提供一些线索,期待将来更为深入和系统地研究。由于编著者水平有限,本研究还存在诸多不足甚至错误,恳请读者批评、指正。

作者于扬州瘦西湖畔
2013 年 6 月 30 日

目　　录

董仲舒："三大文教政策"的制定者 ……………………………　1

胡　瑗："苏湖教法"的创立者 ………………………………　13

欧阳修：宋代教育的革新者 …………………………………　22

王　艮：泰州学派的创始人 …………………………………　33

焦　循：扬州学派的代表人物 ………………………………　42

阮　元：新式书院的开办者 …………………………………　53

刘熙载：晚清著名美学家 ……………………………………　64

张　謇：著名实业家、教育家 ………………………………　72

徐公美：忧国忧民的诗人教育家 ……………………………　83

李更生：爱国实干，毁家兴学 ………………………………　90

刘师培：影响后世的国学大师 ………………………………　102

吴南轩：乱世掌门的复旦校长 ………………………………　109

黄质夫：乡村师范教育的开拓者 ……………………………　121

孙蔚民：扬州师范教育的奠基人 ……………………………　136

朱东润：我国现代传记文学的拓荒者 ………………………　147

任中敏：词曲学、唐艺学的开创者 …………………………　155

朱自清：著名作家、教育家 …………………………………　165

周厚枢：献身教育，尽瘁糖业 ………………………………　173

朱物华：我国电子学科与水声学科的先驱 …………………　184

黄　泰：扬州数学名师的代表 ………………………………　194

余冠英：淳儒硕学，润物无声 ………………………………　201

张卓如：从革命家到教育家 …………………………………　211

顾黄初:影响当今语文教坛的风云人物 ·················· 219

金成梁:数学教育研究的探索者 ·················· 230

洪宗礼:一线走出来的语文教育家 ·················· 239

附录1 扬州教育家传略 ·················· 248

附录2 当代扬州教育人物名录 ·················· 267

主题词索引 ·················· 275

参考文献 ·················· 277

董仲舒："三大文教政策"的制定者

"推明孔氏，抑黜百家。立学校之官，州郡举茂材、孝廉，皆自仲舒发之。"（班固语）他在扬州任国相十年，成绩卓著，并提出"正其谊不谋其利，明其道不计其功"，对后人影响至深。

一、生平小传

董仲舒（前179—前104），汉广川（今河北枣强）人。他生活在西汉王朝的极盛时期，政治稳定，经济繁荣，国力空前强盛，人民安居乐业。孝惠帝置写书之官，汉武帝广开献书之路，很多因秦始皇焚书坑儒而秘藏起来的儒家典籍，纷纷再现世间；很多退避于草野的儒学之士，也渐渐走出了山林。民安于太平，士乐于学术，董仲舒正是在这样的背景下步入仕学之路的。

据河北省《景县志》记载："大董故庄在县城西南七十余里，为西汉儒学家董仲舒的出生地。"①我国汉代著名的思想家、政治家、教育家，今文经学大师，被誉为"汉代孔子"。汉武帝元光元年（前134年），任江都（今扬州）易王刘非国相十年；元朔四年（前125年），任胶西王刘端国相，四年后辞职回家。此后，居家著书。董仲舒的教育人生可以这样描述。

幼壮之年，修学设教。董仲舒生在富贵之家，家里藏书丰富，他从小受到良好的教育。7岁时上学堂念书，少年时酷爱学习，刻苦攻读。"三年

---

① 周连会、李季良：《景县志》（河北省），天津人民出版社1991年版，第751页。

不窥园圃,乘马不知牝牡。"①据记载,他读起书来几乎到了废寝忘食、如痴如狂的地步。他父母怕他这样下去会伤害身体,就在屋后建了一座有山有水、有花有草、景致优美的花园,好让他读书之余,到花园游玩休息,放松身心。可花园建成三年,董仲舒从未去过,只管埋头读书,潜心钻研。这就是"三年不窥园"的故事。《汉书·儒林传》说他"通五经,能持论,善属文"。同时,他兼习道家、阴阳五行学说甚至神仙方士之术,学问精深渊博,很快远近闻名,许多读书人拜他为师,董仲舒不得不"下帷讲诵",培养人才。

董仲舒读书台

中年时期,从政授徒。公元前 140 年,汉武帝即位,不久选拔贤良文学之士,以备咨询问对。董仲舒以儒学博士的身份接受了汉武帝的策问。他胸有成竹,游刃有余,逐一回答,这就是历史上有名的"天人三策"(或名"贤良对策")。② 在这次选拔贤良的过程中,董仲舒充分显示了自己的政

----

① 《邹子》。

② 但也有学者考证后认为,董仲舒没有参加元光元年的五经博士对策。因为,元光元年对策的第一名是公孙弘,他的考卷与该年的考试大纲基本上相同。而董仲舒的考卷与该年的考试大纲无一相符。从内容与对策的比对上看,三个策问不都是考卷,也不是同一时间的考卷,更不是元光元年的考卷。所有对策在时间上都迟于元光元年。因此,董仲舒没有参加元光元年的儒学考试,由此推论:汉武帝"罢黜百家,独尊儒术"等与此相关的说法都属子虚乌有,《天人三策》属于班固的伪作。[孙景坛:《〈天人三策〉是班固的伪作》,《南京社会科学》2000 年第 10 期;《元光元年儒学考试的第一名是公孙弘——再谈董仲舒没有参加汉武帝时的儒学对策兼答张进(晋文)教授》,《中共南京市委党校南京市行政学院学报》2008 年第 1 期]。

治卓识和学术造诣。公元前 134 年,董仲舒被汉武帝任命为江都易王刘非(汉武帝的哥哥)的国相(辅佐国王,管理百官,综理政务的官),任职十年。江都就是今天的扬州(过去江都县衙署前面有牌楼两座,西曰"邑肇荆王",东曰"绩传董相",就是纪念最初在广陵立国的荆王刘贾和江都相董仲舒的①)。刘非素来仗恃皇兄身份,骄横跋扈,并有非分之想。在此之前,皇帝派来的几任王相,有的被其所杀,有的被其关进大牢,有的被其赶回都城。这次为相的董仲舒,是举国闻名的大儒,易王刘非不得不另眼相待。董仲舒深知其为人,因此谨慎从事,既要维护中央朝廷的利益,又不得开罪于主子。这样做,虽左右为难,进退维谷,但董仲舒处处"以礼谊匡正",正心正己,因而受到易王刘非的敬重。有一次,易王对他说:越王勾践依靠泄庸、文种、范蠡之谋灭了不可一世的吴王夫差,他们三人称得上是"吴之三仁",齐桓公决疑于管仲,而我只有依靠你了。其意十分明显,就是要董仲舒像管仲辅佐齐桓公那样辅佐他谋取霸业。对此,董仲舒从"大一统"的全局出发,委婉地规劝他,要"正其谊不谋其利,明其道不计其功"②,暗示其不可称霸。易王听后,称"善",于是放弃了称霸当皇帝的野心。董仲舒做江都王国相,时间虽然不长,前后不足十年,却留下许多足迹。③ 他"为人廉直",提倡"正谊明道",在维护中央利益的同时,以"兼善天下"为己任,兴礼乐,致教化,为江都老百姓做了不少好事。因此,江都国经济繁荣,百业兴旺,老百姓过着安居乐业的生活。④ 公元前 125 年,董仲舒任胶西王(今山东高密一带)刘端(汉武帝同父异母的哥哥)的国相,胶西王为人骄横凶残,难于处事,董仲舒恐得罪胶西王,实在不想去,可圣命难违,他只得前往。好在胶西王久闻董仲舒的大名,不仅没有为难他,而且"善待之"。虽然如此,董仲舒仍存余悸,"恐久获罪,故以病辞"。同时,他从政为官 20 余年,屡遭政途风险,年近六旬,公元前 121 年告老还

---

① 赵昌智:《文化扬州》,广陵书社 2006 年版,第 81 页。

② "夫仁人者,正其谊不谋其利,明其道不计其功。"董仲舒对江都王说过的这句话后来成为历代儒生自我修炼的最高标准与境界。扬州的正谊巷、正谊祠和正谊书院,都是为纪念董仲舒说的"正其谊不谋其利"这句名言而命名的。

③ 董仲舒在扬州留下了许多遗迹。清代的两淮盐运使司相传是"董子故宅"。其中有井,人称"董井"。明代运使何士英曾在井上建亭,以追怀董仲舒。扬州运使方港颐又在井旁筑室,名"仪董轩"。

④ 见 http://yzwb.yznews.com.cn。

乡,著书传道。

董仲舒坚持"天人感应"说,喜谈神秘莫测之事。公元前130年,辽东高庙和长陵高园殿发生火灾,董仲舒推说其意,写成《灾异之记》草稿,认为,这是上天用此火灾来谴告汉王朝有"不义"之处,"于礼不当"、"在内不正"等情形。其中对汉武帝治国颇多指责。汉武帝大臣主父偃私见其稿,因为嫉妒董仲舒,于是将《灾异之记》草稿偷窃出来上奏朝廷。汉武帝大怒,把董仲舒打入大狱。后来,董仲舒的学生吕步舒苦苦哀求汉武帝,才免除董仲舒一死。

晚年时期,修学著书。董仲舒辞官回家后,一心著书立说。据《汉书·董仲舒传》记载:"仲舒所著,皆明经本之意,及上疏条教,凡百二十三篇。而说《春秋》事得失,《闻举》、《玉环》、《蕃露》、《清明》、《竹林》之属,复数十篇,十余万言,皆传于后世。"其中,《春秋繁露》共17卷,82篇。除了治学外,董仲舒还关心国家大事。同时,汉朝政府仍然重视他的学问和见解,每有国家大事,就派专使前来征询意见。董仲舒关注国家气象、经济与民生等问题,乐于向政府提出建议。他倡议在关中种麦以利民生,要求"限民名田"、"盐铁皆归于民",提出"去奴婢,除专杀之威;薄赋敛,省徭役,以宽民力"等主张。这些主张具有一定的开放精神和积极意义。

公元前104年,董仲舒辞世。汉武帝亲自为他选择安葬之地,并在陵前修建董子祠。出于对董仲舒的尊敬,据说汉武帝每次经过他的陵园时,三十丈之外,便下马步行。此后,便形成了一条不成文的规矩:上至达官显贵,下至平民百姓,骑马者,乘轿者,凡经过董仲舒的墓前,都要下来步行。"下马陵"的名称便由此产生。现在西安南城墙东段内侧,有一条小街道,叫"下马陵街"。在这条街偏东北侧就是董仲舒墓所在。

二、教育实践与思想

(一)教育实践

1. 传道授业

董仲舒学通"五经",义兼百家,且长于议论,善为文章。董仲舒多见博闻,读了很多内容丰富的书,知道许多稀见奇怪之物。王充称赞董仲舒"文说美善,博览膏腴",堪为"通才"、"鸿儒"。董仲舒言谈举止优雅,道德修养高尚,"进退容止,非礼不行"①。桃李不言,下自成蹊。不少有志青年,云集广川,问学于董仲舒。董仲舒于是传道授业,"下帷讲诵"。据说,董仲舒讲学时,在讲堂里挂上一幅帷幔,他在帷幔里面讲,弟子在帷幔外听,深受学生敬仰。只有那些资性优异,学问不错的弟子才能登堂入室,得其亲传。后来,由于门徒越来越多,无法一一亲传面授,他特创"弟子传以久次相授业"制度,众多弟子皆按受业的先后和深浅,在门下转相传授。因此,不少学生慕名而来,从师一场,连见上董仲舒一面的愿望也未能实现。

明代《冀州志》记载:旧县村西有一座"四名寺",当地俗称"西大寺"。前身为董子当年讲学之所,系河间国献王刘德所建。该寺毁于清末,遗址尚存,凸出地面,遍地瓦砾。当地村民在此挖出陶制灯台,灯台上有"秉烛课徒,诲人不倦"的字样,据说为董仲舒当年讲学所用之物。今河北景县存有"董仲舒下帷处"遗迹。

2. 三大文教政策

董仲舒对中国教育的贡献集中体现在他的贤良对策之中。他向汉武帝提出了"三大文教政策"的建议,对两汉学校教育及教育管理产生了极其深刻的影响。董仲舒在著名的《举贤良对策》一书中,提出的三大文教政策分别是:罢黜百家,独尊儒术;开创太学,改革选士制度;兴教化,正万民。具体内容如下:

"罢黜百家,独尊儒术",以统制思想。他说:"春秋大一统者,天地之常经,古今之通谊也。"②针对当时思想不统一的弊政,他建议罢黜百家,独尊儒术,以实现思想的统一,即"诸不在六艺之科,孔子之术者,皆绝其道,勿使并进,邪辟之说灭息。然后统纪可一而法度可明,民知所从矣"③。尊儒术、兴学校、行选举三者紧密结合,有效地发挥了维持和巩固封建统治的作用。

兴学校,以培养人才。董仲舒认为"不养士而欲求贤,譬犹不(琢)玉而求文采也"④。而兴学校的重点是办好中央太学,因为太学是"贤士之所

---

① 司马迁:《史记·儒林列传》。
② 董仲舒:《举贤良对策三》。
③ 班固:《汉书·董仲舒传》。
④ 董仲舒:《举贤良对策三》。

关"。他要求"置明师,以养天下之士"①。在办好太学的同时,地方教化亦很重要。老百姓追求物质利益,犹如水往下流一样,如果没有堤防,就难免造成灾患,教化能起到堤防的作用。因此,他建议"设庠序以化于邑,渐民以仁,摩民以谊,节民以礼"②,通过地方办学来推广社会教化,形成良好的社会习俗。

重选举,以选用贤才。董仲舒建议选举贤良,"量材而授官"。他的建议直接推动了汉代察举制的创立。

董仲舒的三项建议被汉武帝采纳,三大文教政策不仅指导着汉代教育,而且对中国封建社会的教育产生了极为深刻的影响。历史学家吕思勉说:"武帝既听董仲舒的话,表彰六艺,罢黜百家。又听公孙弘的话,专为通五经的博士置弟子。于是在教育、选举两途,儒家都占了优胜的位置。"③

(二)教育思想

西汉初年,道家"黄老之学"盛行,无为而治,百姓休养生息。公元前140年,信奉"黄老之学"的汉景帝驾崩,武帝刘彻继位。汉武帝在汉初七十年积聚起来的雄厚物质实力的基础上,想干一番轰轰烈烈的事业,建立大汉帝国,而汉初的道家黄老"无为"学说便成了最大的政治障碍,他迫切需要一种全新的思想体系。于是,公元前134年,汉武帝诏集贤良,进行对策。这时,一代大儒董仲舒闪亮登场了。他以其滔滔不绝的口才和充足的理论准备,投武帝之所好,自由阐发"春秋公羊学",公开援道入儒,儒道融合,建构了一个既有儒家的"三纲五常"又有道家的"天地、阴阳、四时",既有儒家的"改正朔,易服色"的有为,又有道家的"无为"的崭新的儒学思想体系,适应了汉武帝专制主义中央集权政治的时代需要。

董仲舒的教育思想十分丰富,主要表现在教育目的、教育内容、道德修养、教学方法、教师素养方面。

1.教育目的

董仲舒调和先秦孟荀两人关于人性善恶的争论,认为人性只是"天"

---

① 董仲舒:《举贤良对策二》。
② 董仲舒:《举贤良对策一》。
③ 吕思勉:《中国简史》(上卷),中国工人出版社2007年版,第114页。

创造人类时赋予的一种先验的素质,"性者,天质之朴也"①,这种先天素质兼含善、恶两种成分,具有善的可能性,也具有恶的可能性,只有通过教育才能使它进而为善。他说:"今万民之性,待外教然后能善;善当与教,不当与性。"②董仲舒提出"性三品"说,他把人性划分为"圣人之性"、"中民之性"与"斗筲之性"三个不同的等级。"圣人之性"为绝对的善性,不需教育。"斗筲之性"为天生的恶性,近于禽兽,虽教难善。这两部分人在现实生活中都是比较罕见的。"中民之性"代表万民之性,"有善质而未能善",只有通过王者的教化才能使之成善。"天生民性,有善质而未能善,于是为之立王以善之,此天意也。"③因此,绝大多数具有"中民之性"的人是教育的主要对象。可见,董仲舒认为,人性中兼有善恶的因素,教育的作用就是发展人性,使人为善。

董仲舒鉴于秦王朝对人民实行"严刑峻法"而迅速灭亡的历史教训,主张实行"德教"。他用天道"阳尊阴卑"的思想,为儒家的"德治"找到了"天意"的根据。他说,"夫万民之从利也,如水之走下,不以教化堤防之,不能止也……是故南面而治天下,莫不以教化为大务"④,提出王者应"承天意以从事,故任德教而不任刑"⑤的治术主张,以达到"教化而习俗美也"⑥的目的。

总之,董仲舒在人性论的基础上阐述了教育的个人作用,发展了人性。在"三纲五常"理论上阐述了教育的社会作用,认为教育的最终目的是为了维护社会的长治久安。

2. 教育内容

董仲舒说:"君子不学,不成其德。"⑦教育的主要任务,在于培养德性。道德教育构成董仲舒教育内容的主体。因为道德教育是成就理想人格的必由之路,德教是立政之本。董仲舒虽主张教化与刑罚并用,但强调以道

---

① 董仲舒:《春秋繁露·实性》。
② 董仲舒:《春秋繁露·深察名号》。
③ 董仲舒:《春秋繁露·深察名号》。
④ 董仲舒:《举贤良对策一》。
⑤ 班固:《汉书·董仲舒传》。
⑥ 董仲舒:《举贤良对策一》。
⑦ 班固:《汉书·董仲舒传》。

德教化为本,刑罚为末。他说:"教,政之本也;狱,政之末也。"①董仲舒道德教育内容的核心是"三纲五常"。

"三纲五常"是董仲舒伦理思想的核心,也是董仲舒道德教育的中心内容。"三纲"即"君为臣纲,父为子纲,夫为妻纲"。董仲舒用"天人感应"、"阳尊阴卑"的理论来论证"王道三纲,可求于天"②。尽管"三纲"思想并非董仲舒首创,但他对此进行了系统论证。"五常"指五种不变的德性,即仁、义、礼、智、信。"五常"与"五行"相合。虽然作为道德概念的仁、义、礼、智、信早已提出,但董仲舒把它提升为"五常"之道并做了新的发挥。毛泽东将其概括为君权、族权、夫权,再加上封建迷信的神权,"三纲"是道德的基本准则,它"代表了全部封建宗法的思想和制度,是束缚中国人民特别是农民的四条极大的绳索"③。

3. 道德修养

"以仁安人,以义正我。"对于道德修养,董仲舒提出"躬自厚而薄责于外",主张"治我"要严,待人要宽,特别注意"以仁安人,以义正我","义之法在正我,不在正人"。④ 他要求以"仁者爱人"的情怀去爱护、关心他人,宽以容众,同时要以义来约束自己,经常自我检查反省,不断提高自身的道德修养。

"强勉行道。"董仲舒指出:"强勉行道,则德日起而有大功。"⑤意思是说,奋勉努力地进行道德修养,德性就能每天见长,越发成功。在"行道"过程中,应"众小成多,积小致巨"、"渐以致之"、"累善累德",陶铸善性。

"必仁且智。"董仲舒主张道德教育必须做到"仁"与"智"的统一,强调情感与认知的结合。"仁者爱人",但不是一种盲目的爱,而要依靠道德认知的调节。

"重义轻利。"董仲舒说:"天之生人也,使之生义与利。利以养其体,义以养其心。心不得义不能乐,体不得利不能安。"⑥这里的"义"是指封建

① 董仲舒:《春秋繁露·精华》。
② 董仲舒:《春秋繁露·基义》。
③ 《湖南农民运动考察报告》,见《毛泽东选集》第一卷,人民出版社1991年版,第31页。
④ 董仲舒:《春秋繁露·仁义法》。
⑤ 董仲舒:《举贤良对策》。
⑥ 董仲舒:《春秋繁露·身之养重于义》。

王朝的道德规范准则,"利"是指能满足个人欲望的物质财富、权势等。利满足人们身体器官上的要求,义满足人们心灵精神上的要求,二者不可或缺。但董仲舒主张对道义的追求应高于对个人利益的追求,所谓"正其谊不谋其利,明其道不计其功"①。这一概括,对中国封建社会伦理道德曾经产生过重要影响。

4. 教学方法

强勉学问。董仲舒说:"事在强勉而已矣。强勉学问,则闻见博而知益明。"②他认为只有强勉努力,刻苦钻研,才能达到"博"与"明"的境地。

节博合宜。董仲舒认为,学习的范围不能"太博",也不能"太节","太节则知暗,太博则业厌"③。太节会使知识暗昧,太博又会使人厌倦,应该节博结合,循序渐进。

专一虚静。董仲舒认为,学习必须专心致志,善始善终,以求"天道"。他说:"目不能二视,耳不能二听,手不能二事。一手画方,一手画圆,莫能成。……人孰无善? 善不一,故不足以立身。"④只有心志专一,才能保持高度的学习效率。他还说:"形静而志虚者,精气之所趋也。"⑤学习时要头脑冷静,排除杂念,虚心以求。董仲舒治学时非常重视独立思考,主张排除外界干扰,潜心治学。

5. 教师素养

董仲舒认为,一个优秀的教师,在教学中要言传身教,即"善为师者,既美其道,有慎其行"⑥。要掌握时机,及时施教,并要根据学生的实际,掌握教学分量和进度,即要做到"齐时早晚,任多少,适疾徐"⑦。要循序渐进("造而勿趋");要勤于考核、督促,但又不能让学生苦不堪言,挫伤其学习积极性("稽而勿苦");要观察了解学生,因材施教("省其所为,而成其所湛")。董仲舒将这样的教育称为"圣化"。

总之,"善为师者,既美其道,有慎其行;齐时早晚,任多少,适疾徐;造

---

① 班固:《汉书·董仲舒传》。
② 董仲舒:《举贤良对策》。
③ 董仲舒:《春秋繁露·玉杯》。
④ 董仲舒:《春秋繁露·天道无二》。
⑤ 董仲舒:《春秋繁露·通国身》。
⑥ 董仲舒:《春秋繁露·玉杯》。
⑦ 董仲舒:《春秋繁露·玉杯》。

而勿趋,稽而勿苦;省其所为,而成其所湛,故力不劳而身大成。此之谓圣化,吾取之"①。

三、影响与评价

董仲舒是我国具有划时代意义的思想家、政治家、教育家,他的思想和政治活动影响了中国乃至世界的历史。董仲舒在新的历史条件下融会贯通了中国古典文化中各家各派的思想,复兴了儒家文化,把它们整合为一个崭新的思想体系。他的著作后来大都汇集在《春秋繁露》一书中。

为了适应当时政治统一的需要,董仲舒把战国以来的各家学说以及儒家各派在《公羊春秋》的名义下融会起来,建立了一套"天人感应"的思想体系。"天人合一"的思想,承继思孟学派和阴阳家邹衍的学说,董仲舒将它发展得十分精致。"先秦思想有两条不同的路线:阴阳的路线,五行的路线,各自对宇宙的结构和起源做出了积极的解释。可是这两条路线后来混合了,在董仲舒那里这种混合特别明显。所以在他的哲学中既看到阴阳学说,又看到五行学说。"②董仲舒精心构筑的"天人感应"说,把一切都秩序化、合理化,使得历代君王可以时常检查自己的行为,避免了封建王朝沿用贵族政治的传统。他利用阴阳五行学说来体现天的意志,用阴阳的流转与四时相配合,推论出东南西北中的方位和金木水火土五行的关系,突出土居中央为五行之主的地位,进而把这种阳尊阴卑的理论用于社会,推论出"三纲五常"的道德哲学。"三纲五常"成为我国古代维护历代封建王朝统治的工具,对巩固其统治秩序与维护大一统的局面起到了积极的作用。

董仲舒三大文教政策的提出特别是"独尊儒术"的提出,对中国封建社会的文化教育产生了极为深远的影响。"汉朝罢黜百家,独尊儒术,他在其中起到了很大作用。为了儒家的正统而创建基本制度,他也起到了重要作用:著名的考试制度,就是从他的时代开始形成的。"③从此以后,儒家思想成为中国封建社会的统治思想,儒家经典成为国家规定的教科书

① 董仲舒:《春秋繁露·玉杯》。
② 冯友兰:《中国哲学简史》,北京大学出版社 1996 年版,第 166 页。
③ 冯友兰:《中国哲学简史》,北京大学出版社 1996 年版,第 165 页。

和考试的基础,儒家的道德观成为道德教育的依据。这些都有助于当时封建中央集权统治的巩固,顺应了中华民族统一团结的历史要求,使得中国秦朝的统一局面得以恢复,并持续到现代。当然,也应该看到,儒家思想长期占据独尊的地位,在两千多年的时间里逐步僵化,无疑对各种非儒学的学术思想起到了抑制作用,阻碍了文化的整体发展,压制了中华文明的多样化发展前景,禁锢了中国人的思想。

附　录

王自立:汉代江都相董仲舒与
中国古代的求雨仪式(节选)①

　　董仲舒到江都国任国相这一年,正赶上江都国一带出现了百年不遇的大旱。董仲舒认为这正是教育刘非的极好时机,于是他就对刘非说,这次久旱不雨,是上天的惩戒,必须举行祈天求雨的仪式,以求五谷丰登。而方法嘛,董仲舒用的当然是他创造的“天人感应”说加上经他改造之后的“阴阳学”。

　　第二天,董仲舒令江都国内所有的南门都关上,不准用火——“闭诸阳”;并且要求把所有的北门都打开——“纵诸阴”。按照云从龙、云多则雨至的原理,董仲舒不仅要求在祭坛前摆放清酒、猪肉、公鸡、盐巴等上供,他还要求用干净的泥土在祭坛前的中央空旷地带堆成一条长八丈的大苍龙、七条长四丈的小土龙;另外,他还要求在祭坛之前挖八尺见方、一尺深的水池,里面放上五只活蹦乱跳的癞蛤蟆。接着出现的是在祭坛前随乐起舞的八个身穿青衣的男女儿童和口中念念有词不停地向上天祈祷的巫祝卜师,加上所有把水洒在身上的参加祭祀活动之人,一时间,人们的神情极为专注,现场的气氛极为严肃,祭祀的场面极为壮观——刘非、董仲舒等大小官员都长跪在设好的祭天坛下,求老天爷快快下雨。

---

　　① 见 http://www.360doc.com/content/11/0215/22/1256060_93370134.shtml。

　　其实，董仲舒因为懂天文、知风象，得知近日要下大雨才要求刘非这样设坛求雨的。也正像董仲舒预计的那样，在他设坛求雨后不久，天上果真下起了瓢泼大雨，而且一下就是整整好几天，江都国的旱情得到了彻底的解除。

　　在董仲舒的《春秋繁露》中，除了在《精华》中有"大旱雩祭而请雨，大水鸣鼓而攻社"的概述外，还有《求雨》、《止雨》的专门章节详细叙述其仪式的过程。尤其是列于第十六卷的《求雨》一章，计1300余字，分春夏秋冬四季的不同而仪式也随之有所变化，介绍可谓具体、详尽。

　　董仲舒求雨仪式自从在江都国成功实施之后，便迅速广为传播，并被官府和民间所认可和接受，成为当时求雨的一种主要方式。

扬州正谊书院　　　　　　　　　　　汉大儒董子祠

胡瑗："苏湖教法"的创立者

北宋思想家、教育家，他提出"明达体用"的教育目的观，首创分斋教学制，改革太学寄宿制，开启了中国实学实教之先河。

一、生平小传

胡瑗（993—1059），字翼之，江苏泰州市如皋人，北宋学者、理学先驱、思想家和教育家。胡瑗出生在如皋宁海乡胡家庄，祖籍陕西路安定堡（今陕西省子长县）[①]，学者称"安定先生"。

胡瑗是名门之后，家族世代显赫。他的远祖父胡询在唐代曾任兵部尚书，祖父胡修已，曾任泰州司寇参军。父亲胡讷担任过宁海军节度使，但俸禄较少，以致"家贫无以自给"。胡讷知识渊博，文采斐然，给予胡瑗良好的家庭教育。胡瑗天资聪慧、勤奋好学，7岁就写出一手好文章，13岁通读"五经"，曾说"孔子因学于人而后为孔子"，左右相邻称赞他"非常儿也！"

胡瑗20岁时拜别父母乡邻，北上泰山，在泰山栖真观苦读十年。其间，他先后结识了志同道合的好友孙复、石介[②]，互相勉励、切磋学问。他们粗布短衣，清茶淡饭，乐在其中。家人寄来家书，为了不让自己分心，胡瑗展信浏览，只要看到"平安"二字，便将其投入山涧，后来传为佳话。乾隆皇帝曾写诗赞叹"报来尺素见平安，投涧传称人所难"。后人也在泰山设立"投书涧"，石刻"胡安定公投书处"，来鼓励学子心无旁骛，刻苦钻研。

---

① 有学者认为此说不成立。见郝忱：《胡瑗祖居陕西路安定堡吗？》，《各界》2013年第4期。

② 孙复、石介与胡瑗并称"宋初三先生"，是宋代理学酝酿时期的重要人物。

13

十年寒窗,潜心研读,胡瑗终于"颛意经学,兼通律吕之法"①。学成南归后,他参加了七次科举,但屡考不中,于是便放弃科举意念,在泰州城华佗庙旁经武祠(今泰州中学)办起了一所书院(私塾),并以祖籍安定立名,称安定书院。② 后在吴中设坛讲学,用儒家经典教授于苏州。胡瑗为人清高、正直,学识渊博、笃实,经过数年实践,积累了相当丰富的教育经验,成为苏州地区远近闻名的学者和教育家,并深得当时重视教育、奖掖人才的苏州知州范仲淹的敬佩和尊重。③

宋景祐二年(1035年),范仲淹设立苏州郡学,聘请胡瑗为教授,胡瑗从此开始了官学教学的生涯。胡瑗主持郡学,学规严密,许多学生不能完全遵守。为此,范仲淹就把自己的儿子范纯祐、范纯仁送入郡学,拜胡瑗为师,远近学者慕名而来者甚多。苏州郡学培养了大批英才,"厥后登科者逾百数,多致显"④,如范纯祐、范纯仁、孙觉等均为日后国家的栋梁之材,苏州郡学成为各地郡学的榜样。《苏州府志》记载:"吴郡有学,起范文正公;而学有教法,起胡安定。"1036年,胡瑗因为通晓古乐,长于音律,被范仲淹推荐到京城研究钟律,制作了钟磬等古代乐器,得到朝廷的嘉奖。后因父亲病故,胡瑗辞官回家,后来继续在苏州郡学任教,直到1039年。1040年八月他随镇守延州(今延安)的范仲淹到陕西,任丹州(今宜川县)军事推官。此间,他撰《武学规矩》一书,提倡国家应大兴武学,以抵御外部侵略。

庆历二年(1042年),湖州知事滕子京设立湖州州学,胡瑗又以保宁节度推官的身份被聘为州学教授。胡瑗尽心尽力,"四方之士,云集受业"。

胡瑗在苏、湖设教20多年,他大胆改革,勇于实践,创立了著名的"分斋教学"制度,即设经义、治事二斋,因材施教,侧重培养"专才",使人人都获得不同的发展,培养出各个领域的人才。由此逐渐形成"沉潜、笃实、醇厚、和易"的学风,名声大震。

皇祐二年(1050年),朝廷再次更定雅乐,仍诏胡瑗与阮逸进京主持,

---

① 蔡襄:《太常博士致仕胡君墓志》。
② 据史料记载,早在南宋宝庆二年(1226年),泰州就在泰山左侧建安定书院,是江苏省内最古老的书院之一。最初,泰州奉祀胡瑗的祠堂就在安定书院内,清初才自成院落。
③ 毛礼锐、沈灌群:《中国教育通史》第三卷,山东教育出版社1987年版,第97页。
④ 《苏州府志》。

并在司马光和范景仁的支持下以三年时间完成。此间两人还合作撰就了《皇祐新乐图记》3 卷。

1052 年,朝廷调胡瑗到京城主持太学,任光禄寺丞、国子监直讲,晋升大理寺丞。嘉祐元年(1056 年),63 岁的胡瑗又晋升太子中允暨天章阁侍讲,专门掌管太学。在太学期间,已有多年教学经验的胡瑗更是将他的"苏湖教法"运用得炉火纯青,讲授《易经》,"音韵高朗,旨意明白,众皆大服"。同时,他还聘请成就斐然的学生孙觉、顾临、盛侨等来太学任职,太学名师荟萃,一时成为全国有志青年向往的求学圣地,不少人慕名而来,以至于人数太多,太学容纳不下,将附近的官署扩充为校舍。

春蚕到死丝方尽,蜡炬成灰泪始干。胡瑗积劳成疾,卧床不起,1059年,宋仁宗批准他以太长博士致仕,到长子胡志康的住所养病。临行当日,送行的学生、士大夫"百里不绝",表达着对这位教学有方、每人不倦的老师的眷念与尊敬。同年六月初六,胡瑗与世长辞,享年 66 岁。明世宗嘉靖九年(1530 年),朝廷下令将胡瑗从祀孔庙,称"先儒胡子"。

二、教育实践与思想

(一)教育实践

纸上得来终觉浅,绝知此事要躬行。胡瑗积极探索、锐意创新。他在苏州州学、湖州州学创立"苏湖教法";在太学掌管国子监,将"苏湖教法"继续完善,并推向全国。

1. 首创分斋教学制度

针对科举考试过于功利化、辞藻空洞繁华、忽视经世实月之学的弊端,胡瑗提倡"明体达用"的理念,倡导实学,从教育制度上大胆创新,首创分斋教学制,设"经义"、"治事"二斋。据《安定学案》记载,经义斋选择天性聪颖、有望成才者,向他们讲授六经。治事斋则各人主管一事,同时兼管其他事项,例如:政治、军事、水利、历法等。经义斋主要致力于培养通晓经术的学术型人才,治事斋则主要培养技能型人才。此举一方面针对学生不同特点,满足其需求,增益其所长;另一方面,切实有用,为国家培养不同类型的各领域专业人才,使学习不流于表面功夫。从"二斋"走出来的学子不负众望,现在可考的 20 多位学生中,有精通经学的顾临、翁仲通等,练达治事的莫表深,英勇善战的卢秉,善于治水的刘彝等,可谓硕果累累。

2. 改革太学寄宿制度

宋初时,太学紧靠御书阁,阁内陈列各种典籍,消防工作特别重要,学校担心学生点灯燃烛发生意外,每到夜半时分,要求宿舍全部灭灯熄火,实行"火禁"制度,学生不能留宿,天黑必须离开。外地的求学者只好投宿于附近亲戚或者客栈,诸多不便。胡瑗主持太学时,为了让学生有较多的时间过集体生活,与孙复一同上书请求放宽"火禁",并承诺:如发生意外,他们承担所有责任。于是,太学实行"寄宿制","诸生方敢留宿"。为了防患于未然,胡瑗对师生进行安全教育,并安排夜间值班,提醒小心火烛。同时,为了统一管理,起床、就寝以鸣鼓为号,规定学生每月放假四次,其余时间皆留校,进出校门必须请假,平时不准随意会客或离校。这种寄宿制度在有条件的州、县得以推广,寄宿制沿袭至今。

3. 探索有效的教学方法

讲授教学法。讲授法是历代教师采用的最基本的教学方法,巧妙运用,能收引人入胜之效。但对那些艰深难懂的古文,则需要教师具备高超的讲授艺术。胡瑗深谙此道,一改传统的教师满堂灌输、学生死记硬背的做法。讲授时,他仪表端庄,声音清晰响亮,节奏抑扬顿挫。再者,内容条分缕析,重点突出,联系实际,博古论今,深入浅出,以理服人。如:胡瑗讲解《易经》的"小畜"一卦时说"畜,止也。臣止君也",学生多似懂非懂,于是胡瑗就讲了赵普多次进谏,最终被赵匡胤采纳的故事,帮助学生理解。就这样,他将一个个小故事穿插在讲授中,学生兴趣盎然,豁然开朗。

直观演示法。远古经典抽象枯燥,是学习难点,学生只能凭空想象。为此,胡瑗自己制作教学挂图,放在讲台上,供学生学习欣赏。用直观形象的实物进行教学演示,学生"人人得窥三代文物之懿,朝夕对之,皆若素习"。在西方,夸美纽斯 1632 年在《大教学论》中第一次从感官论出发阐述直观教学法,视直观为教学的金科玉律,而胡瑗早在宋代就已开始身体力行了。

实践游历法。胡瑗注意引导学生从书本中走出来,到社会、自然中探索,陶冶性情,将书本获得的间接经验与游历的直接经验相结合。据载,他在湖州主持州学时,曾对滕子京说:一个学生,如果成年累月地局限于自己的小世界,会导致见识短浅、胸襟狭隘,必须游历四方,了解各地名山大川、风俗人情,才能见多识广。他曾带领学生游历关中,到了潼关,道路险峻狭窄,便下车步行,看到黄河逶迤汹涌,山势蜿蜒,不禁感慨"此可以言山川矣,学者岂可不见之哉!"①

类群学习法。在太学任教时,学生有着不同喜好,有的"好尚经术",有的"好谈兵战",有的"好文艺",有的"好尚节义"。胡瑗便按其兴趣进行分组,"以类群居讲学",鼓励小组合作,自由研讨,以此弥补课堂讲学的不足。教师则"时时召之,使论其所学,为定其理;或自出一义,使人人以对,为可否之"②。这样的学习小组既是对课堂学习的补充、拓展,又给学生之间的交流提供一个相互切磋、彼此砥砺的平台,学生相互交流,共同提高。

劳逸结合法。虽然胡瑗"科条纤悉具备",如规定学校的作息,上午讲解经义,课后每人复读五百遍;下午讲解历史,复读一百遍;晚上讲解子书,复读三百遍,但这并非意味着将学生当成学习的机器。在辛苦严格的学习之外,他利用自己深谙音律的特长,经常组织各种文体活动,丰富学生课余生活,劳逸结合,调节学习中的烦琐枯燥。学生在宿舍也经常演奏雅乐,朗诵诗词,琴瑟之声久久回荡。尤其考试以后,学生在"肯善堂"聚会,奏乐唱歌,深夜方散。他还常常教育学生,刚吃饱不要立即坐下看书,也不要长时间坐着不动,这样不利于气血运行。他鼓励学生课间习射、投壶、游息,放松身心,提高效率。

榜样示范法。学高为师,身正为范。胡瑗严于律己,给学生榜样示范,蔡襄曾赞其"严条约,以身先之"。他以高尚的人格情操感染学生,如盛夏酷暑,年近半百的他仍穿着规定的服装,一丝不苟地为学生讲课,尽管汗流浃背,也不为所动。平时当学生没有按示范行为时他也明确指出,如他的学生徐积初次见到他时,头容少偏,胡瑗严厉地说"头容直"。徐积领悟到不仅头容要直,而且心也要直。多年之后,徐积自己成为人师,仍不忘此事,经常书写"正"字,并说"于安定处得此一字,用不尽"。

(二)教育思想

1."致天下之治"的教育功能观

胡瑗在《松滋县学记》中曾说:"致天下之治者在人才,成天下之才者

---

① 丁宝书:《安定言行录》卷上。
② 黄宗羲:《宋元学案·安定学案》。

在教化，教化之所本者在学校。"①他从"致天下之治"出发，揭示了人才、教化、学校之间的内在联系。胡瑗认为，治理好国家关键在人才，人才要通过教育来培养。他批判国家不重视人才，不重视发展教育，结果"人自为学"，"违背先王之道"。当时建政初期，朝廷为了补充大量文职官员，主要通过科举取士，对学校教育并未重视，但通过科举选出的人才"虽济济盈庭，求有才有识者，十无一二"②。因此，他倡导兴学育人。

2."明体达用"的教育目的观

宋仁宗时期，取士专讲声律、辞藻，人才培养严重脱离现实生活，学校教育颓废，违背了"圣贤之遗意"。面对这样的消极现状，胡瑗提出"明体达用"的教育目的观。所谓"明体"，是指领会圣贤之遗意，懂得君臣父子、仁义礼乐等封建伦理纲常和道德规范。"达用"，即身体力行，将"体"付诸实践，达到知行合一。如此就可以"润泽斯民，归于皇极"。这一思想滋养着一代代莘莘学子，胡瑗的高足刘彝曾说："故今学者明夫圣人体用，以为政教之本，皆臣师之功。"③其"明体达用之学"，对扭转宋代浮靡的学风起到积极的作用，对宋代理学也有较大影响。胡瑗在中国历史上还较早提出设立武学，培养"知制胜御敌之术"的军事人才。

3."体"、"用"兼具的教育内容观

胡瑗将教育内容分为"体"和"用"两个部分。"用"具体表现为分斋制度中的"治事"之学。但"用"必须以"体"为本，学生都必须学习圣人之道、仁义礼乐。他主张"凡人之有仁义礼智，必有信然后能行"，才能修身、齐家、治国、平天下。他将《诗》、《书》、《礼》、《乐》、《易》、《春秋》作为教材。胡瑗的著作《周易口义》可谓体现"明体达用"最全面、系统的教材，他曾在《咸卦六解》中说："以圣贤之道，施为仁义之教、礼乐之化，以渐以摩，使之入人之肌肤、藏民之骨髓，然后天下之人皆合心毕虑，感悦于上也。"

4."广设庠序"的普及教育观

胡瑗十分重视学校的作用。他说："学校之兴，莫过于三代，而三代之兴，莫过于周。大司徒以六德、六行、六艺教万民而宾兴之。纠其有言异

---

① 胡瑗：《松滋县学记》。
② 范仲淹：《答手诏条陈十事》。
③ 黄宗羲：《宋元学案·安定学案》。

者诛,行异者禁。其所言者皆法言,所行者皆德行。"当时宋代官学有两种:一是中央官学,二是地方官学(即州县二学)。中央官学生员很少,绝大多数为官宦子弟,地方官学则寥若晨星。于是胡瑗大声疾呼"弘教化而致之民者在郡邑之任",这不仅是对地方行政官员的强烈呼吁,也是对宋朝统治者的忠告。胡瑗主张"广设庠序之教",大兴地方官学,不仅能使人才"继踵而出",而且可以"正以民心",维护封建统治秩序,以达到太平盛世之目的。

5."父兄子弟"的师生观

对教师,胡瑗提出较高的要求:"当果决其行,而力学、审思、强问、笃行,使其性明志通,又且养育其德以修其志,使其道之大成,至于圣贤而后已,然后发其所畜,以教化于人。"①除了重视教师的知识,他还特别重视教师的道德修养。他爱生如子,要求教师将学生看成自己的孩子,关心爱护。学生安涛患了痼疾,他慈父般地给予关照,安涛非常感动,说先生之爱如同冬天的太阳。胡瑗的名言是:教师视诸生为子弟,诸生敬爱教师如父兄。胡瑗与学生之间建立了深厚的感情。据载:胡瑗与陈颐师生之间,"知契独深,伊川之敬礼先生亦至;于濂溪虽尝从学,往往字之曰茂叔,于先生非安定先生不称也"②。

胡瑗在教育理论研究上也著作颇丰,留下的经学著作有:《春秋口义》、《周易口义》、《洪范口义》、《论语说》、《春秋说》、《学政条约》、《尚书全解》、《春秋要义》、《中庸义》、《资圣集》等。清代学者全祖望盛赞"宋世学术之盛,安定、泰山为之先河"③。

胡瑗集教学理论、实践和改革于一身,开创了宋代理学先河。他确立了培养"致天下之治"人才的教育理念;纠正了朝廷取仕时的弊病,实施分科教学;严格校规,言传身教;注重学生的社会实践,创立了高校寄宿制度。

三、影响与评价

胡瑗毕生从事教育,先后在泰州、苏州、湖州和京师太学执教近30

---

① 胡瑗:《周易口义》。
② 黄宗羲:《宋元学案·安定学案》。
③ 黄宗羲:《宋元学案·安定学案·序录》。

年,受教者数千人,其教育思想和教学方法很有特色,颇具首创精神,不愧为一代宗师。

经过苏州、湖州十多年的探索,胡瑗创立了"苏湖教法",得到了朝廷的认可,成为官方推行的教育制度。在中国教学制度史上,分斋教学制首次将民、兵、水利、历法、算术等军事和自然知识正式纳入官学教学体系,在此之前,与生产、生活有关的实用知识多被视为庸俗之学,与学校无关。分斋制的建立使之被正式纳入官学的教学体系,大大提高了自然科学的地位,改变了"独尊儒术"的单一局面。"治事"斋中"兼摄一事"的主张,又为后世主修课与选修课的雏形开一代先河。

"庆历新学"的时候分斋制不仅在全国推广,对后代的影响也十分深远。北宋以后的书院,大多采用分斋教学。清初实学思想家、教育家颜元曾说:"秦汉以降,则著述讲论之功多,而实学实教之力少。宋儒惟胡子立经义、治事斋,虽分析已差,而其事颇实矣。"①颜元晚年规划漳南书院,分设文事、武事、经史、艺能、理学、帖括六斋,直接借鉴和发展了胡瑗的分斋教学制度。清代后期泰州另一位教育家刘熙载受同乡胡瑗的影响很深,他晚年主讲龙门书院,推行分斋教学,根据学生的程度、志趣、特长进行分斋教学,时人誉之为"以正学教弟子,有胡安定风"。

"明体达用"的教育思想对宋代及以后的学校教育和学术思想产生了重要影响。以"程朱"为代表的理学强调"穷理以致其知,反躬以践其实",实质上是胡瑗"明体达用"思想的另一种表达。以王安石、陈亮、叶适为代表的事功学派,也深受胡瑗"明体达用"的影响。不过,相对而言,程朱理学特别强调了"明体",并把"明体"转化为"穷理",最终导致强调读书;而王安石、陈亮、叶适进一步强调了"达用",发展为功利主义和经验主义。直到明清之际的王夫之、颜元等人也受胡瑗的"明体达用"思想的影响,将其发展为"经世致用"之学。②

胡瑗从教近30年,弟子数千,名臣学者多出其门。宋神宗称之为真先生,范仲淹誉之为"孔孟衣钵,苏湖领袖",王安石尊之为"天下豪杰魁"。欧阳修盛赞胡瑗的办学成绩,他说:"先生为人师,言行而身化之,使诚明

---

① 颜元:《习斋四存篇·存学篇》。
② 毛礼锐、沈灌群:《中国教育通史》第三卷,山东教育出版社1987年版,第104页。

者达,昏愚者励,而顽傲者革。故其为法严而信,为道久而尊","自明道、景祐以来,学者有师,惟先生暨泰山孙明复、石守道三人,而先生之徒最盛。其在湖州之学,弟子去来常数百人,各以其经转相传授"。[①] 苏轼推之为"章为万世程",文天祥敬之为"一代瞻仰,百世钦崇",司马光颂之为"苏湖之教,造士有术",米芾赞之为"宽厚纯诚,躬行力践"……足见其深远影响。

安定书院(1)

安定书院(2)

---

① 欧阳修:《欧阳修全集》,中国书店 1986 年版,第 887 页。

欧阳修：宋代教育的革新者

北宋儒学文宗，他大力倡导诗文革新运动。曾任扬州知府，虽未亲身执教，但对北宋及后世的儒学教育产生了深刻影响。

一、生平小传

欧阳修（1007—1072），字永叔，号醉翁、六一居士。吉水（今属江西）人，北宋时期政治家、文学家、史学家和诗人，与韩愈、柳宗元、王安石、苏洵、苏轼、苏辙、曾巩合称"唐宋八大家"。

欧阳修幼年家境贫寒，4岁时父亲去世，跟随叔父在现在的湖北随州长大。他天资聪颖，又刻苦勤奋，常常从城南李家借书抄读，往往不等把书抄完，就已经能够熟读成诵。少年时欧阳修开始学习写作诗赋文章，文笔老练，有如成人。他的叔父在他身上看到了家族振兴的希望，曾对欧阳修的母亲说："嫂无以家贫子幼为念，此奇儿也！不惟起家以大吾门，他日必名重当世。"10岁时，欧阳修从李家得到了唐代韩愈的《昌黎先生文集》六卷，非常喜爱，简直是手不释卷。

1030年，欧阳修考取进士。第二年担任西京（今洛阳）留守推官，和梅尧臣、尹洙结为至交，互相切磋诗文。1034年，召试学士院，授任宣德郎，充馆阁校勘。1036年，范仲淹因批评时政，被贬饶州，欧阳修为他辩护，被贬为夷陵（今湖北宜昌）县令。1038年三月，欧阳修赴乾德（今湖北老河口市）担任县令。他在任期间，为谷城做了两件事，都被文坛奉为佳话。一是为谷城的夫子庙写了《夫子庙碑》；二是为县令狄栗写了一篇墓志铭。康定元年（1040年），欧阳修被召回京，复任馆阁校勘，后知谏院。1043

年，范仲淹、韩琦、富弼等人推行"庆历新政"，欧阳修参与革新，提出了改革吏治、军事、贡举法等主张。改革失败后，欧阳修又被贬为滁州（今安徽滁州）太守。以后，他陆续担任了扬州、颍州（今安徽阜阳）、应天府（今河南商丘）等地的知府。1049年回朝，先后任翰林学士、史馆修撰等职，和宋祁等一同编修《新唐书》，又独自编写了《五代史记》（即《新五代史》）。到1054年八月，他奉诏入京，与宋祁同修《新唐书》。1057年二月，欧阳修以翰林学士身份主持进士考试，提倡平实的文风，录取了苏轼、苏辙、曾巩等人。这对北宋文风的转变起到了很大的推动作用。1060年，欧阳修拜枢密副使，次年任参知政事。以后，又相继任刑部尚书、兵部尚书等职。1065年，他上表请求外任，没有得到皇帝的批准。此后两三年间，因被蒋之奇等诬谤，多次辞职，都未被允准。1069年，王安石实行新法。欧阳修对青苗法曾表异议，且未执行。1070年，他被授予检校太保宣徽南院使等职，坚持不受，改任蔡州（今河南汝南县）知府。1071年六月，欧阳修以太子少师的身份辞职，居颍州。1072年卒于家，谥号文忠。

欧阳修是北宋文坛的领袖，取得了卓越的文学成就。他的散文、诗、词、赋均为一时之冠，且有大量名篇佳作流传久远，备受推崇。他一生一共写了500多篇散文，包括政论文、史论文、记事文、抒情文和笔记文等。它们大多内容充实，气势旺盛，深入浅出，精练流畅，叙事说理，娓娓动听，抒情写景，引人入胜，寓奇于平，给当时的北宋文坛带来一股新风。其中，代表作《朋党论》、《伶官传序》、《醉翁亭记》均为流传千古的名篇。欧阳修的诗歌创作成就也非常不俗。他的诗风与散文近似，既重气势又能流畅自然，为宋诗的发展指明了方向，对当时和后世的诗歌创作均产生了很大影响。与诗文不同，欧阳修的词深婉清丽，承袭南唐余风，在宋初的词坛上占据了重要的位置。

除了文学创作成就以外，欧阳修的学术研究著作也非常丰富。他针对《诗》、《易》、《春秋》的经学研究，能不拘守前人之说，有独到见解。他编辑和整理了周代至隋唐的金石器物、铭文碑刻上千，并撰写成《集古录跋尾》10卷400多篇，简称《集古录》，是今存最早的金石学著作。他在史学方面更是成绩斐然。除了参加修订《新唐书》250卷外，又亲自撰写了《五代史记》（《新五代史》），总结五代的历史经验，以此引以为戒。

二、教育实践与思想

欧阳修对教育问题十分关注,形成了自己的教育思想。他提倡兴办学校,对学校地位、教育内容、教学方法、为师要求、考试制度做了精辟的论述,提出了许多独到的教育主张和建议,有的为朝廷采纳并加以实施,为北宋教育的繁荣和发展做出了积极的贡献。

(一)论学校的教育地位并倡导兴学

由于北宋初年历代皇帝都十分关注科举取士,而对学校教育有所忽视,致使官学处于低迷状态。在此情况下,欧阳修极力倡导兴办学校,褒奖办学人员。

1. 强调学校教育的重要地位

欧阳修在《吉州学记》中说:"学校,王政之本也";在《吉州学记》续添中又说:"惟三代仁政之本,始于井田而成于学校。"在他看来,学校是王政之本、仁政之本,而且把学校兴废看作国家兴衰的根本,故说"古者致治之盛衰,视其学之兴废"。他把北宋建立以来的兴盛全部归功于立学,并以立学为自豪。此外,他还把礼让盛行、风俗纯美当成是办学成功的一个标志,并说"至于礼让兴行而风俗纯美,然后为学之成"①。同样,欧阳修认为学生道德高尚、讲究礼节,家庭和睦、邻里友爱,都是因兴办学校所致。因此,他用很大篇幅阐述了这一问题,"惟天子明圣,深原三代政治之本,要在富而教之。故先之农桑,而继以学校,将以衣食饥寒之民,而皆知孝慈礼让"②。可见,他对学校教育在政治生活、社会生活中的作用给予了极高的评价。

2. 倡导兴学并盛赞办学有功之人

1044年,他与同朝臣僚宋祁、张方平等合奏曰:"教不本于学校,士不察于乡里,则不能核名实……参考众说,择其便于今者,莫若使士皆土著而教之于学校,然后州县察其履行,则学者修饬矣。"③在他看来,当时国家的首要任务就是要兴办学校,让士人受教于学校,然后由州县考查他们的

---

① 欧阳修:《欧阳修全集》,中国书店1986年版,第274页。
② 毕沅:《续资治通鉴》,中华书局1957年版,第1111页。
③ 欧阳修:《欧阳修全集》,中国书店1986年版,第178页。

操行,学生自然就会操行守节了。次年三月,宋仁宗就下诏天下州县兴办学校,兴学运动就这样轰轰烈烈地开展起来。当然,欧阳修对有志于办学育人的人更是褒奖有加,极为赞赏。对于南唐时期始建吉州之学的知州李宽,身为吉州贤达的欧阳修更是称赞不已,"李侯治吉,敏而有方。其作学也,吉之士率其私钱一百五十万以助"①。洋洋千言,把李宽的办学经历及其学校规模描绘得淋漓尽致,其欣喜之情,溢于言表。此外,得到他赞赏的还有胡瑗、同僚胡宿和蔡襄等人。

(二) 论教育内容

为了将受教育者培养成为能以封建道德律己的有用之材,欧阳修主张学习儒家"九经",但要求删减"谶纬之文",打击雕印私刊,以免误导后学,使儒家主流学说得以传承。

1. 主张在教育内容中删减"谶纬之文"

西汉武帝时期,开始有"五经",隋唐时期增加到"九经"。"至唐太宗时,始诏名儒撰定九经之疏,号为'正义',凡数百篇。自尔以来,著为定论,凡不本正义者谓之异端,则学者之宗师,百世之取信也。"但"九经"之疏"所载既博,所择不精,多引谶纬之书以相杂乱,怪奇诡僻,所谓非圣之书,异乎正义之名也"。因此,欧阳修请求仁宗"特诏名儒学官,悉取九经之疏,删去谶纬之文,使学者不为怪异之言惑乱,然后经义纯一,无所驳杂。其用功至少,其为益则多"②。应该说,欧阳修建议删减儒家经书中神学迷信的章节,减轻儒生学习负担,是不无道理的。

2. 主张规范教科书,打击雕印私刊

至和二年(1055年),欧阳修给朝廷上过一道札子,说京城开封有一本名为"宋文"的文集流行于市,共20卷,其中许多文字"非后学所需,或不足为人师法者,并在编集,有误学徒"③。因此,他请求朝廷指示开封府官员,访求版本,予以焚废,并制止书铺销售;且规定日后雕版文集出版发行,一律要经过官府审定,如有妄加雕印的,一概不得买卖,并奖励举报人员。无疑,欧阳修唯恐不健康文字"有误学徒",而要求打击私刊文集出

---

① 欧阳修:《欧阳修全集》,中国书店1986年版,第887页。
② 欧阳修:《欧阳修全集》,中国书店1986年版,第887页。
③ 欧阳修:《欧阳修全集》,中国书店1986年版,第854页。

版,其出发点是正确的。

(三)论教学方法

欧阳修认为,育人的关键是要教之有方、学之有法,教要循序渐进、因材施教,学要心专且讲究实用。

1. 提倡教学要有法

欧阳修认为,作为一名教师,不仅要有广博的知识,而且要教之有法。在教学过程中,要适时向学生布置学习任务,提出学习要求,做到先易后难,鼓励学生持之以恒。"古之教学之法,肄习以时,而难易先后,教之有方,非久而安之,则不能以成其业。"他又说:"大抵古者教学之意,缓而不迫,所以劝善兴化,养贤励俗,在于迟久,而不求近效急功也。"①即教书育人宜缓勿急,应循序渐进。他在其近体赋《大匠诲人以规矩赋》中也说:"道不可以弗知,人不可以无诲。苟审材之义失,则教人之理昧。规矩有取,为圭为璧以异宜;制度可询,像地像天以为配。"即人不可以无教,但教人也要讲究方法,审材而教、因材施教,否则,反而会使人愚昧。

2. 强调教学应本于人性

欧阳修说:"予闻教学之法本于人性,磨揉迁革,使趋于善;其勉于人者勤,而入于人者渐。善教者以倦之意,须迟久之功。至于礼让兴行而风俗纯美,然后为学之成。"②这就是说,教育教学的方法应以人性为本,对其施加积极影响——"磨揉迁革",逐渐使其发生改变。

3. 主张学习要心专

欧阳修说:"工于为弓而不能射,羿于逢蒙,天下之善射者也;奚仲工于为车而不能御,王良、造父,天下之善御者也。"③也就是说,善制弓的不一定能射弓,善造车的不一定能驾车,不同技术门类的知识,难以得兼;做学问也一样,要心志专一,方能有所成就。他批评那些为学浮躁的人"今之学者或不然,不务深讲而笃信之,徒巧其词以为华,张其言以为大"④,即那些不讲究深入钻研、信仰坚定的人,把文辞写得很巧妙来当作光辉,把话说得很夸张来冒充伟大。他要求学生虚心于学,致志于实。

---

① 欧阳修:《欧阳修全集》,中国书店 1986 年版,第 887 页。
② 欧阳修:《欧阳修全集》,中国书店 1986 年版,第 274 页。
③ 欧阳修:《欧阳修全集》,中国书店 1986 年版,第 289 页。
④ 欧阳修:《欧阳修全集》,中国书店 1986 年版,第 506 页。

4. 学以致用

欧阳修在《武成王庙问进士策二首》中说："儒者之于礼乐,不徒诵其文,必能通其用；不独学于古,必可施于今"，"夫学有实者,诘之不穷,而推之可用"。显然,在欧阳修看来,学习知识的目的在于实用,且能解决实际问题。当然,他也知晓"诵习之学,患乎专固少通而难施于事"①。为此,他在《与张秀才第二书》中批评那些"舍近取远,务高言而鲜事实"的学者,说他们生于孔子之后,却孜孜不倦地去探求尧舜以前的事情,"以混蒙虚无为道,洪荒广略为古"②。他断言,他们的道一定难以遵守,他们的话一定难以实行。他强调,学者要"知古明道"，但"知古明道"之后,还要"履之以身,施之于事,而又见于文章而发之,以信后世"③。即学到的知识,要在具体实践过程中加以应用,甚至还要总结经验,传播于后世。

（四）论教师

欧阳修十分重视教师的作用,认为选择好的教师,是办好学校的关键。因此,他对教师的作用很是看重,并对教师素质提出了严格的要求。

1. 尊师重道

欧阳修认为："学不师则守不一,议论不博则无所发明而究其深。"④他对教师非常敬重,说"闻古之学者,必严其师"，因为"师严然后道尊,道尊然后笃敬,笃敬然后能自守,能自守然后果于用,果于用然后不畏而不迁"⑤。他提出对道要"笃敬"、"自守"、"果于用"、"不畏"、"不迁"，也就是说要信仰坚定、身体力行,不受外界环境的影响。当时一些读书人随时事而俯仰,以追求利禄为急务,甚至忘本逐末。对此,欧阳修极为痛心,说读书人在一时无师的情况下,应以经书为师,"夫世无师矣,学者当师经。师经必先求其意,意得则心定,心定则道纯,道纯则充于中者实,中充实则发为文者辉光,施于世者果致"⑥。这对纠正当时学界和官场中缺乏操守,只追求官位金钱的现象是颇具现实意义的。

---

① 欧阳修：《欧阳修全集》，中国书店 1986 年版,第 325 页。
② 欧阳修：《欧阳修全集》，中国书店 1986 年版,第 498 页。
③ 欧阳修：《欧阳修全集》，中国书店 1986 年版,第 325 页。
④ 欧阳修：《欧阳修全集》，中国书店 1986 年版,第 498 页。
⑤ 欧阳修：《欧阳修全集》，中国书店 1986 年版,第 482 页。
⑥ 欧阳修：《欧阳修全集》，中国书店 1986 年版,第 498 页。

2. 言传身教

对好友石介,欧阳修也曾进行过严厉的批评。石介写字有个怪病,常以直为斜,以方为圆,"好异以取高",以致欧阳修接到其书稿"骇然不可识"。欧阳修认为,文字的点画曲直都有准则。他比喻说,人只能"设馔于案,加帽于首,正襟而坐然后食",这是常态。而"纳足于帽,反衣而衣,坐于案上,以饭实酒卮而食",那就是怪态了。他说,写字虽是小事,但要遵从常法。儿童入校启蒙,老师会要求"立必正,听不倾,常视之毋诳"。而"今足下端然居乎学舍,以教人为师,而反率然以自异,顾学者何所法哉","不幸学者皆从而效之,足下又果为独异乎","今不急止,则惧他日有责后生之好怪者,推其事,罪以奉归"。① 欧阳修告诫身为人师的石介要立即改正,以避免学生效仿,否则,学生的怪罪都会归咎于他。

3. 师通古今

当时,欧阳修发现有许多教师把工夫都花费在记诵上,而对世务多有不通,因此他认为"但能传古之说而不足施之于事,使愚者益固而不明,而材者听之而怠,以为儒迂不足学"②。为此提出"故教人之法,必该于古今"③,即作为教师,必须深刻了解过去和现在的知识,并且要把古今结合起来,用过去的经验为现实服务,对知识要做到尽知终用。否则,"知之不尽如不知,用之不终如不用"。

欧阳修还特别推崇《易》中《大畜》之言"君子多识前言往行,以畜其德",即教师也要多学习前人好的言行,来修养自己的品德。"又其为辞不规模于前人,则必屈曲变态以随时俗之所好,鲜克自立。此其充于中者不足,而莫自知其所守也"④,做学问时不把古代有成就的人当作榜样,就没有坚定的主张,只知投合一时的爱好,缺少自己独立的见解和风格,而不知所守,那是不可取的。

(五)论考试

为能选取实用人才,欧阳修对封建科举考试极为重视,对考试方法、考试内容、录取方式及考风考纪等都做过详细的论述。

---

① 欧阳修:《欧阳修全集》,中国书店 1986 年版,第 482 页。
② 欧阳修:《欧阳修全集》,中国书店 1986 年版,第 741 页。
③ 欧阳修:《欧阳修全集》,中国书店 1986 年版,第 624 页。
④ 欧阳修:《欧阳修全集》,中国书店 1986 年版,第 506 页。

1."先策论后诗赋","随场去留法"

欧阳修早年曾经积极参加过范仲淹领导的改科举、兴学校运动,他亲自起草了《颁贡举条制》《论更改贡举事件札子》,不仅完全赞成范仲淹改革的新精神,而且在具体的改革措施上比范仲淹更为激进。针对过去"先诗赋后策论"的考试方法,范仲淹提出了"先策论后诗赋,通考为去取"的改革措施。欧阳修更是提出"若不改通考之法,而但更其试日之先后,则于革弊,未尽其方"①。为了切实加强策论在考试中的重要地位,他主张"随场去留","先试以策而考之,择其文辞鄙恶者,文意颠倒重杂者,不识题者,不知故实略而不对所问者(限以事件若干以上),误引事迹者(亦限件数),虽能成文而理识乖诞者,杂犯旧格不考试者,凡此七等之人,先去之。计于二千人可去五六百,以其留者,次试以论,又如前法面考之,又可去其二三百,其留而试诗赋者,不过千人矣"。这样,经过几次筛选,最后剩下来的考生只不过原来的一半;这时,才进行诗赋才能的考试。这种考试办法的改革能够在很大程度上改变当时"先诗赋而后策论,使学者不根经术,不本道理,但能诵诗赋,节抄《六帖》、《初学记》之类者,便可剽盗偶俪,以应试格"②的局面。

2.摒弃"时文",扭转文风

1057年,欧阳修为礼部贡举主考,他对当时险怪奇涩、空洞浮华的四六体时文"尤以为患",决心革其弊端。"既而试榜出,时所推誉,皆不在选"③,那些善于"太学体",专用新奇怪癖、钩章棘句的名士们都落榜了。录取了文风通达畅快、平实朴茂的学者,如张载、苏轼、苏辙等。以致一些怀怨之士,等欧阳修出门上朝时,在街上"群聚诋斥之",更有甚者写祭文投到他家中,咒其早死。由此可见,当时改革文风的阻力很大,任务艰巨。但不管怎样,这次贡举还是狠狠打击了四六体时文,并在某种程度上实现了"庆历新政"提出的科举改革任务。几次考试以后,考场文风幡然转变,古文运动终于蓬勃发展起来。

3.唯能是选,不宜"逐路取人"

治平初年,欧阳修获知有臣僚上书,要将考试举人分片录取,他力图

---

① 欧阳修:《欧阳修全集》,中国书店1986年版,第827页。
② 欧阳修:《欧阳修全集》,中国书店1986年版,第827页。
③ 毕沅:《续资治通鉴》,中华书局1957年版,第1357页。

制止,既而上言:"东南之俗好文,故进士多而经学少;西北之人尚质,故进士少而经学多。所以科场取士,东南多取进士,西北多取经学者,各因其材性所长,而各随其多少取之……若欲多取西北之人,则却须多减东南之数……则东南之人合格而落者多矣,西北之人不合格而得者多矣。"①在他看来,举人考试应有全国统一的选拔标准,不应该分地域录取。他认为"逐路取人"不但会漏取东南合格之士,而且还会造成考试举人录取的不公平。为此,他在上奏中陈述了六条不可取的原因,并且请求"推朝廷之公,待四方如一,惟能是选"②,这样才能使臣民上下毫无他言。这对维护考举的公平性来说,不乏进步意义。

4. 严禁"怀挟"、"代作",制定刑责

欧阳修对参试人员的资格审查也极为重视,并做过详细的规定:"如事亲不孝,行止逾滥,冒哀匿服,曾犯刑责及虽有阴赎而情理重者。以上事节,苟犯其一,并不得收试。"③上述五条,犯有一例,即无应试的资格。当时,参加科考的人数倍增,考试管理也相对混乱,考生挟书抄袭、请人代考等不良现象盛行,"窃闻近年举人公然怀挟文字,皆是小纸细书,抄节甚备",更有甚者"入科场,只令怀挟文字。入至试院,其程试,则他人代作……事不败,则赖其怀挟,共相传授,事败则不过扶出一人。既本非应举之人,虽败别无刑责,而坐获厚利"④。由此看出,当时考试体制很不健全,即使代考败露,至多也就是把非考试的人驱出考场而已,而无处罚措施。为严肃考场纪律,整顿考风,欧阳修提出了自己的考试规章,要求对应试者入考场时一一搜检,并对巡考有功者给予重赏。同时,还要求制定对有功监考人员的奖励细则,并对怀挟者及代考者制定处罚条例。当然,为保护应试者权益,他规定巡考官"除只得巡察怀挟及传授文义外,不得非理侮慢举人"⑤。由此可见,欧阳修对整治考风酝酿已久,且决心很大。

总之,针对当时教育中出现的种种问题和弊端,欧阳修以政治家的敏

---

① 欧阳修:《欧阳修全集》,中国书店 1986 年版,第 894 页。
② 欧阳修:《欧阳修全集》,中国书店 1986 年版,第 884 页。
③ 欧阳修:《欧阳修全集》,中国书店 1986 年版,第 872 页。
④ 欧阳修:《欧阳修全集》,中国书店 1986 年版,第 872 页。
⑤ 欧阳修:《欧阳修全集》,中国书店 1986 年版,第 872 页。

锐眼光,适时地提出了自己的教育主张和建议,并且有些主张和建议还自己实施践行。这在一定程度上为北宋教育的繁荣和发展,产生了积极的推动作用。

三、影响与评价

欧阳修在中国文学史上具有重要的地位。他大力倡导诗文革新运动,改革了唐末至宋初的形式主义文风和诗风,取得了显著成绩。由于他在政治上的地位和散文创作上的巨大成就,使他在宋代的地位有似于唐代的韩愈,"天下翕然师尊之"①。他荐拔和指导了王安石、曾巩、苏洵、苏轼、苏辙等散文家,对他们的散文创作产生了很大的影响。其中,苏轼最出色地继承和发展了他所开创的一代文风。北宋以及南宋后很多文人学者都很称赞他的散文的平易风格。他的文风,还一直影响到元、明、清各代。

苏轼在评价欧阳修的文章时说:"论大道似韩愈,论事似陆贽,记事似司马迁,诗赋似李白。"曾慥在《乐府雅词》的序中称赞其诗词文章:"欧公一代儒宗,风流自命。词章窈眇,世所矜式。乃小人或作艳曲,谬为公词。"对其词,尤展成评:"六一婉丽,实妙于苏。"罗大经评:"欧阳公虽游戏作小词,亦无愧唐人《花间集》。"刘熙载评:"冯延巳词,晏同叔得其俊,欧阳永叔得其深。"

欧阳修有关教育的言论对我国封建社会的教育实践产生了深远影响。他应吉州知事李宽之邀欣然提笔写下的《吉州学记》,以坦诚、洗练与自白的语言陈述了自己的教育观点,强调了办学的意义,认为把天下的学宫办好,真正培养为大宋王朝所用的人才,是学校教育至关重要的事情。正是受到欧阳修教育思想的影响,吉州进入了崇儒尚学时代,在后来的900多年中,吉州学风淳厚,高中进士2800余人,以至于流传着"五里三状元,一门三进士,隔河两都堂,百步两尚书,十里九布政,九子十知州"②与"翰林多吉水,朝士半江西"③的民谣,形成了"三尺童子,稍知文章"、"序塾

---

① 苏轼:《居士集叙》。
② 张立升:《社会学家茶座》,山东人民出版社2007年版,第128页。
③ 《六庵集序》,见《丘文庄公集》卷二。

相望,弦诵相闻"、"人无贵贱,无不读书"的读书风气。特别值得一提的是,明代建文二年(1400 年)的庚辰科和永乐二年(1404 年)的甲申科,连续两次科举鼎甲三人均为吉安人。

欧阳修的教育思想还不乏现代价值。其"随场去留"、"惟才是择"的取士原则,对今天的教育公平问题的解决有着积极的参考意义;其"本于人性"、"磨揉迁革"的教育方法论,对当今优化教育过程有着重要的借鉴价值;其"礼让兴行"、"风俗纯美"的教育评价标准,对当今人的全面发展式的教育有着重要的启发意义。

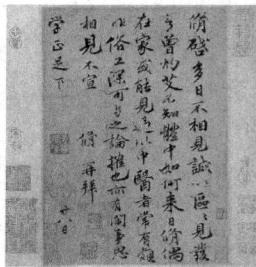

欧阳修《灼艾帖》

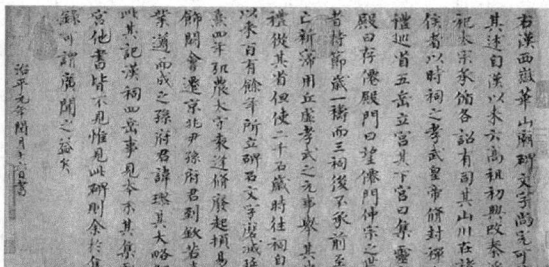

欧阳修《集古录跋尾》(局部)

王艮:泰州学派的创始人

泰州学派的创始人;他创造并广泛传播具有解放和启蒙色彩的新儒学,不愧为伟大的启蒙教育家。

一、生平小传

王艮(1483—1541),原名银,后更名为艮,字汝止,号心斋,明代泰州安丰场(今东台市安丰镇)人。中国历史上颇具影响的平民哲学家、启蒙教育家、泰州学派[①]的创始人。王艮布衣终生,一心向学,致力讲学,他大胆创新的精神以及他创立的泰州学派的启蒙思想,在海内外产生了广泛而深刻的影响。王艮一生不喜著述,去世后有其门人收辑的《王心斋先生全集》传世。

王艮祖上世代都以烧盐为生,即为灶户。原来居住在苏州,后来迁居落户到泰州安丰场。王艮生于明宪宗成化十九年(1483 年),从小非常聪明,7 岁到乡塾读书时,老师提出的问题都难不倒他。不过由于家贫,他11 岁时辍学在家,帮助父兄操持家务,并参加烧盐劳动。王艮善经营、懂管理、会理财,"措置得宜",很快成为富户。23 岁那年,他在山东经商,得了病,医生给他治好了。他于是产生了通过医道来谋生活的念头,开始悉

---

① 泰州学派是明代中后期思想学术领域出现的一个儒家学派,是中国历史中第一个真正意义上的思想启蒙学派。它继承和发扬了明代哲学家王守仁的心学思想,引领了明代后期的思想解放潮流。该学派主张"百姓日用即道"、"万物一体",宣扬"明哲保身"、"安身立本",反对束缚人性,简单易行,极具平民色彩。学派代表人物除王艮,还有王栋、王襞、颜钧、何心隐、徐樾等。李贽、焦竑、汤显祖、袁宏道也为王艮的再传或三传弟子。因该学派的创始人王艮为江苏泰州安丰场(今江苏东台县)人,故得名。

心研究医道。然而,他25岁在山东拜谒孔子等诸庙时,"瞻拜感激,奋然有任道之志"①。他从此改变了从医的想法,树立了"必为圣贤之志"。他天天诵读《孝经》、《论语》、《大学》,日渐精熟,便能"信口谈解"。王艮修道的方式,类似于"顿悟法"。如他27岁时"默坐体道,有所未悟,则闭关静思,夜以继日,寒暑无间,务期于有得"②。30岁时他还"筑斗室于居后,暇则闭户坐息其间,读书考古,鸣琴雅歌"③,大有佛道风范。

王艮32岁开始讲说经书。他讲解经书多是自己亲身揣摩所得,而不拘泥于权威的注释。家乡的族长知道王艮有志天下,每当有了难事请教他,他就立即为其辨析。安丰各盐场遇到难以处理的官民纠纷,也都找王艮出谋划策,使问题得到很好的解决。不过王艮虽然有才学,但他绝不满足于一己之得和"道听途说",还是坚持不懈地学习。

1520年,王艮37岁时,他从吉安籍塾师黄文刚处了解到王守仁的学说。好学心切、求知若渴的王艮,立即冲破家庭的重重阻力,不远千里,驱舟赴南昌向江西巡抚王守仁求教。拜见王守仁之初,他两人的谈话并不投机,经过多次讨论,王艮终于心服而拜王守仁为师。从此,王艮成为王守仁门下的学生。王守仁为了抑制他的"傲气",还将他的名字改"银"为"艮"。

王艮就学于王守仁大致八年时间,在此期间,王艮除尊师好学,"侍朝夕"于老师外,还坚持学术研究。王艮"不拘泥传注"、"因循师说",坚持独立思考,有疑即问,并自创"淮南格物说"。在此期间,他写了如《鳅鳝赋》、《复初说》、《明哲保身论》、《乐学歌》、《天理良知说》等名篇,在当时引起了很大的社会反响。同时,王艮也注意与上层社会的官僚、学者交游,并积极协助王守仁从事讲学活动。如他第二次去南昌时,路过金陵,"聚诸友讲论","为诸君发六经大旨",提出了"以经证悟,以悟释经"的主张。再如,1523年,王艮北上入京,沿途讲学,受到各方重视,轰动一时。此外,王艮还与同道之士会聚,会讲于广德的书院,又开讲于孝丰;在会稽,集同门讲于阳明书院;1526年,王艮应泰州知府王瑶湖之聘,主讲于安定书院,宣

①　陈祝生:《王心斋全集》卷三年谱,江苏教育出版社2001年版,第68页。
②　陈祝生:《王心斋全集》卷三年谱,江苏教育出版社2001年版,第68页。
③　陈祝生:《王心斋全集》卷三年谱,江苏教育出版社2001年版,第68页。

传"百姓日用即道"的观点。此外，在金陵新泉书院、扬州甘泉书院、镇江金山寺及徐州等地都留下了他讲学的足迹。

之后，王艮便定居于安丰场，开始了他自立门户的讲学时期，也开启了泰州学派的创立时期。这一时期，王艮先后著有《格物要旨》、《勉仁方》、《大成歌》、《与南都诸友》、《均分草荡议》、《王道伦》、《管徐子直书》等重要文章。王艮一方面继承了王学传统，另一方面又汇集四方之学，熔铸新说，从而形成了自己的学术特色和学术风格。他以"自然为宗"，提出"百姓日用即道"的观念，主张"即事是学，即事是道"；强调以身体为本，主张尊身尊道、明哲保身、爱身如宝，要求人们修己安人、安身立本。王艮还把他的学说称之为"大成之学"，就是经他改造了的、平民能够接受的新儒学。①

王艮的"大成之学"吸引了许多远近弟子。讲学时，"四方从游日众"，"求学者纷至沓来"。鉴于王艮当时的影响，有两位朝廷高官分别推荐王艮入朝做官，都被王艮婉言谢绝。王艮以"万世师"自命的"狂者"风格和鼓动家、传道者的热忱，以及从事平民教育、传道讲学而终生不入仕途的"气骨"悉心

王艮聚众讲学

讲学。从嘉靖六年至十九年，王艮在安丰讲学达13年之久，从不懈怠。嘉靖十八年（1539年），56岁的王艮已病魔缠身。"时先生多病，四方就学日益众。先生据榻讲论，不少厌倦。"②次年冬，王艮病情加重，到了弥留之际，他对儿子王襞说："汝知学，吾复何忧！"③希望他能把泰州学派延续下去。王艮逝世后，四方送葬者有数百人之多。

二、教育实践与思想

王艮特别看重教育对于民风淳化、社会治理的作用。他说："师者，立

---

① 董燧：《王心斋先生年谱》，见《明儒学案》卷三十二。
② 陈祝生：《王心斋全集》，江苏教育出版社2001年版，第76页。
③ 《王艮年谱》，见《王心斋全集》卷一。

乎中,善乎同类者也。故师道立则善人多,善人多则朝廷正,而天下治矣。"①他一生致力于传播"大成之学",可谓诲人不倦。

1. 教育对象:"有教无类"

王艮不信"生而知之",强调后天学习的重要性。这是他自学成才的切身体会。他说:"自诚明谓之性,苟非生而知之,焉能自诚而明也如此?自明诚谓之教,苟非师友讲明功夫头脑,并出处进退时宜,焉能自明而诚也如此?故曰:诚则明矣,明则诚矣。是故学者之于师友,切磋琢磨,专在讲明而矣,故曰:学不讲不明。"②王艮认识到诚明之道是人们后天向师友学习所得,他抛弃了传统儒学"唯上智下愚不移"的观点(如王守仁认为的"唯圣人能致良知,而愚夫愚妇不能致,此圣愚之所由分也"③),而主张"愚夫、愚妇与之能行便是道",并身体力行地向"愚夫愚妇"讲明道理,使他们皆可为圣人。

王艮把他的"百姓日用之学"称之为"人人共同共明之学",强调"有教无类",其教育对象"上至师保公卿,中及疆吏司道牧令,下逮士庶樵陶农吏,几无辈无之"④。他在书院门前张贴"招生广告",谓:"此道贯伏羲、神农、黄帝、尧、舜、禹、汤、文、武、周公、孔子,不以老幼贵贱贤愚,有志愿学者传之。"⑤由于招徒广泛,出现了教室不足的问题。为了解决这一问题,门人林东城、御史洪垣(觉山)就出钱为王艮新建讲堂三间,东西披房各五间,构成"东淘精舍",命名讲堂为"勉仁堂",供王艮讲学和来访学生居住之用,由此王艮的教育规模也得到了进一步的扩大。

王艮的学生大多为下层群众,计有农夫、樵夫、陶匠、盐丁等 487 人。其中最为典型,也最受王艮所赏识的平民弟子是韩贞。韩贞,字以中,号乐吾,兴化人。韩贞世代以制陶为业,生活一直很贫困,故而自小失学,但他求知若渴。25 岁时朱恕见他"笃学力行",就引韩贞至安丰,从学于王艮,后王艮指示韩贞从学于王襞。韩贞在王艮、王襞处学习两年,27 岁离开安丰后回到家乡,一直致力于发扬王艮的"大成仁道",以提倡道德、教

---

① 北京师联科学研究所:《阳明经学教育思想与教育文论选读》(上),第 70 页。
② 王艮:《与林子仁》。
③ 王守仁:《答顾东桥书》。
④ 林子秋、马伯良等:《王艮与泰州学派》,四川辞书出版社 2000 年版,第 41 页。
⑤ 《王艮年谱》,见《王心斋全集》卷一。

化不良习俗为己任，设坛讲学，教诲众多生徒。韩贞在家乡除讲学外，继续参加制陶劳动，接济平民百姓，扶危济困，被称为"东海贤人"。

2. 教育内容：初具启蒙色彩的平民化儒学

王艮讲授传播的"大成之学"实质上是经过改造的，具有一定启蒙色彩和解放精神的，反映平民社会需要的儒学思想。

首先，"百姓日用即道"的平等的道德观。古代，儒家提出过"百姓日用"一词，但"大儒们"认为百姓是不知道"用"的。《易·系辞》云："一阴一阳之谓道……仁者见之谓之仁，知者见之谓之知，百姓日用而不知，故君子之道鲜矣。"这就是说："道"，只有天生的君子、圣人甚至"神"，才可以认识它、掌握它、运用它，凡夫俗子，是绝不可能知道"道"的。王艮一反经典的传统和说教，匠心独具地认为："百姓日用即道"，"愚夫愚妇"都"能知能行"，此乃"即事是学，即事是道"①。他还把"百姓"和"圣人"放在同等的地位，认为："百姓日用条理处，即圣人之条理处"，"圣人之道，无异于百姓日用，凡有异者，皆谓之异端"。② 这样，"百姓日用"就成了检验是"道"还是"异端"的标准。他还这样说："满街都是圣人"，"尧舜与途人一，圣人与凡人一"，"圣人不曾高，众人不曾低"，"庶人非下，侯王非高"。③ 王艮的这些观点，充分体现了小生产者、小市民阶层的要求和愿望，维护了劳苦大众的利益。

其次，尊重个人道德主体地位的"格物说"。格物、致知、诚意、正心、修身之说，始见于《礼记·大学》。前人说"格物"就是"穷理"，也有人说"格物"就是"格心"。他们分别说：通过"格物"的方法，达到"穷理"的目的；"格物者，格其心之物也……正心者，正其物之心也"④。王艮对于"格物"却与上述不同，他有自己独特的见解，即创立"淮南格物"说。他说："格物致知四字本旨，二千年来未有定论。"⑤他认为"格，如格式之格，即絜矩之谓"⑥。"絜矩"，意为度量。他说："吾身是个矩，天下国家是个方，絜

---

① 王艮：《王心斋先生遗集》卷一《语录》。
② 王艮：《王心斋先生遗集》卷一《语录》。
③ 王艮：《王心斋先生遗集》卷一《语录》。
④ 王守仁：《答罗整庵少宰书》。
⑤ 袁承业：《明儒王心斋先生遗集》卷一《语录》，1912年版。
⑥ 袁承业：《明儒王心斋先生遗集》卷一《语录》，1912年版。

矩则知方之不正，由矩之不正也。"①这就是说："身是本，天下国家是末"，"格物"必先"正己"，"本治而末治，正己而物正"。② 王艮的这番话，明白地指出"正人必先正己"。"正己"就是"正身"。正身应人人平等，包括统治阶级在内，概莫能外。这样的观点，与那些封建统治者只要平民百姓"正心"，而他们却可以为所欲为的观点有天渊之别。王艮的这种尊重人、重视人的价值的思想观点，正是平民哲学、布衣学者恰好的表现，是维护劳动人民利益的"绝唱"。

最后，尊重个人身体、物质权利的"明哲保身"说。王艮主张尊身、安身、保身、爱身。他说：要"以身为本"，"修身立本"，"立本安身"，"明哲保身"，"身尊则道尊"。王艮的这些观点，是他的"淮南格物"说的延伸，都是"以身为本"思想的体现。在封建专制极端残酷暴虐的明代中后期，王艮目睹明王朝对上层官吏动辄杀头、剥皮、廷杖、充军种种可怖景象（对下层官吏和平民百姓那就更加残暴了）。他提出的明哲保身以及出、处、进、退、隐、见等策略，形似消极，实质是以退自保、以退求进的一种手法，是非常明智的。

总之，王艮的讲学内容新颖，发扬了王守仁的心学思想，反对束缚人性，符合平民实际需要，引领了明代后期的思想解放潮流。

3. 教育方式：注重启发诱导

王艮传道讲学的方式有别于正宗儒家的传统方法，他非常注意激发学习者的主动性，启发引导学习者自我体悟。他将儒释道修身的方法兼收并蓄、融会贯通。其中，儒家的"心性"（如"于无字处读书"）、道家的"感应"，特别是佛教禅宗的"顿悟法"都为王艮所长期修习和身体力行。正是出于自己的学习修身经验，王艮特别注重启发学生自觉、自悟。在讲学时，他常常别出心裁、异乎常人地采用一些"法门"。他亲自撰写了《乐学歌》：

"人心本是乐，自将私欲缚。私欲一萌时，良知还自觉。一觉便消除，人心依然乐。乐是乐此学，学是学此乐。不乐不是学，不学不是乐。乐便然后学，学便然后乐。乐是学，学是乐。呜呼，天下之乐，何如此学，天下

① 袁承业：《明儒王心斋先生遗集》卷一《语录》，1912 年版。
② 袁承业：《明儒王心斋先生遗集》卷一《答问补遗》，1912 年版。

之学，何如此乐。"①

这首《乐学歌》不仅体现出王艮主张通过"内求"、"解蔽"以致良知的哲学思想，更反映出他引导人们"乐学"以致良知的教育智慧。

三、影响与评价

王艮创立的泰州学派不仅在当时影响很大，而且流传的时间也很长。袁承业在《明儒王心斋先生师承弟子表》的序言中说："心斋先生毅然崛起于草莽鱼盐之中，以道统自任，一时天下之士，率翕然从之，风动宇内，绵绵数百年不绝。"②该表著录自王艮至其五传弟子共计 487 人，其中以进士为官者 18 人，以贡士为官者 23 人；载入《明史》者 20 余人；编入《明儒学案》者 30 余人。上自师保公卿，中及疆吏司道牧令，下至士庶樵陶农吏。按地区来分，江西 35 人，安徽 23 人，福建 9 人，浙江 10 人，湖南 7 人，湖北 11 人，山东 7 人，四川 3 人，北直（河北）、河南、陕西、广东各一人，江苏本省百数十人。从以上的不完全统计中，可以看出：第一，泰州学派不再是贵族、官员或士人的学术小圈子，其门徒所属的社会阶层十分广泛，并且以中下层群众为主；第二，泰州学派并非如其名称，是囿于一隅的地方性学派，而是遍及整个长江中下游，具有广泛影响力的一个大学派。

王艮的思想首先通过王襞、王栋、徐樾、颜钧等人得到了进一步的发扬光大；之后，再传弟子们如罗汝芳、焦竑、何心隐等，又继续高举泰州王学的大旗，发扬光大了泰州学派的思想和传统。到了李贽一代，更是掀起了声势浩大的早期启蒙浪潮。李贽之后，在文艺领域，汤显祖、袁宏道等同样继承了泰州学派的启蒙思想和"叛逆"传统。

王艮创立的泰州学派影响之大，并不是由于它宣传了王守仁的心学思想，而是因为它贯串了平民意识，提出了与正统儒学不同的异端思想，从而在下层群众中获得了众多的支持者和理解者。

王艮及其所创的泰州学派独领一代思想风骚，占中国哲学史一席之地，自形成至今，人们对它的评说仁智互见，褒贬不一。以下撮其要者：

《明史·儒林传·王艮》中说："王氏（指王守仁）弟子遍天下，率都爵

---

① 杨天石：《泰州学派》，中华书局 1980 年版，第 28—35 页。
② 袁承业：《明儒王心斋先生遗集》附录。

位有气势。(王)艮以布衣抗其间,声名反出诸弟子上。"①

王艮的再传弟子李贽(李贽为王艮的仲子王襞的门生)在《续藏书·王艮传》中说:"(王艮)'晚作《格物要旨》、《勉仁方》诸篇,或百世不可易也'。"②又在《为黄安二上人大孝文》中说:"盖心斋(王艮)真英雄也,故其徒亦英雄也……一代高似一代。"③

硕儒黄宗羲在其巨著《明儒学案》中说:"阳明先生之学,有泰州(指王艮)、龙溪(指王畿)而风行天下……泰州之后,其人多能赤手以搏龙蛇……遂复非名教之所能羁络矣……诸公掀翻天地,前不见有古人,后不见有来者。"④黄宗羲对王艮虽做了若干肯定,但出于与泰州学派观点上的差异,他在撰著《泰州学案》时,攻击谩骂泰州学派传人为"小人之无忌惮"者。

史学家白寿彝在《中国通史》中说:"王艮'创建的泰州学派,是我国学术史上第一个具有早期启蒙色彩的学派'";"他所创建的富有平民色彩的理论,虽不能摧垮专制的封建统治,亦无力冲决封建伦理纲常的藩篱,但是他的闪烁着启蒙色彩的理论,他以'万世师'自命的'狂者'风格和鼓动家、传道者的热忱,以及从事平民教育、传道讲学而终生不入仕途的'气骨',却深得下层百姓的拥护,而且成为泰州学派的思想传统"。

史学家、教育家侯外庐在《中国思想通史》中说:"王艮'这种学说在下层社会广泛传播,其学说思想在一定程度上代表了被压迫、被剥削阶级的利益是非常明显的'。"又在《中国思想史纲》中说:"泰州学派是中国封建制社会后期的第一启蒙学派。"

哲学家张岱年在《中国哲学史纲》中说:"王艮的门人所谓泰州学派,尤勇于任事,依其良知,敢作敢为。此派流弊则是狂放空疏。一切都不研究,只凭意见。这些王学左派又多好禅学,结果流为狂禅。"⑤但是,张岱年近年在《王艮与泰州学派》的序中说:"泰州学派是明代后期的一个独特学派。泰州学派创始人王艮出身平民,是一个平民思想家。"

---

① 《明史》卷二八三。
② 张建业:《李贽全集注》第十一册,第103页。
③ 李贽:《为黄安二上人三首·大孝》,见《焚书》卷二。
④ 黄宗羲:《明儒学案卷三十二·泰州学案》。
⑤ 张岱年:《张岱年文集》第二卷,清华大学出版社1990年版,第24页。

哲学家黄宣民在《王艮与泰州学派》的序中说："泰州学派是明代中叶崛起于民间的一个儒学派别。"有人称之为王学左派，也有人称之为民间儒学派，我们称之为平民儒学派。它的创始人王艮，"由一个识字不多的灶丁，终于成为著名的泰州学派的开山祖，这不单在当时儒林中独树一帜，即在中国历史上也是罕见的"。

以上分歧，一方面是评价者本人所处历史时期、所持立场不同所致，另一方面也是王艮及其泰州学派思想的复杂性所致。客观公正地说，王艮出身贫苦劳动人民，他终生布衣不仕，始终保持了劳动人民的本色，他是与下层劳动人民群众同呼吸、共命运的；他的学说在一定程度上代表被压迫、被剥削阶级的利益，具有反封建专制、反封建道德传统、反正宗圣教的战斗精神和人民性；在王艮的学说中，比较明确地提出了不完全成熟的社会平等、个人自由、个性解放等思想主张。王艮是我国"早期启蒙思潮的先驱者"，泰州学派"是中国封建制社会后期的第一个启蒙学派"。王艮与泰州学派的这种思想特征，对于明清之际早期启蒙思潮，都具有深刻的思想影响。鸦片战争以后的洋务运动、维新运动、改良运动，也都受到泰州学派思想的影响。

当然，由于时代、阶级以及认识等方面的局限性，王艮与泰州学派也存在一些弱点和缺陷，如对封建专制认识和斗争的不彻底性，对传统圣学的妥协，社会活动和斗争方式方法上的"怪异"等。但是，"瑕不掩瑜"，王艮与泰州学派的光彩是永照人间的。

《王艮评传》（龚杰著）

王艮纪念馆

焦循：扬州学派的代表人物

"一代通儒"，扬州学派的代表人物。他在广泛治学以外，笃志教学。其用心为教和趣味讲授的实践和思想，留给我们一份宝贵的教育遗产。

一、生平小传

焦循（1763—1820），字里堂、理堂，晚年号里堂老人，清代扬州学派[①]的代表人物之一，在清代学术史上占有重要地位。焦循世居扬州北湖黄珏桥（今扬州市邗江区境内）。他博闻强识，于学无所不通，于经无所不治，在易学、诸子、历算、史学等方面均有精深造诣。著书数百卷，皆精博，阮元谓之为"一代通儒"。

焦循的一生，约略可分为三个阶段：学习期、教学期和著述期。

学习期。焦循6岁进入私塾读书，师从自己的表兄范秋帆，学习诗、骚、赋、古文。8岁时，他到公道桥阮氏家做客，"与宾客辨壁上'冯夷'字，曰：'此当如《楚辞》读皮冰切，不当读如缝。'阮公奇之，妻以女"[②]。10岁前，他的表叔王

---

① 扬州学派是乾嘉汉学的重要分支，其学术渊源远师顾炎武，近承乾嘉学派的吴派、皖派两方面，形成于清乾隆、嘉庆时期，在经学、小学、校勘学等方面都取得了突出的成就。其研究将乾嘉汉学推向巅峰，并在历史转折时期开启了近代学术之先河。扬州学派把辑佚、校勘、注释等研究手段熟练地加以综合利用，兼顾训诂与义理，解经更具精确性。他们不仅讲究贯通群经，而且追求经学与诸子学及史学的融汇，注重经世致用，为晚清经世派之先驱。其主要代表有王懋竑、王念孙、王引之、汪中、焦循、阮元、刘文淇、刘宝楠等。
② 赵尔巽等：《二十五史·清史稿》，第3918页。

容若"时说古人孝弟忠烈故事，暇时教以书数，循之习九九，实始于君"①。这奠定了焦循以数学知识解《易》的基础。12 岁时，焦循"初学诗，先子命质诸先生（即族父熊符先生），而请其训"②。熊符先生对其错误之处一一改正，并加以鼓励，焦循于是懂得作诗之门径。熊符又精通《说文》之学，当时，郡中还很少有读书人能够谈论《说文》，因而，"循为六书之学，实起自先生"。"故里堂以六书之假借、转注以引申其《易》学者，此其肇端也。"③17 岁时，焦循应童子试。当时诸城刘文清（塘）以侍郎的身份在江苏督学，将他收为自己的附学生。焦循于是听从刘文清的教诲开始学习经学。第二年，焦循进入安定书院读书，逐步开始系统学习经学，不但通读《毛诗》《尔雅》，而且撰写了《毛诗鸟兽草木虫鱼释》。20 岁时，焦循又向同学的父亲，以经学闻名于当时的学者顾九苞求教经学。22 岁时，他参加扬州地区的岁试，补录为廪膳生。23 岁时，因父亲及嫡母去世，由于丁忧在家，痛失江南考试的机会。在此期间，焦循到处搜寻解释《易》的著作阅读，为以后的易学研究打下了坚实的基础。

教学期。24 岁那年，恰逢大饥荒，焦循不顾生活的窘迫，变卖田产，购买了《通志堂经解》研读。25 岁时，焦循开始在城中寿氏的鹤立斋设馆授徒；同时继续撰述《毛诗鸟兽草木虫鱼释》；其间他偶然间看到王应麟的《诗地理考》，感到其所记载过于琐细杂乱，就撰写了《毛诗地理释》。这一年，他结识了著名学者汪中、江藩，并与汪晋蕃订交。26 岁时，他写作了《王处士篡周易解序》；28 岁时，又完成了《群经宫室图》一书。30 岁时，他从友人汪晋蕃处借得惠栋所著《后汉书训篡》，并做了细致的校定。32 岁时，他开始撰写《加减乘除释》，并撰成《乘方释例》5 卷。33 岁时，焦循到山东游学，撰写了《山左诗钞》1 卷。34 岁时，他游学于浙东，撰写了《浙江诗钞》1 卷、《释弧》3 卷、《释轮》2 卷、《释椭》1 卷。第二年，他又完成了《加减乘除释》8 卷。1798 年春，焦循将 30 卷《毛诗鸟兽草木虫鱼释》删定为 12 卷。九月，他参加省试落选，回到家中，继续删订《释弧》旧稿。1799 年冬，历经 19 年之努力，焦循终于完成了《毛诗鸟兽草木虫鱼释》一书，并撰

① 焦循：《表叔王容若墓志铭》，见《雕菰集》卷二十二，《丛书集成初编》本。
② 焦循：《雕菰集》卷十八，商务印书馆 1936 年版，第 297 页。
③ 赖贵三：《雕菰楼易学研究》，台北里仁书局 1994 年版，第 5 页。

成《天元一释》2 卷。1801 年正月,他撰写完成《开方通释》1 卷。是年秋,他应乡试中举。1802 年冬,他从浙江回到扬州,撰写了《禹贡郑注释》2 卷。壬戌会试后,焦循开始闭门著书,很少外出。1804 年,与王引之讨论数之比例与《易》之比例的关系,完成《易通释》初稿,并于这一年秋天完成《论语通释》1 卷。第二年又完成《剧说》。1806 年,焦循与赵怀玉、减庸、袁廷楠共同纂辑《扬州图经》、《扬州文粹》。

著述期。1807 年春,焦循感染风寒,昏迷不醒七日,但心中似乎依然想着一篇《杂卦传》。于是苏醒后,他专心致志地研究《易》。此后,大量著述问世。

焦循是一位没有功名的大儒,对于经史、历算、音韵、训诂、诗词、文赋、医学、戏曲无所不通,也无所不精。他留下几个动人故事:一是为了买一部自己想要的古书,而忍痛把新嫁娘的首饰当掉;二是一心钻研学问,乃至十九年足不入城市;三是居然把戏曲这种"旁门左道"的东西,也当作正经学问来做。①

1820 年九月辰时,焦循的脚病反复发作,忽然又感烦热似疟,舌燥无津。病情日渐加重,施用医药无效,到二十七日辰时,溘然长逝。

焦循一生致力于讲授著述,生前刊刻的著作有 14 种 76 卷,身后刊刻 28 种 209 卷,还有未刊刻的稿本、抄本 28 种 106 卷,存目 16 种 37 卷。此外,编著、批校约 28 种 600 余卷。

二、教育思想与实践

(一)教育思想

焦循的教育思想散见于他的《孟子正义》、《论语通释》、《论语补疏》、《里堂家训》和《雕菰楼集》等著述中,是其学术思想体系的重要组成部分。

1. 人性"可引",人皆可教

焦循以为,教育在人类进化的历程中、在社会的发展中都起着至关重要的作用。

首先,焦循严肃地探讨了教育对人类进化所产生的影响。《易通释》卷五《教》中以为:"性不外男女饮食,人有此性,禽兽亦有此性。人之性,

---

① 赵昌智等:《文化扬州》,广陵书社 2006 年版,第 93 页。

可因教而明,故善;禽善之性,虽教之不明,故不善。"①其意思是说,"性"本来是人类和禽兽所共有的,之所以形成人性善而禽兽之性不善的本质区别,就是因为人类可"教"而动物不可"教"。在另外一部易学著作《易话》中,焦循对"性"做了更进一步的阐释:"人之性可引而善,亦可引而恶,憔其可引,故性善也"②,"性何以善,能知故善"③,"禽兽不知,则禽兽之性不能善;人知之,则人之性善矣"④,"鸟兽既不能自知,人又不能使之知,此鸟兽之性所以不善"⑤。在这里,焦循已然把教育视为人类进化的决定性因素,虽有些过分夸大了教育的作用;但是,焦循对教育在人类社会发展中的意义予以充分的重视却是值得肯定的。

不过,焦循在论述中运用了"知"的概念,推其意,"知"即为戴震学说中的"知觉",因为焦循在继承了戴震"性善"说的同时,也因袭了戴震对"知"的论述:"人以有礼义异于禽兽,实人之知觉大远乎物则然,此孟子所谓性善。"⑥但是,焦循并没有就此止步,而是继续向着深层内涵细加探索,以为从"知觉"到"礼仪"的关键是人性"可引",唯其如此,人才进化成为人,禽兽却仍为禽兽。显然,在这一点上,焦循发展了戴震之说。但在中国教育史上,人们只提戴震而不谈焦循,显然是不全面的。

其次,焦循还强调了人皆可教的宝贵思想。在《传砚斋丛书》之一的《焦里堂先生家训》(以下简称为《里堂家训》)中有这样的论述:"人于他事,或有不能至,读书未有不能者。不必问资质之清浊,只以读书一途尊之、驱之,未有不能者也。"⑦其间,渗透着焦循对学与教的深刻见解:他既看到了"资质之清浊"这一先天的因素,又强调和重视后天的教育效应;既肯定了教育者"尊之、驱之"的巨大作用,又进一步论证了被教育者"未有不能"的现实意义。不难发现,焦循已经在阐释着这样的理论,这就是人人都能接受教育,都享有受教育的权利。那种以"资质"作为能否享有教

---

① 焦循:《易通释》卷五《教》。
② 焦循:《雕菰集》卷九《性善解一》。
③ 焦循:《雕菰集》卷九《性善解三》。
④ 焦循:《雕菰集》卷九《性善解三》。
⑤ 焦循:《雕菰集》卷九《性善解三》。
⑥ 戴震:《孟子字义疏证》。
⑦ 焦循:《焦里堂先生家训》卷上。

育权利的观点和做法是十分荒唐的,"生一子必曰资质蠢,不能读书,一可恨也"①。

诚然,人皆可教的学说早已见诸史籍,如《孟子·告子下》中说:"人皆可以为尧舜";《荀子·劝学》中说:"为之,人也;舍之,禽兽也"②;《论衡·率性》中说:"无不可变之性,无不可教之人"③。但是,我们不能因此而忽视焦循的论述。在焦循的学说中,一方面,以为人皆可教是人性"可引"的必然产物,"可引"为哲学属性,"可教"则为教育原则;焦循不仅从哲学的高度论证它,而且在教育的领域实践它,而这恰恰是孟子、荀子等人所缺少的。另一方面,孟子所谓"人皆可以为尧舜"指的是"孝弟",《孟子·告子下》中说:"尧舜之道,孝弟而已矣",而焦循的理解却是贯通的,《论语补疏》卷上:"圣者,通也"④;《论语通释》"释圣":"圣之为言通也,通之为言贯也"⑤。可见,博学而贯通,是为"圣"的必由之路,是教育的核心意蕴。正因如此,焦循人皆可教之说便有别于他人之说,以焦循为重要代表人物的扬州学派也就与清代的其他学派有了显著的区别。当然,焦循在极力倡导人人都能接受教育的同时,却又把妇女排除在外,"至于妇女,伪取诗名,尤为可笑"⑥,其局限性也是明显的。

2."博洽贯通",反对"执一"

扬州学派以"通"为主,除了上述对"圣"的解释之外,在焦循的学说中还有着大量的记述。在学习的态度上,焦循倡导博通,他认为:"非博通经史四部,遍览九流百家,未易言文"⑦,因此,焦循便"无物不习",博涉群书,于经学则遍治儒家经典,于算学则通论其间原理,于文学则诗词曲赋无不探讨,于史学则"二十四史"全部阅览,对医学、戏剧、建筑、金石等也都学有所及且富有创见。就易学而言,焦循首先是通而览之,"自汉魏以来,至今二千年中,凡说《易》之书,必首尾阅之"⑧;随后便通而治之,"学《易》者,

---

① 焦循:《焦里堂先生家训》卷上。
② 荀子:《劝学》。
③ 王充:《论衡·率性》。
④ 焦循:《论语补疏》,第14页。
⑤ 焦循:《论语通释》,第11页。
⑥ 焦循:《焦里堂先生家训》卷上。
⑦ 焦循:《焦氏遗书·先府君事略》。
⑧ 焦循:《易广记·序》。

亦求通其辞而已矣。横求之而通，纵求之而通"①。就戏剧而言，仅《剧说》一书就荟萃了汉、唐以来近200部典籍中关于戏曲的珍贵史料，并贯通予以评述并提出己见。对于其他领域，焦循也都是通学通治。可以说，一个"通"字，代表了焦循一生披览与治学的核心思想，也形成了焦循治学的一大特点。

在教学的宗旨上，焦循也主张博通和博通以教，"幼时，先使之识字，即愚，一日识四字不难也。自六岁至十二岁，可识万字矣。至此，便为之解说字义，分析平仄，徐徐使习时文，使习诗，使习书法。此三者少有可观，庶可入学。入学庶可以训蒙谋食，此根本也。根本立，则必使之知经学、史学及典章制度、六书九数、天文地理，以渐而博洽贯通。若资质过人，则习时文时，便可博览，然究以时文为主"②。这些叙述，不仅清楚地记录了焦循的教学计划和教学进度，而且表明了焦循的教育内容和教学思想。尤为重要的是，焦循根据由浅至深、由简至繁的原则，把学习过程划分为"识字"期、"入学"期和"贯通"期三个阶段。此外，他还指出了三个阶段的教学目的，"识字"的目的是打好基础，"入学"的目的是"训蒙谋食"，"贯通"的目的是成为"通人"。即把知识教育划分为基础教育、职业教育和博通教育三个方面，其结果既培养了蒙学师资，又与科举考试相应和。但焦循对教育目的的论述并未就此止步，他认为博通的目的"实为属文起见"，指出："学问之业，以属文为要"③，而属文之本在于"修己治人"、"迁善改过"。

正由于力主通贯，因而在教与学上，焦循坚决反对"执一"。所谓"执一"，"非一以贯之也"④，就是说，偏于一隅或株守一说进而无法通贯其说者为"执一"。焦循认为，无论教与学，都应融会贯通，富于创新而不可"执一"，倘若"说经不能自出其性灵，而守执一之说以自蔽，如人不能自立，投入富贵有势力之家以为之奴"⑤，而以此为教或以之为学，是"原无心

① 《易图略》，见《易学三书》（下册），第106页。
② 焦循：《焦里堂先生家训》卷上。
③ 焦循：《焦里堂先生家训》卷下。
④ 焦循：《雕菰集》卷九。
⑤ 焦循：《焦里堂先生家训》卷下。

得"的"口耳剽窃",是一知半解的老生常谈,故而"此类依草附木,最为可憎"①。而任何"执一"之言,都是以偏概全的"妄言",是不能举一反三的"世俗之解"。那么,如何才能避免"执一"而达到贯通之境呢? 焦循认为在于博学。"博学,即博我以文"②,并指出,"不知博学多闻,守一先生之言,于是执一而废百,为小道,为异端,均不博学、不多闻之所致",博学是贯通的前提,"先博而后约,约则贯矣"③。

(二) 教育实践

自 1785 年至 1806 年,焦循断断续续从事教学工作达 22 年之久,仅设馆以教就有 12 年时间。在此过程中,他兢兢业业,尽心尽力,获得了丰富的教学经验。

1. 因材施教

焦循在《里堂家训》中说,"人性质不同,各有所近,一概施之,鲜能皆当",不能对任何人都采用"一概"之法,因为"性有善记诵者,有善论断者,有宜于经者,有长于史者,有探赜索隐则有余者,有雕龙绣虎而适足者"④。只有遵循"因材施教"的原则,才能获得理想的教学效果,否则就会事倍而功半,比如,"受《古文尚书》,每苦其辞艰琐,难为讽读,虽屡逢捶挞而其业不成",后来改变教法,"始授以《左氏》,期年而讲诵都毕"⑤,方法得当,收效显著,事半而功倍。

2. 激发兴趣

焦循反对束缚学生"性灵"的死板教法,他在《里堂家训》中说"近之风气,教子者,多以《尔雅》汩其性灵。余每力为之争,而不肯靡于风气"⑥。即教学不能"汩其性灵",应该激发学生的学习兴趣,使其在兴趣中获取知识,陶冶情操,"十余岁能识字,自当教之以诗,然必取唐诗中真切有味者授之,使之动荡其血气,涵濡其性情,不必急急即以能诗见也"⑦,这是焦循

---

① 焦循:《焦里堂先生家训》卷下。
② 焦循:《论语通释·释仁》。
③ 焦循:《论语通释·释多》。
④ 焦循:《焦里堂先生家训》卷下。
⑤ 刘知几:《史通·自叙》。
⑥ 焦循:《焦里堂先生家训》卷上。
⑦ 焦循:《焦里堂先生家训》卷上。

注重趣味教育的深切表述。

3. 严加管教

《里堂家训》卷上："教子弟读书，不可不专，不可不严"①，在严厉督教之下，就能读书成才，而"读之不成者，皆教之不专不严之咎也"②。在焦循看来，只要方法得当，严格教导，人人都可读书有成，那些祖上富有学识而后辈竟然目不识丁者，都是因为未能严格要求而姑息放纵所致，"吾见名人之后，至于不识字，总由姑息，不使之习旧业耳"③。有鉴于此，焦循在教育弟弟焦征时，就格外严厉，乃至"大声疾呼，迫以楚"，终于使"质劣"的焦征"不致失先人之业"而学业有成。

4. 运用教具

在《雕菰集》卷十七"习礼格序"中有这样的记述："于《仪礼》十七篇，去《丧服》、《士丧礼》、《既夕》、《士虞礼》四篇，余十三篇，为格以习之。纸方尺五寸，如奕枰，作朝庙图一、庠图一、大夫朝庙图一"，"削木或石为棋"，用来代表书中的主人、宾客、皮马、瑟笙以及坐、立等，"习时，各任一人，或兼之，按谱而行之"④。这就把复杂的礼仪知识融入有趣的教具当中，寓抽象于形象，寓死板于灵活，寓概念于实践，寓艰深于简易。

此外，对自己的教学工作，焦循曾有过这样的评价："教导童子用心笃志"，且以为"平生于此自信可无愧"⑤。而"用心笃志"四字，恰是焦循教学态度认真负责、教书育人一丝不苟的真实写照。在教学实践之中，对于他人或门徒所提出的疑难问题，焦循总是有问必答，悉心讲解。收入《雕菰集》卷八中的"良知论"，是为了解答弟子询问朱、陆、阳明学说而作；焦循的许多论著可谓答疑的结晶，《易话·序》："余既成《易学三书》，忆自壬戌以来，十数年间，凡友朋门弟子所问答及于《易》者，取入三书外，多有所余，复录而存之，得二卷，同以为《易话》。"《论语通释·序》："嘉庆癸亥夏五月，郑柿里舍人以书来问'未可与权'，适门人论'一贯'，不知曾子忠恕之义，因推而说之。凡百余日，得十有五篇。"所有这些，既是焦循教学实

① 焦循：《焦里堂先生家训》卷上。
② 焦循：《焦里堂先生家训》卷上。
③ 焦循：《焦里堂先生家训》卷上。
④ 《司礼格序》，见《论语通释》卷十七，第289页。
⑤ 焦循：《焦里堂先生家训》卷上。

践的结晶，更是其“诲人不倦”的有力说明。

5. 倡导创新，注重学法

焦循终生为学，从未懈怠。他在当时竭力反对考据、汉学、宋学一类名目，提倡创造，反对保守，主张融合众说，反对固执一家。其结果在学术上取得了卓著的成就，同时在学习上积累了不少见解和有用的方法：

其一，扬长避短。焦循以为：“人宜用其所长，不可用其所短。”[①]焦循自身的经验就说明了这一点。焦循二十四五岁时，家境大衰，卖田还债后接着与两弟分家，分得田地三十亩，他放弃了经商而选择了教学，理由很简单，“笔耕舌耕，己所长也”。到晚年时，焦循仍为这样的选择而深感庆幸，倘若“弃田而别营生理，必至一无所成，不知作何落拓光景矣”[②]。

其二，去粗取精。焦循为学，凡“可以广闻见，益神智”之言，便随时“笔之于策”[③]；如，“自乾隆戊戌己亥，习为诗古文辞，迄今垂四十年，所积颇盈笥簏”[④]，经整理而成《雕菰集》24卷。这样，天长日久，日积月累，终成著述。《易广记》3卷、《书义丛钞》40卷、《集旧文钞》等均由此而成。

其三，先学后思。《论语通释·释学》：“圣人用功之序，先学而后思。盖学为入德之始功，思为入圣之至境。”《论语补疏》卷上：“圣者，通也。”《论语通释·释圣》：“圣之为言通也，通之为言贯也。”就是说，学可养德，思能贯通，学是基础，思为升华，在打好学习的基础之后，就要勤奋思考，进而向贯通的目标去努力。同时，焦循在《焦氏遗书·先府君事略》中说“学贵善用思”，因为“学有辍时，思无辍时也。食时、衣时、寝时、行路时、栉沐时、便溺时，凡不能学时，皆当即所学而思之”，边学边思，思其所学，就必然会有长进。

其四，谦虚为学。《里堂家训》卷下：“一人有一人之能，不能以己之能傲他人之不能也。”焦循虚怀若谷，不耻下问，礼待前贤，博采众家，一改动辄即骂的不良时风，总是平心静气地评价和继承前人的思想。《焦氏遗书·先府君事略》：“授经义，依注疏详解，复集众说博辩而折衷之。”对汉魏乃至宋明易学，能够正确对待，去粗取精。仅举虞翻为例，以概其余。

---

① 焦循：《焦里堂先生家训》卷上。

② 焦循：《焦里堂先生家训》卷上。

③ 焦循：《易广记·序》。

④ 焦循：《雕菰集》卷首《目录》。

《易通释》卷九"索":"虞仲翔以白为无色,失之。"卷十"石硕":"虞仲翔有深得《易》义者。"《易章句》卷一:"虞仲翔谓'坤为虎',是也。"一方面明其所失,另一方面又承其所得,一分为二,虚心以学。

其五,倡导创新。《易传·大畜象》:"日新其德。"《易传·系辞上》:"日新之谓盛德。"因此焦循认为,"圣贤之学,以日新为要"[①]。本现在学业上,就要富于创造,不断获取心得,反对那种只会沿袭继承却没有发展创新的做法。《里堂家训》卷下:"三年前闻其人之谈如是,三年后闻其人之谈仍如是,其人可知矣。越五年十年而其学仍如故者,知其本口耳剽窃,原无心得,斯亦不足议也矣。"

如此,焦循便总结出了一套系统的学习方法,即博学—取精—善思—创新。其中,博学是基础,取精重鉴别,善思贵分析,创新为生命,环环相扣,循序渐进。从中可以看出焦循的学习历程,焦循也以自己的经历和成就证明了这一系统方法的正确性和可行性。

三、影响与评价

焦循一生遵循和贯彻着"教学相长"的理论思想,在学术研究、教育教学上均取得了令人瞩目的巨大成就。

在治学上,焦循识见精深,"于学无所不通,于经无所不治"[②]。在经学、史学、文学、语言文字学、自然科学等诸多领域均有深入研究和重要建树。在诸多方面的学术研究中,焦循尤精于易学,他承三世家传易学之统,熔融象数、义理、数理于一炉,历经30余年,于清嘉庆二十年(1815年)撰成《易学三书》,引起了当时学界的震动,阮元、王引之等清代学者对其推崇备至,赞许其为"石破天惊"、"精锐之兵"之作。焦循也因此以"江南名士"闻名大江南北,被乾嘉时期的学者誉为潜心著述的一代通儒。

在教育教学上,焦循提出"因材施教"与"诲人不倦",是对孔子教育思想的直接继承,运用教具亦非焦循首创,而严加管教更是早有古训,但是,焦循力主"用心"教育的献身精神和激发学生兴趣的讲授原则,却足可称道。只有"用心",方可为师;只有"用心",才能"无愧",才能谈得上热爱教

① 焦循:《焦里堂先生家训》卷下。
② 支伟成:《清代朴学大师列传》,岳麓书社1986年版,第197页。

学工作和教育事业,这是从教最起码也是最重要的前提条件。至于激发学生的学习兴趣,王阳明曾有所涉及:"今教童子,必使其趋向鼓舞,心中喜悦,则其进自不能已"①,焦循则把索然无味的教学上升到了压抑"性灵"的哲学高度去论述,显然比王阳明所论要深刻得多。苏联教育家索洛维契克也说过:"不学习正是因为你没有兴趣"②,在这里,兴趣更是变成了学习的动力,是教学诸多环节中不可或缺的重要因素。因此,身为封建时代学者的焦循,能强调"用心"为教和趣味讲授并身体力行,不光难能可贵,而且还有着不可忽视的现实意义。

焦循论曲三种　　　　　　《孟子正义》　　　　《焦循著述新证》(刘建臻著)

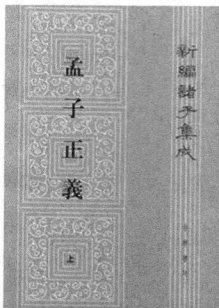

---

① 王阳明:《王文成公全书·传习录中》。
② 西·索洛维契克:《学习与兴趣》,袁长在、甘雨泽译,黑龙江人民出版社 1983 年版,第 15 页。

阮元：新式书院的开办者

清代大儒、扬州学派领袖；他创办诂经精舍和学海堂，一扫清末腐朽的教育陈习，为清末教育家开办新式学校提供了示范。

一、生平小传

阮元（1764—1849），字伯元，号云台、雷塘庵主，晚号怡性老人，江苏仪征人。清代嘉庆、道光年间名臣，著作家、刊刻家、思想家，扬州学派重要代表，在经史、数学、天算、舆地、编纂、金石、校勘等方面都有着非常高的造诣，被尊为一代文宗。

1764 年，阮元出生在江苏扬州府城一个文才武功兼备的世家。他的祖父阮堂武进士出身，官至湖南参将，曾经率军征讨苗人，活捉苗人数千人，立下战功。他的父亲阮承信修治《左氏春秋》，为古文大家。他的母亲林氏也出身于仕宦之家，通晓诗书。阮元 5 岁开始跟从母亲学字，6 岁进私塾就学。他的母亲对他偏重于文字的教育，他的父亲则令他通文义和立志向学，并教他骑马和射箭，说"此儒者事，亦吾家事也"，希望他能够文武兼备。

1789 年，阮元 25 岁就考中进士，入翰林院担任庶吉士，次年授翰林院编修。一年后因学识渊博，受乾隆皇帝赏识，升任少詹事，入值南书房、懋勤殿，后又升迁任詹事。1793 年至 1795 年，他提督山东学政。其间，他酷爱济南名泉，不仅数次游历，而且写下了不少赞美名泉的诗歌，并写有《小沧浪笔谈》，杂记济南掌故风物等。此外，他还广交山东的金石学家，遍访山东金石文物，在毕沅主持下，撰成《山左金石志》24 卷，对山东乾嘉之际金石学的兴盛做出了很大贡献。

此后，阮元任浙江学政，1798 年返京，任户部左侍郎，会试同考官。不久他又赴浙江任巡抚,前后约十年。在任期间,他除吏治军政之外,又联合浙江的文人,编书撰述不辍。1801年他在杭州建立诂经精舍,聘王昶授辞章,孙星衍授经义,培育英才。后来,阮元任职兵部,又先后出任湖南、浙江巡抚。在浙江巡抚任上,政绩颇多,其最大的功劳就是平定海盗。

1813年阮元调任江西巡抚,因捕治逆匪胡秉耀有功,加太子少保,赐花翎。1815年调到河南,升湖广总督。他在任期内修武昌江堤,建江陵范家堤、沔阳龙王庙石闸。1816年调任两广总督。1820年在粤创立学海堂书院。1821年阮元兼任粤海关监督。当时来往中国的外国船只常常挟带鸦片入境,阮元对敢于经售鸦片者予以严办。1826年阮元改任云贵总督。为官期间,他一方面罢免贪官污吏,加强对盐税的征收和管理;另一方面,组织偏远地区的百姓开荒种地,防御蛮族的进攻。1835年阮元应召回朝,拜体仁阁大学士,管理刑部、调兵部。1838年阮元告老返回扬州定居,道光帝不但奖励他,依然给以一半的俸禄,而且临行时加封他太子太保的头衔。1849年阮元在扬州康山私宅去世,谥文达,享寿85岁。入祠乡贤祠、浙江名宦祠。

阮元自弱冠一举成名,在长达60多年的治学生涯中(其中还有大部分时间治理政务),著作极为丰富,说他是"著作等身",当之无愧。在阮元60岁时,龚自珍撰文对其在大半生所取得的学术成就进行了比较全面的总结,盛赞阮元的训诂之学、校勘之学、目录之学、典章制度之学、史学、金石之学、术数之学、文章之学、性道之学、掌故之学等,称其"凡若此者,固已汇汉、宋之全,拓天人之韬,泯华实之辨,总才学之归"①。阮元在诸多领域都取得了瞩目成就,尤其在文献学和史学方面,并且一生致力于文献的整理、汇辑、编撰、刊刻,成绩斐然。其生平所著之书,根据一些常见书目统计,约在30种以上。其中,人们比较熟知的有:《三家诗补遗》、《考工记车制图解》、《诗书古训》、《仪礼石经校勘记》、《儒林传稿》、《畴人传》、《积古斋钟鼎彝器款识》、《定香亭笔谈》、《小沧浪笔谈》、《选项印宛委别藏提要》、《揅经室集》、《十三经注疏校勘记》。所编之书有《经籍籑诂》、《皇清经解》、《两浙金石志》、《诂经精舍文集》、《淮海英灵集》、《八甎吟馆刻烛集》等。此外,阮元还主编过一些大型的志书,如《嘉庆嘉兴府志》80卷、《广东通志》334卷。

---

① 《阮尚书年谱第一序》。

除上述《皇清经解》、《经籍籑诂》以外，阮元刻印的书中为人们所熟知的，还有《十三经注疏》。这是一部大型的经学丛书，收书 180 余种、1400余卷。刻印时，阮元聘请了一些饱学之士担任校勘，并将校勘的成果合而成集，就是著名的《十三经注疏校勘记》。阮元还搜集刻印了一些知名学者的遗著，如钱大昕、钱塘、汪中、刘台拱、孔广森、张惠言、焦循、凌廷堪等大家的遗著。这也反映了阮元表彰绝学，是何等不遗余力。

《十三经注疏》

《十三经注疏》片段

二、教育思想与实践

（一）教育思想

1. 培养经世致用的人才

阮元办学的宗旨十分明确，建精舍是为了砥砺品行、学问，而不是追求功名；规定精舍不事举业，强调学思结合、学用结合，旨在培养钻研经史、弘扬汉学、精通一艺的人才。另一方面，阮元认为研究经学如果不依靠训诂考据之功，就难免虚空不实的弊病，主张培养的人才能够通经致用，具有治国安民的才能。他要求学生做到其所以为学者，即其所以为政，把做学问和治国平天下联系起来。他十分推崇顾炎武志趣远大，有经世之具，要学生熟读《资治通鉴》、《文献通考》，了解"千百年来理乱之原，政事之迹"。强调说："世之习科条而无学术，守章句而无经世之具者，皆未足与于此也。"①

————————

① 阮元：《揅经室二集》卷四。

阮元注重通经致用,确为治学的典范。他每到一地,都能充分利用时间,勤奋编辑与著述。他研究经学,组织编纂了《经籍籑诂》106卷,并组织汇刻了《十三经注疏》416卷。与此同时,他还写作了大量的经学著作与文章,收录在《揅经室文集》中。他研究天文、数学,编撰了《畴人传》46卷,给后人研究古代天文数学提供了可贵的资料。他认为,地方志是经世致用的史书,先后主修了《广东通志》、《云南通志稿》这两部名志。在国史馆,他又积极倡议编纂《儒林传》。由于他一生孜孜不倦的努力,为中国文化的繁荣与发展做出了不可磨灭的贡献。

2. 推行德才兼备的教育

阮元在培养和选拔人才的问题上注重先行谊,而后文艺,主张把德行放在第一位,要求德才兼备,注重品行的考核。他在《试浙江优行生员策问》中说:"取士宜先行谊,而后文艺。"《学海堂章程》中也规定:"学长等公举课业诸生,务取志在实学,不骛声气之士,尤宜心地淳良,品行端洁。"他还特别强调,凡是写作浮艳诲淫之词的无聊文人、深文周纳陷人于罪的恶讼师以及抽鸦片烟的纨绔子弟,学长均不得予以举荐。这种培养学生注重先德后才的做法,值得我们借鉴。同时,阮元也强调为官者要廉政爱民,为民办实事,主张为政者必以仁。阮元为官数十载,正是以廉政爱民来严格要求自己的。

3. 强调实事求是的经学教育

诂经精舍、学海堂都以经学作为教学的主要内容,实事求是的思想和变通的精神也正是诂经精舍和学海堂的治学指导方针。阮元在《揅经室集·自序》中说:"余之说经,推明古训,实事求是而已。"要求学生在实学上下功夫,踏踏实实地专心做学问。开办学海堂不久,他就郑重声明:此堂专勉实学①。所谓实学,是指实在的学问,实用的学科,其中包括考据、训诂和自然科学等。阮元虽崇尚汉学,但不固守汉儒的训诂。他在自己的治学实践中,十分强调实事求是,但实事求是,推明古训是阮元治经的出发点,不是治经的目的。阮元指出,文字训诂仅仅是门径而已,领悟并实践圣人之道才是目的。即训诂(字义)、明经(经义)、实践(行)的方法。他指出:"儒者之于经,但求其是而已矣。是之所在,从注可,违注亦可,不必定如孔、贾义

---

① 《学海堂志》。

疏之例也。"①强调"圣人之道，譬如宫墙，文字训诂，其门径也，门径苟误，安能升堂入室乎？或者但求名物，不论圣道，又若终年寝馈于门庑之间，无复知有堂室"②。因此，要求弟子们得古人之益，而不为古人所愚。

4.四步读书法

阮元在人才培养上取得这样显著的成就，与他在书院内实行的一套完善的读书训练法密不可分。阮元的读书训练是个完整的工程，它由如下四个部分组成：

句读。分清书文的句读，读通所读诗文。首先，能认字、认读，把字音读准；其次，要掌握断句，即停顿；第三，要能读通，即初步了解其字句的含义；第四，要能读通顺，不能读起来疙疙瘩瘩。

评校。校是校雠、校正，即拿所读书文与其他版本进行对校，勘定正误。评是评点、评说，即在校订的基础上，根据自己对文本的理解，评定其是非正误和优劣长短。我国古代有评点读书法，读者可将阅读感受，以及对所读书文从字句到内容的评价，写在字里行间、文前文后或者天头地角。阮元这里的评即有评点之意。

抄录。在读通读懂文字后，将所读书文的精要加以抄写，以加深对它的理解，巩固对它的记忆。

著述。对阅读所获的迁移运用。不但要读通、读懂、熟记所读书文，还要能将阅读所得撰成著作，公之社会，遗教后人，为社会文明建设做出贡献。

阮元的四步读书法，是我国古代创造的读书原则——读思结合、读习结合、读行结合的发挥和运用。它把阅读建立在认读基础之上，经过深入思考和熟读记忆，形成自己的学术见解和主张，并笔之于纸，形之为文，或与同辈交流，或遗教后世。它不但十分完整，符合人类由简单到复杂、由浅入深、由表及里的认识规律，而且将读用结合起来，从而与八股式读书区分开来，显示出了它的科学性、建设性。应该肯定，阮元的这种读书训练值得我们今天的读书人和阅读教学改革者借鉴。当然，阮元将"运用"局限于钻故纸堆和写诗撰文，远离变革现实的社会实践，这是其读书法的

---

① 阮元：《揅经室一集》卷十一。
② 阮元：《西湖诂经精舍记》，见陈谷嘉、邓洪波：《中国书院资料史》中册，江苏教育出版社1998年版。

主要缺陷。

5.因材施教、教学相长的教学方法

在教学方法上,阮元主张因材施教,教学相长。由于诂经精舍是一个教学和研究相结合的机构,学生又多是懂得经学,且精通一种技艺的人,因此阮元在这里的教学内容并不是固定僵化的,他讲学的内容多是自己学术研究的心得体会,而不是照本宣科。孙星衍在回顾诂经精舍的教学活动时说:"其课士,月一番,三人者迭为命题之主。问以十三经、三史疑义,旁及小学、天文、地理、算法、词章,各听搜讨书传,条对以观其识,不用屙试糊名之法。"①可以看出,阮元的教学是以经史诗赋、天文历数的专门研究为主,不教学八股时文,注重培养学生的实际能力,采取自由研究、质疑问难的方法。对学生的考查,重在观其识,鼓励学生发表个人的见解,以培养通经致用的人才。

诂经精舍和学海堂主要选拔绩学之士进行深造,有不少学生已学有所长。精舍的肄业生钱泳云:"设诂经精舍,选诸生中经学修明,通于一艺者,习业其中。"阮元对学生因材分班,设内、外课生。此外还有附课生,相当于预备班。又特设超等生班,培养拔尖对象。对学生的课业要求,根据个人所长,或专治一经,或专研一史,或专攻一家之文。阮元《学海堂集序》云:"多士或习经传,寻疏义于宋齐;或解文字,考故训于《仓》、《雅》;或析道理,守晦庵之正传;或讨史志,求深宁之家法;或且规矩汉晋,熟精萧《选》;师法唐宋,各得其笔。虽性之所近,业有殊工,而力有可兼,事亦并擅。"要求诸生,每个人根据自身的资质秉性,从所规定的学习教材中选择一书专习。其读书日程,有句读、评校、抄录、著述四项功夫。整个教学过程,以学生自由的独立研究为主,推行导师制,学海堂有八位学长,担任学生的指导老师。诸生根据自己的专长,于学长八人中"择师而从,谒见请业,庶获先路之导",以成就后进,教育英才。

在考试方法上,阮元一改传统书院那种呆板的屙试糊名之法,实行季课制。所谓"季课",也就是按季节考试,即把平时考核与每年四次集中考核相结合。学海堂章程规定:"每岁分为四课,由学长出经解文笔,古今诗题。限日截卷,评定甲乙,分别散给膏火。"

---

① 孙星衍:《诂经精舍题名碑记》。

在学海堂,每一季度由书院出题征文,张榜于学海堂门外,各学长也各自携带若干张,以便散发。考题上标明截卷日期。学生们根据所出题目,查阅经书,登堂向学长请教疑难,然后写出课卷。课卷由八位学长共同评定,分别优劣,对优秀的予以奖励,并将课卷选入学海堂全集。这无疑有利于增强教学效果和锻炼学生的学术研究能力,促进整体教育水平的提高。

6. 学术研究和教育教学的结合

阮元继承了书院教学的优良传统,把学术研究和教育教学结合在一起,并把学术研究作为教学活动的重点。他曾多次组织学生参加编书刻书的工作,根据诂经精舍学生的能力和知识水平,选出十多个高才生配合学长共同纂辑《十三经经郛》。阮元本人的一些著作如《十三经注疏校勘记》就是在一些学者和诂经精舍学生的共同协助下完成的。阮元采取的这种方法是符合教学规律和诂经精舍师生的实际情况的,学生们在编撰校勘的过程中得到了实际的锻炼,也为保存资料、整理文献做出了贡献。除此之外,阮元还经常让学生参加在书院内外举行的学术讨论会,让他们和诸名流相遇,听取其他学者的意见,扩大交流,开阔眼界,接受教育。

7. 破旧立新的教学机制

阮元对学海堂的领导体制进行了较大的改革,即废除时行的山长制,创立八学长共同负责制。阮元制定的《学海堂章程》第一条明确规定:管理学海堂,本部堂酌派出学长吴兰修、赵均、林伯桐、曾钊、徐荣、熊景星、马福安、吴应逵八人同司课事。其有出仕等事,再由七人公举补额,永不设立山长,亦不允荐山长。这种学规变革,不仅仅是管理形式的不同,实质上它是与学海堂的办学目的相适应的。据《学海堂志》引阮元谕云:"学长责任与山长无异,惟此课既劝通经,兼赅众体,非可独理。而山长不能多设,且课举业者各书院已大备,士子皆知讲习,此堂专勉实学,必须八学长各用所长,协力启导,庶望人才日起。永不设立山长,与各书院事体不同也。"

学长制的确立,使它在发挥学术群体作用以及培养优秀学术人才方面发挥了巨大的优越性。首任的八位学长,均由阮元亲自择优聘用,他们都是学有所长的专家,或通经精史,或能诗善文,或精于舆地,或熟谙掌故,从而被阮元罗致,一展其才。学长的职责主要有二:一是负责讲学、考试、阅卷等属于课业本身的工作,二是负责属于行政性质的管课工作。管课由八人共同负责,又有适当分工。八学长共同负责,实行集体领导,举凡出题评卷、经费支发一切事宜则轮流料理。可各展所长,各尽其力,课业诸生可在八位学长中选择老师,由于学长们在学术上各有专长,而他们既是行政领导人,又是不同学科的学术带头人和专业课程的导师,课业诸生可"择师而从,谒见请业,庶获先路之导"。教与学相得益彰,对于贯彻因材施教与广泛深入开展学术研究都大有好处。

(二) 教育实践

阮元的教育实践主要体现在其创办诂经精舍和学海堂上。清代经历了由禁止到控制的文化政策,加上"文字狱"的影响,改变了前朝的学术追求,形成一种与现实政治较远而以实事求是的态度去考究经典的学风,即乾嘉考据之学。但是清代的学校教育,从清初到鸦片战争前,基本上沿袭明代的教育制度。从中央国子监到地方官学、私学,无论哪一种学校,都是科举的预备学校。清代的书院以理学为尊,以朱子为宗,以科举为业,讲求心性之学,不研究或传授汉学。因此,创办新式书院,给腐朽的教育注入新鲜活力,成为乾嘉学者的共同愿望。阮元顺应了这种形势,创办了诂经精舍和学海堂这两所新式书院,打破了明代以来书院崇尚八股制艺,专事帖括的僵局,树立起一种求实求真的新学风,培养了新人才。

诂经精舍是阮元在浙江学政任上时,于嘉庆六年(1801年)在杭州孤山之麓创办的,"遂以昔日修书之屋五十间,选两浙诸生学古者,读书其中,题曰'诂经精舍'"[①]。"精舍者,汉学生徒所居之名;诂经者,不忘旧业,且勖新知也。"[②]阮元认为,"圣贤之道存于经,经非诂不明"[③],所以诂经精舍专重经学训诂,供奉汉代经学大师许慎和郑玄的木主于舍中而祀之。阮元除亲自授课外,还请来著名学者孙星衍等人,授以十三经、三史疑义,旁及小学、天部、地理、算法、辞章。为了鼓励诸生向学,扩大学术影响,阮元还选择师生平日讲经论史佳作,辑成《诂经精舍文集》,刊刻行世。

由于在精舍中肄业的主要是两浙优秀人才,主讲者也是当时的鸿儒,

---

① 阮元:《西湖诂经精舍记》,见陈谷嘉、邓洪波:《中国书院资料史》中册,江苏教育出版社1998年版。

② 阮元:《西湖诂经精舍记》,见陈谷嘉、邓洪波:《中国书院资料史》中册,江苏教育出版社1998年版。

③ 阮元:《西湖诂经精舍记》,见陈谷嘉、邓洪波:《中国书院资料史》中册,江苏教育出版社1998年版。

所以"鼓箧弦诵，曾无间息。课艺梓行者八集，至今犹为世珍。生徒著籍，可考者千数百人；学问名家，作述不朽者，比比而是"[1]，学术空气浓厚，教育水平蒸蒸日上。精舍从开办到结束凡 100 余年，是清中叶以后最有影响的书院之一，成为浙江传播文化、研究学术的中心，在很大程度上推动了晚清教育和学术事业的发展。

学海堂是阮元继诂经精舍之后创办的，位于广州城北越秀山，落成于道光元年（1821 年），因取汉何休学海之义，称之为"学海堂"。学海堂建成后，当地修学好古、读书砺行的人，都在这里专心学习、游玩与休憩。学海堂不设山长，只以吴兰修等八人为学长，共同负责学生课业，学生可以从八名学长中选择一人，从其学习。学制仿宋代胡瑗经义、治事两斋法。每年分为四课，由学长出经解文及古今诗题，限日完成，最后由学长评定甲乙，成绩优秀者给予奖励。堂内师生讲经论史，考文析字，凡有佳作，亦仿《诂经精舍文集》之例，辑成《学海堂集》刊行。一时间，学习蒸蒸日上，当地学风为之一变。

学海堂在清代地方文化和教育上有着独特的重要地位。广东在 19 世纪初依然处于文化边缘，而学海堂的新式教育制度使得广东从文化的边缘地带成为学术运动的中心。在八股应试教育盛行、汉学宋学分野的历史背景下，学海堂提倡包括数学、天文、诗学、经学，甚至军事知识在内的全面学习，从而使广州成了新式教育体系的摇篮。在学海堂的学员毕业进入地方官员和地方士绅阶层后，学海堂的影响超越了教育层面，深入地方官僚系统，最终在地方政治文化的各个方面起到了重要的作用。

诂经精舍办学首尾近百年，学海堂也有七八十年，两书院培养出众多的著名学者，造就了好几代人才。诂经精舍教学硕果累累，编辑的学生文集计有八卷之多，生徒著作可考者数千人。培养出了很多人才，两浙之士出其门者，不计其数。如以有学问的革命家著称的章太炎先生就曾到诂经精舍受业达七年，精于训诂和文字学。这两个书院，在清代可谓人文并盛一世，故孙星衍称赞阮元：中丞之好士在一时，而树人在数十年之后。[2]

---

① 张鉴：《诂经精舍志初稿》序言，见陈谷嘉、邓洪波：《中国书院史资料史》中册，江苏教育出版社 1998 年版。

② 孙星衍：《诂经精舍题名碑记》。

学海堂

三、影响与评价

在清代学者中,阮元是一位少年早达、历居要职的人物。他所不同于其他封建大官僚的地方,便是他凭借自己的地位,积极提倡学术研究,做了不少编书、刻书的工作。例如他在浙江组织人力编成《经籍籑诂》,在江西刻《十三经注疏》,在广东刻《皇清经解》。这些都对当时学术的发展,起到了很大的作用。①

阮元在清代书院制度日趋腐败的情况下创办了诂经精舍和学海堂,这是清代教育史上的一件大事。两书院创办近百年,对清末的学术界、教育界产生了深远的影响。诂经精舍和学海堂自创办以后,一直成为浙江和岭南的学术中心,开创了一代学风,使东南各省学风为之大改,如广东坊间所售止学馆"所诵习泊课场应用之书,此外无从购买"。自从阮元以朴学考核士子的学业,经史子集逐渐又开始流行开来,所以梁启超说,"广东近百年的学风,由阮元一手开出",并承认自己也受到了阮元的影响。

阮元所倡导的实事求是、质疑问难和学以致用的优良学风打破了专事帖括、盲从模仿以求富贵利达的陈规陋习,冲击着清代腐朽的教育制度。自阮元创办诂经精舍和学海堂后,不少学者和两书院的肄业生效仿阮元,在全国各地陆续办起了许多新式书院,如江阴的南菁书院、武昌的

---

① 张舜徽:《清代扬州学记》,广陵书社 2004 年版,第 151 页。

经心书院、长沙的校经堂、成都的尊经书院等。这些书院的先后设立及其教学、科研活动的开展，促进了书院教育的改革和学术思想的发展，对清代八股教育的瓦解也起着推波助澜的作用。可见，阮元办教育的创新精神为清末的教育家开办新式学校在一定程度上提供了示范。

阮元开办新式书院，倡导实事求是、学以致用的优良学风，实行因材施教、自由探讨、质疑问难的教学方法，以及公举学长、破旧创新的教学体制，都是值得肯定的。阮元的教育思想和实践活动，对近代教育起到了启迪和开导的作用，对当前的素质教育也有一定的借鉴作用。①

在清代历史上，阮元是一位很特别的人物，在他的一生中既为高官又不废学问。作为乾嘉学派的重要成员，阮元以其独特的形式对乾嘉学术做了总结，为 18、19 世纪的中国文化发展做出了自己的贡献。作为一个学者，阮元师承戴震、王念孙，摒弃汉学、宋学的门户之见，治学以开明通达著称。其学术成就不仅仅局限在文献学一方面，于其他领域也有所建树，对哲学、天算、舆地、诗文书画无所不窥，可算是扬州学者中的巨擘。若就某一专门学问而言，阮元没有像他的先辈和师友那样卓有建树。但既有了这些人的专精，势必就要有阮元的贯通，这种贯通给后人辨章学术，考镜源流带来极大的方便。

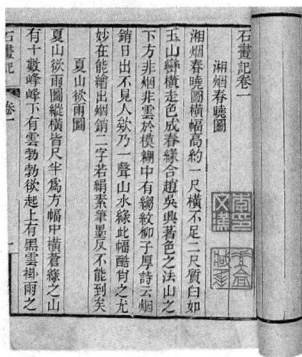

《石画记》（阮元撰）　　　　阮元书法

---

① 郭明道：《阮元评传》，社会科学文献出版社 2005 年版，第 385—386 页。

刘熙载:晚清著名美学家

晚清时期扬州地区出生的伟大的美学家,被誉为"东方黑格尔";他对待教育事业的执着及取得的成就不容忽视。

一、生平小传

刘熙载(1813—1881),字伯简,号融斋,晚年自号寤崖子,世人多以融斋先生称之。晚清著名学者、文艺理论家、教育家。刘熙载出生在扬州府兴化县城内一个"世以耕读传家"的知识分子家庭。父亲刘松龄是一位在地方上颇有声望的隐君子,乡人称鹤与先生。

刘熙载的一生大致可分为早年求学、中年宦游和晚年讲学三个阶段。

1. 早年求学

刘熙载幼年时就喜欢读书思考,父亲赞许他的志趣,说:"是子可以入道,殆少欲而能思者也。"①然而,少年时他的父母相继去世,"慨余天所弃,十岁为孤儿。数年复丧母,茕茕靡所依"②(刘熙载《如皋卢孝子》)。孤贫无依,迫于生计,刘熙载16岁时一度到北乡大邹庄粮行做学徒;然而因手不释卷,一意读书,不久就被行主辞退回家。刘熙载于是决定到蒙馆任教谋生,同时为参加科举考试做准备。

21岁后,刘熙载到文正书院(今江苏省兴化中学的前身)求学,前后从师于张秉衡、徐子霖、姚瑟馀、戎烛斋、解如森、查咸勤等先生。26岁时,刘熙载赴南京参加乡试,中举人。

---

① 刘熙载:《寤崖子传》,见《昨非集》卷二。
② 刘熙载:《昨非集》卷三。

2. 中年宦游

31岁时，刘熙载赴北京参加会试，中进士。殿试第二甲，赐进士出身。因为文章与书法均优，被选为翰林院庶吉士。第二年，庶吉士散馆，改授翰林院编修。40岁时，刘熙载入直上书房，为诸王师。咸丰帝看到他气体充溢，早晚无倦容，就询问他是如何保养的。刘熙载回答说是"闭户读书"。咸丰帝为之嘉奖他，手书"性静情逸"赐给他。刘熙载淡泊名利，在北京期间，很少交游达官贵人。"幽居门巷拟山阿，一径清风劲薜萝。谢病且求逢客少，避名惟恐著书多。云开蓟北千峰晓，梦隔淮南八月波。安得结邻偕隐士，菊篱携酒近相过。"①刘熙载当时交游者中唯一的权贵是大学士倭仁，但他并不迁就附和。《清史稿·儒林传·刘熙载传》称他和倭仁因为节操志趣相投而结为朋友，但在学术观点倾向上并不相同。咸丰六年（1856年）底，朝廷考查群吏，刘熙载名列第一等，列为道、府一级官员的后备人选。然而刘熙载不愿意做地方官，便于第二年请病假，到山东禹城开馆授徒自给。过了两年，刘熙载又回京担任翰林院编修。咸丰十年（1860年），英法联军侵犯北京，在"都中有警，官吏多迁避"之际，只有"熙载独留"。② 在外国侵略者面前，他表现出可贵的民族气节。议和后，湖北巡抚胡林翼以"贞介绝俗，学冠时人"疏荐，同时延请刘熙载到湖北武昌任江汉书院主讲。

同治帝即位后，清廷起用旧臣。51岁时，刘熙载回京任国子监司业，后又改任广东学政，迁詹事府左春坊左中允。刘熙载"视广东学，一介不苟取。诸生试卷，无善否毕阅之……试毕，进诸生而训之，如家人父子焉。作《惩忿》、《窒欲》、《迁善》、《改过》四箴以示之"③。《箴言四首》序云：

> 《易》"损"、"益"二象，示人"以惩忿窒欲"、"迁善改过"，指深切矣。颜子好学，见称于圣人。其"不迁怒"，则惩忿而窒欲存焉；其"不贰过"，则改过而迁善存焉。余校士粤东，以为士学圣贤，当先于四者从事。爰本是义为箴言以赠之。④

---

① 刘熙载：《京寓秋日寄友》，见《昨非集》卷三。
② 《续修兴化县志·刘熙载传》。
③ 萧穆：《刘融斋中允别传》，见《敬孚类稿》卷十二。
④ 刘熙载：《昨非集》卷二。

55 岁时,刘熙载不等三年任满,就请长假,经江西沿着赣江直下鄱阳湖,以达长江,回到故乡兴化,从此脱离官场。《昨非集》卷三有一组纪行诗,写得心境开朗,精神愉快,大有无官一身轻的情态。

> 胜地娱游旧梦中,问人空指夕阳红。登高作赋知无分,却怪江神助好风。[1]
>
> 未须结舍羡前人,指点湖天意已亲。识得庐山还自认,恐教面目独山真。[2]
>
> 巍尔峰尖似倒螺,登临倚仗半山阿。问余何事疲难上?五岳胸中自荡摩。[3]
>
> 玄晖遗迹想当年,托体山阿又谪仙。欲把两公奇绝句,一齐搔首问青天。[4]

刘熙载为人正派,为官十分清廉。史书上记载,刘熙载以翰林的身份入值上书房时,穷得没有铜铁锅,只能用老瓦罐煮玉米吃,以至于想要向他索取好处的宦官都不敢开口。《清史稿·儒林传·刘熙载传》还记载说,刘熙载为官时非常贫寒,任期未满恳请回乡时,就只有铺盖和书箱而已。

3. 晚年讲学

刘熙载 56 岁时,接受苏松太兵备道(即上海道台)应宝时(敏斋)的聘请,任上海龙门书院山长;到光绪六年(1880 年),主讲上海龙门书院 14 年。刘熙载在龙门书院期间,以身为教,务实笃行。时在广方言馆任职的萧穆称其"洁身修行与有宋诸儒言行相为表里","与诸生讲习,终日不倦,每五日必一一问其所读何书,所学何事,黜华崇实,祛惑存真。尝午夜周览诸生寝室,其严密如是。与人居,温温然,无疾言厉色"。[5] 弟子胡传称:"先生教人学程朱之学,以穷理致知、躬行实践为主,兼及诸子百家,各取所长,毋轻訾其所短,不许存门户畛域之见。"[6]弟子姚文枏称其"主讲龙门

---

① 刘熙载:《舟至南昌感滕王阁已毁而作》。

② 刘熙载:《彭蠡舟中望庐山》。

③ 刘熙载:《登小孤山力倦戏吟》。

④ 刘熙载:《过谢家山李白葬处》。

⑤ 萧穆:《刘融斋中允别传》,见《敬孚类稿》卷十二。

⑥ 胡传:《钝夫年谱》,见《胡适文集》第一册,北京大学出版社 1998 年版,第 468 页。

书院历十四年,严课程,勤讲贯,以身为教"①。

刘熙载在上海期间,仍保持着生活俭朴的习惯。据曾为蒯光典幕僚的李详记载:"先生主讲时,好食盐渍鸭卵以十许,千文一枚,每日仅食其半。忆蒯礼翁告余一事,云昔寓上海,从先生学算。先生每日午前徒步来,略具数簋待之。先生曰:'不可,即具一肴,毋将我脾气改坏。'"②

光绪六年(1880年),刘熙载因病久不愈,返回兴化老家。第二年,刘熙载卒于故居古桐书屋,享年68岁。"得刘师噩耗,同学设位于后廊,素服哭临,有失声者,乃禀鲍师设栗主,朔望于朱子位前拈香毕,至刘师位前行礼。"③诸生千里赴吊,诵其遗言不衰。光绪八年(1882年),奉旨入《国史·儒林传》,有"品学纯粹,以身为教"之褒。光绪二十一年(1895年),龙门弟子公建祠于松江郡城,逾年郡守陈遹声就祠旁建融斋书院(又名融斋精舍),以志不忘。④俞樾作《左春坊左中允刘君墓碑》⑤,萧穆作《刘融斋中允别传》。《清史稿》、《民国续修兴化县志》、《清儒学案》、《清代朴学大师传》、《清代七百名人传》等均有刘熙载传。

刘熙载洁身自好,无意仕途,致力于教学和学术研究。他对子、史、天文、算法、文字、音韵无不通晓,亦工诗词。他晚年注重文艺理论的探讨。在主讲龙门书院时,教学之余,整理所著。有教学杂记《持志塾言》上下卷,诗集《昨非集》4卷,谈语言音韵的《说文双声》上下卷、《说文叠韵》4卷、《四音定切》4卷,文学杂记《艺概》6卷(文概、诗概、赋概、词曲概、书概、经义概)。以上合称《刘氏六种》,又称《古桐书屋六种》。《艺概》中,除后2卷各论书法和八股之外,前4卷均为古典文学的理论批评论作,在我国文艺学史上具有重要影响。

二、教育实践与思想

(一)教育实践

从朝廷上书房到民间书院,刘熙载的教育生涯实际上贯穿一生。

---

① 《上海县续志》卷十八。
② 李详:《刘融斋中允》,见《李审言文集》上卷,江苏古籍出版社1989年版,第696页。
③ 李平书:《李平书七十自叙》,上海古籍出版社1989年版,第16页。
④ 《松江府续志》卷十七。
⑤ 俞樾:《左春坊左中允刘君墓碑》,见《春在堂全集》杂文四编三。

1. 直上书房

咸丰三年(1853年)至咸丰六年(1856年),刘熙载"直上书房,为诸王师",诸王即亲王。面对这一重任,刘熙载是有些惶惑的。"授徒里巷心犹愧,况傅诸王愧更深。昨见冶工曾有羡,土型能办铸良金。"①于是,秉着谦虚谨慎的态度,刘熙载兢兢业业,"每五更初,先他人至朝房论学","与诸生讲授,左右博喻,一归于正,贫不能役仆,退直则独居,温理所业"。②

2. 广东学政

同治三年(1864年),刘熙载被任命为广东学政,专职管理和督察一省的教育事务。好为人师的刘熙载于是欣然居之。为官之初,他充满热情,崇尚礼教,作《惩忿》《窒欲》《迁善》《改过》四篇教育士人,希望通过道德教化达到匡时救世的目的。在此期间,刘熙载与广东学者陈澧相见讲学甚契。陈澧称:"先生之醇德清风,人尽知之。先生之硕学,则知者寡矣。若其意趣高出于一世,远侪于古人,则知者益寡,有相与愕眙焉耳。"③但生性耿直的刘熙载毕竟不适合混迹官场。由于上任后"尽裁上下陋规",侵犯了一些官僚的利益,引来了他们的嫉恨。结果,刘熙载对官场失去信心,辞官而去。

3. 龙门山长

同治六年(1867年)至光绪六年(1880年),刘熙载在龙门书院执教14年,是时间最长、成就最大的一段经历。

主讲龙门书院期间,刘熙载推行胡瑗的分斋教学法,根据学生的程度、志趣、特长进行分斋教学。任教期间,他"与弟子辨析辄至夜分,虽大寒暑,衣冠冲整无惰容,历十余年如一日"④。"定课程,务实学,以身为教。正而不迁,宽而不弛,读书行事,令各札记。因材诱掖,使人人知学有大本。"⑤他治学严谨,每隔五天必要询问学生读了什么书、明了什么理,还常常一个人到斋舍检查考核,不让学生有丝毫懈息。他告诫学生:"真博必

① 刘熙载:《人上书房》,见《昨非集》卷三。
② 沈祥龙:《左春坊左中允刘先生行状》,见《乐志簃文录》卷四,光绪庚子冬文墨斋写刻本。
③ 陈澧:《送刘学使序》,见《东塾集》卷三。
④ 李恭简:《刘熙载传》,见《续修兴化县志》十三卷,民国三十三年(1944年)铅印本。
⑤ 沈祥龙:《左春坊左中允刘先生行状》,见《乐志簃文录》卷四,光绪庚子冬文墨斋写刻本。

约,真约必博"①;"才出于学,器出于养"②。吸引了社会上"远近之士闻风来学",甚至出现了学人太多而讲舍容纳不下的盛况。

刘熙载还创造性地使用日记教学法。《龙门书院读书日记》每页天头均印有:读书要先会疑,又要自得。《龙门书院行事日记》每页天头均印有:行事当敬以胜怠,义以胜欲。敬怠、义欲须于举动时默自省察。所行必求可行,不可记者即知必不可行,记必以实。《龙门书院日程》每页天头均印有:敬怠,要舍身心内外自省,先在持之以庄。义欲,要在念虑上加察,先在一其心志,力去妄念。功课,贵在整饬,不得间断,当以有恒有渐为方。③ 胡适在回忆自己的父亲胡传时,也谈及刘熙载的日记教学法:"父亲对这位了不起的刘山长的教学方式也有所记载。他说所有在书院中受课的学生,每人每日都得写一份'日程'和一份'日记'。前者记载为学的进度;后者是记学者的心得和疑虑。为这种'日程'和'日记'的记述,该院都有特别印好的格式,按规格来加以记录。"④

《清史稿·儒林传》对刘熙载主讲龙门书院给予很高评价:"以正学教弟子,有胡安定风。"《上海县续志·风俗志序》记载:"同治中叶,大乱初平,当道注意教育,主讲席者,皆当代硕儒,士风丕变,咸知求有用之学,不沾沾于帖括。当时以广方言馆、龙门书院为盛。"这也说明刘熙载执教期间取得了良好的效果。

刘熙载的书生本色、儒者气象和言传身教对于龙门弟子来说,具有道德示范意义。在上海执教的这段时间,培养了以胡传、袁昶、张焕纶等为代表的龙门书院弟子,其中大部分弟子都对国家的发展做出了贡献。有学者这样评价龙门书院的弟子:"作为龙门书院的肄业生,这些年轻的士子不但在学业上得到良好的训练培养,品行方面同样接受了严格传统的训导。这是他们日后成为社会精英的重要基础,他们是当时上海,乃至中国相对有希望的一批文人。"⑤

---

① 沈祥龙:《左春坊左中允刘先生行状》,见《乐志簃文录》卷四,光绪庚子冬文墨斋写刻本。
② 沈祥龙:《左春坊左中允刘先生行状》,见《乐志簃文录》卷四,光绪庚子冬文墨斋写刻本。
③ 徐林祥:《刘熙载及其文艺美学思想》,社会科学文献出版社 2010 年版,第 28 页。
④ 胡适口述,唐德刚译注:《胡适口述自传》,广西师范大学出版社 2005 年版.第 23—24 页。
⑤ 易惠莉:《中日知识界交流实录——冈千仞与晚清上海书院士子的笔话》,《档案与史学》2002 年第 6 期。

（二）教育思想

1. 明体达用的教育目的观

刘熙载所处的晚清是一个极度动荡的时代，内忧外患之下，士人遂以经世致用为志。这自然导致刘熙载"明体达用"的教育目的观。"明体"即明乎圣人之体，以为政教之本。教师要以圣人之道传授学生，使其懂得修身、齐家、安民、治国、平天下的道理。"达用"是指在"明"圣人之道的基础上，把所学儒家经义和才能通达于实际，运用于实践，成为能报效国家的德才兼备的人才。

秉持这种教育目的观，刘熙载首先把仁义礼智，特别是礼放在教育的核心地位。他认为"仁义礼智"是圣人之教，学习的条目，《大学》足矣。他认为，天理集中体现为人伦，读书无非是穷理，穷理的根本在于通达人伦。所以，责己之人应以尽伦为本。在穷理的基础上，刘熙载非常强调躬行达用以有益于身，有益于世。他劝勉学生要"力行"，"夜行者以火照路，照路只为行路起见。学或务知不务行，与照路而不行何异？"①对于体与用的关系。他在《持志塾言·致用》中说："体不立则用不行，而非用要无以见体。"并精辟地论说学以致用的重要性："为学当求有益于身，为人当求有益于世。在家则有益于家，在乡则有益于乡，在邑则有益于邑，在天下则有益于天下。斯乃为不虚此生，不虚所学。不能如此，则读书毕世，著作等身，则无益也。"②

2. 启发引导与因材施教的教学原则观

刘熙载从心学思想出发，认为教学的关键在于启发引导。"教、学之道，一也。学以复性为归；教人者，亦使之去其性所本无，求其性所固有而已矣。"③他认为学者如果有了义理在心，那么教者的作用就是引导。"若火之在薪，泉之在山。教者只是吹之使然，导之使达，非别有以予之。"④

刘熙载还特别强调因材施教，强调根据每个学生不同的兴趣、志向、特长施加相应的教育影响。胡传记载了他的相关论述："如今在书院诸人，有好治经者，有喜阅史者，有好宋儒之书者，有专喜词章者，有酷好作诗者。彼此同读一书，而所见各有不同，亦志之所向为之。所谓智者见之

---

① 刘熙载：《持志塾言·力行》。
② 胡传：《钝夫年谱》，见欧阳哲生：《胡适文集》，北京大学出版社 1998 年版，第 474 页。
③ 刘熙载：《持志塾言·立教》。
④ 刘熙载：《持志塾言·立教》。

谓之智，仁者见之谓之仁也。志之所向，学亦易入，教之亦必易从。所谓知之者不如好之者也。又尝云：礼乐、兵刑、天文、地理、农田、水利，皆有专书，皆为有用之学。能专习一种，自有一长，泛泛涉猎，无当于学也。"①

三、影响与评价

刘熙载对文艺理论的研究，特别是中国古典美学的研究达到了清代的顶峰，他也是中国音韵学的集大成者，被称为"东方黑格尔"。

进入现代社会，刘熙载的美学思想依然具有炫目的光彩。20世纪60年代初，国内学术刊物曾发表过一批研究刘熙载文艺美学思想的论文。主要有黄海章的《评刘熙载的〈艺概〉》(《中山大学学报》1962年第1期)、佛雏的《刘熙载的美学思想初探》(《江海学刊》1962年第3期)、邱世友的《刘熙载的词品说》(《学术研究》1964年第1期)等。近20年来，中国大陆和中国台湾学者相继出版了许多研究刘熙载及其学术思想、校点评注其著作的专著与文章。刘熙载作为中国近代著名学者还得到了越来越多的海外学者的关注。如：日本学者吉田鹰村、木村破山译注有《书概》，收入《精粹图说书法论》第八卷；相川铁崖著有《刘熙载的人物和书论——〈游艺约言评释〉》。可见，刘熙载是一个青史留名的学问家。

此外，刘熙载还是以身作则、身教重于言教的教育家。他的教育实践和教育思想值得后人不断学习和借鉴。

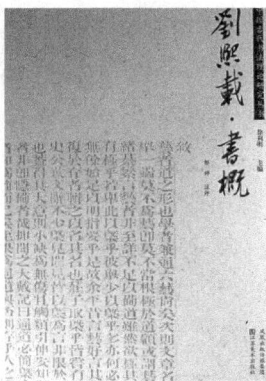

《书概》

刘熙载书法

---

① 胡传：《钝夫年谱》，见欧阳哲生：《胡适文集》，北京大学出版社1998年版，第469页。

张謇：著名实业家、教育家

他追求教育救国的梦想，以实业反哺教育，创立了较为完善的近代学校教育体系。今天扬州大学部分专业源自他创办的通州师范学校。

一、生平小传

张謇（1853—1926），字季直，号啬庵，祖籍江苏常熟，生于江苏海门市长乐镇（即今常乐镇），清末状元，中国近代实业家、政治家、教育家。

张家世代以耕读传家。张謇4岁时启蒙，由父亲开始教识《千字文》。5岁时能背诵《千字文》，进入私塾读书。11岁时，张謇已经念完《三字经》、《百家姓》、《神童诗》、《酒诗》、《鉴略》、《孝经》、《大学》、《中庸》、《论语》、《孟子》，开始学习《诗经·国风》，有一次邱大璋先生出"月沉水底"，他立刻对以"日悬天上"，足见其聪颖悟性。12岁时，张謇父亲自辟家塾，延请老家西亭宋效祁先生授读其三子。14岁时，因宋效祁先生病故，父亲命张謇负笈往西亭，跟从宋效祁先生的从子宋琳先生读书，膳宿于其家。

张家祖上三代没有人获得过功名，也就是所谓"冷籍"。当时科举规定，"冷籍不得入试"。为了取得应试资格，张謇15岁时由他的一位老师宋琛安排，结识了如皋县的张家。同治七年（1868年），张謇冒用如皋县人张铨儿子张育才的名义报名注籍，经县、州、院三试胜出，得中秀才。

从15岁中秀才到27岁之间，张謇每两年就去江宁参加一次乡试，先后五次都未得中。1882年，朝鲜发生了"壬午兵变"，张謇随吴长庆到了汉城，为吴长庆起草《条陈朝鲜事宜疏》，并撰写《壬午事略》、《善后六策》等政论文章，主张反抗侵略，对外持强硬政策。他所撰写的政见和议论很快传回北京，其主张对外持强硬政策，引起了高层官员的注意，并受到了光绪的帝师、时任户部尚书的翁同龢的赏识。翁同龢在政治上与慈禧太后不和，拥护光绪皇帝掌权，正需有人充实阵营，他从此便不遗余力地提携张謇。北洋大臣李鸿章和两广总督张之洞都争相礼聘，邀其入幕，但张謇一概婉拒，"南不拜张北不投李"，回到通州故里，继续攻读应试。1885年，张謇终于在乡试中考中了第二名举人。此后张謇开始参加礼部会试，向科举的最高阶段进发。1887年张謇随孙云锦赴开封治河救灾，并拟订《疏塞大纲》。1888年以后，又应聘主持赣榆选青书院、崇明瀛洲弓院、江宁文正书院、安庆经古书院等。1894年，也就是甲午年，因为慈禧太后六十寿辰特设了恩科会试。心灰意冷的张謇因父命难违，第五次进京应试，中了一等第十一名，翁同龢将他改为第十名。4月殿试时翁同龢的提携之心已经迫不及待，他命收卷官坐着等张謇交卷，然后直接送到自己手里，匆匆评阅之后，便劝说其他阅卷大臣把张謇的卷子定为第一，并特地向光绪皇帝介绍说："张謇，江南名士，且孝子也。"于是张謇在41岁的时候，终于得中一甲第一名状元，授以六品的翰林院修撰官职。

康有为等发动"百日维新"，恩师翁同龢被罢官。心知官场险恶难测的张謇，决心远离官场，走上实业之路，"三十年科举之幻梦，于此了结"。

1896年初，张之洞奏派张謇、陆润庠、丁立瀛分别在通州、苏州、镇江设立商务局，张謇与陆润庠分别在南通和苏州创办大生纱厂与苏纶纱厂。1899年，大生纱厂在通州城西的唐家闸陶朱坝正式建成投产。经过数年的惨淡经营，大生纱厂逐渐壮大，到1904年，该厂增加资本63万两，纱锭2万余枚。1907年又在崇明久隆镇（今属启东市）创办大生二厂，资本100万两，纱锭2.6万枚。到1911年为止，大生一、二两厂已经共获净利约370余万两。

为了解决办纱厂所需要的原料问题，张謇从1901年起在两江总督刘坤一的支持下，在吕泗、海门交界处围垦沿海荒滩，建成了纱厂的原棉基地——拥有十多万亩耕地的通海垦牧公司。随着资本的不断积累，张謇又在唐闸创办了广生油厂、复新面粉厂、资生冶厂等，逐渐形成唐闸镇工业区。同时，为了便于器材、机器和货物的运输，张謇在唐闸西面沿江兴建了港口——天生港，此后，天生港又兴建了发电厂，在城镇之间、镇镇之间开通了公路，使天生港逐步成为当时南通的主要长江港口。

除了经营实业以外,张謇在政治领域也有些重要举动,并产生了重要影响。晚清时期,他作为立宪运动的领袖,曾主持发动了三次国会请愿运动。辛亥革命爆发以后,他很快转变了政治立场,和孙中山见面,并应孙中山之邀担任民国内阁实业总长。同时,因为考虑到孙中山力量薄弱,很难收拾局面,他遂和实力派的现实人物袁世凯合作。他北上加入了袁世凯的阵营,为袁世凯草拟了逼宣统帝退位的《清帝逊位诏书》,孙中山也履行承诺将临时大总统之位让给了袁世凯。这时,国内政治似乎出现了升平景象,工商业开始复苏。张謇以为他所追求的统一与秩序指日可待,就返回南通经营企业,力行地方自治。1913 年袁世凯成为正式总统,任命张謇为农商总长,但不久袁世凯便下令解散国会,复辟之心初露端倪。对此,张謇曾经劝阻袁世凯,表示解散国会、穿戴衮冕祀天等行为将会诱发新的动乱。到 1915 年袁世凯接受日本提出的"二十一条"时,张謇愤然辞职,在袁世凯复辟称帝之前彻底与袁世凯斩断了联系。

1913 年以后,和其他地方的纺织企业一样,大生一厂、二厂连年赢利,兴旺一时,仅 1919 年两厂赢利就高达 380 多万两,创下最高纪录。从 1914 年到 1921 年的八年间,大生两个厂的利润有 1000 多万两。

然而,大生的快速扩张也埋下了危机,用张謇自己的话说就是"本小事大"、"急进务广",到 1921 年,大生对外负债已经达 400 万两。1922 年,持续走红的市场突然走黑,棉贵纱贱,向来赢利的大生一厂亏损 39 万多两,二厂亏损 31 万多两。无奈之下,张謇只得寻求国外资金的支持,但等到 1924 年,日本的资金始终没有盼来,张謇向美国资本家借款也不成,大生此时已债台高筑,无可挽回地走向衰落。

张謇常常以企业家之力,办社会化之事——建学堂、开交通、造公园、兴水利、办慈善……这严重拖累了大生。到他去世前,大生一厂仅为企业和公益事业的垫款就有 70 多万两,对其他企业的借款超过 112 万两,以往来名义被其他企业占用的款项也接近这个数字,三项合计超过了全部营运资本的 45%。1926 年,张謇辞世,在他临死之前,仍未看到大生危局的转机。

张謇是中国棉纺织领域早期的开拓者。他创办我国第一所纺织专业学校,开中国纺织高等教育之先河;首次建立棉纺织原料供应基地,进行棉花改良和推广种植的工作;以家乡为基地,努力进行发展近代纺织工业的实践,为中国民族纺织工业的发展壮大做出了重要贡献。

二、教育实践与思想

(一)教育实践

张謇除兴办实业外,还致力于文化教育事业。他开创我国近代文化教育史上多个第一:创办了全国第一所中等师范学校、全国第一所聋哑学校、全国第一所纺织专科学校、全国第一所博物馆、全国第一所戏剧学校、全国第一所女红传习所。他所做出的杰出贡献,足以使他彪炳中国近代教育史册。

1902年,张謇应两江总督刘坤一电邀赴江宁讨论兴学之事,刘坤一赞成,而藩司吴、巡道徐、盐道胡阻挠。张謇叹息不已,乃与罗叔韫、汤寿潜等同人筹划在通州自立师范,计以张謇从任办通州纱厂五年以来应得未支的公费连本带息2万元,另加劝集资助可成。同年7月9日通州师范择定南通城东南千佛寺为校址开工建设,翌年正式开学,这是我国第一所师范学校(今江苏省南通师范学校,1952年全国院系调整时一部分系科迁入新成立的扬州师范学院)。它的建成标志着中国师范教育专设机关的开端。

1905年,张謇与马相伯在吴淞创办了复旦公学,这就是复旦大学的前身。

1907年,张謇创办了农业学校和女子师范学校。1909年倡建通海五属公立中学(今南通中学)。

1912年,张謇创办了医学专门学校、纺织专门学校和河海工程专门学校(河海大学前身),并陆续兴办一批小学和中学。

1909年,张謇创办邮传部上海高等实业学堂船政科,因地处吴淞,曾一度称"吴淞商船专科学校"。新中国成立后,学校改组为上海航务学院。1953年,上海航务学院、东北航海学院、福建航海专科学校合并成立大连海运学院,也就是今天的大连海事大学。

1911年,张謇任中央教育会长。

1912年,张謇在老西门创办江苏省立水产学校,1913年全校迁往吴淞,故称"吴淞水产专科学校",该校即今天上海海洋大学的前身。

1917年,在张謇的支持下,同济医工学堂(同济大学的前身)在吴淞复校。

1921 年,上海商科大学在上海成立。上海商科大学前身是南京师范高等学校,后扩展为国立东南大学,张謇是国立东南大学主要创建人之一。为了给各类企业提供技术力量,张謇非常重视职业教育,师范学校的测绘、蚕桑等科发展成为十几所职业学校,其中以纺织、农业、医学三校成绩最为显著,以后各自扩充为专科学校,1924 年合并为南通大学。

光绪三十一年(1905 年),张謇在通州建立了国内第一所博物馆——南通博物苑。1915 年建立了军山气象台。此外,他还陆续创办了图书馆、盲哑学校等。

南通博物苑

(二)教育思想

1. 救国图存的教育目的观

张謇对教育的重视,源自他救亡图存的教育目的观。他认为国力的竞争归根到底是国民素质的竞争,因此发展新式教育,培养符合时代需要的新型人才是当务之急，即"图存救亡，舍教育无由"①。张謇曾多次在政治、经济、军事等方面将中国和德、日等列强进行比较，他认为：中国和列强的差距，最主要的就在于人的素质差距。他指出："且制度之优劣，犹外物也，根本仍在人之立志"②；"非人民有知识，必不足以自强"③；"环顾五洲，彼所称强大文明之国，犹是人也"④。并且还断言"有礼教有学问之国，即亡亦能复兴"⑤。他提醒人们："人皆知外洋之强由于兵，而不知外洋之强由于学。夫立国由于人才，人才出于立学。"⑥

2. 以"国家思想"为核心内容的现代德育观

张謇重视"启民智"，不但要用现代科学技术武装国民的头脑，更强调重塑国民的精神，即开展以"国家思想"为核心内容的现代德育。他说教育应"首重道德，次则学术……学术不可不精，而道德尤不可不讲"⑦。他在兴办教育之初，就把培养学生的"国家思想、实业知识、武备精神"作为培养人才的目标。而在三者中，他认为"国家思想"又是最为重要的，也就是说，他把爱国主义教育放在主导地位。事实上，张謇的一切教育活动都是围绕救国兴国这个时代的主题而展开的。

为了强化青年学生的"国家思想"和民族精神，张謇特别注重对学生"知耻明志"的教育，让学生了解国耻，激发爱国的热情。他认为："耻，人所不可不知，人而无耻，尚不可以为人，矧在一国。第中国何为而有国耻？应亦反省。"张謇对学生进行爱国教育，从不就事论事，而是注重引导学生进行深层次的思索，即让学生了解耻从何来，何以雪耻。

张謇注重培养学生的竞争意识。他指出："大世界今日之竞争，农工商业之竞争也。农工商业之竞争，学问之竞争，实践责任合群阅历能力之竞争，皆我学生应知应会之事也。"⑧首先，他认为进取和竞争精神来自于

---

① 张謇：《东游日记》，见《张季子九录·专录》卷四。
② 张謇：《为沪案召集学生演说》，见《张謇全集》，第 608 页。
③ 张謇：《垦牧公司第一次股东会演说公司成立之历史》，见《张謇日记庚子年选注》，第 359 页。
④ 张謇：《师范学校开校演说》。
⑤ 张謇：《元旦日对南通各校学生演说》，见《中华教育经典·张謇》，第 867 页。
⑥ 张謇：《代鄂督条陈立国自强疏》，见《张季子九录·政闻录》卷一。
⑦ 张謇：《张季子九录·教育录》卷三，第 18—19 页。
⑧ 张孝若：《张季子九录·教育录》卷四。

远大的志向,他要求学生在生活享受上"不可较最普通的今人增一毫",而在志向上"不可较最高之古人减一毫也"。面对中国在科学技术方面与西方列强的差距,张謇多次激励学生要不畏艰危,勇攀科学技术的高峰,将来"与欧美相抗衡"。其次,张謇认为要竞争,就必须要有真才实学,而真才实学来自勤学苦练。他告诫学生:"中国当此危险之时,即为促进进步之时,故须博而学之","苟长此不知自励,知识不进","将来亦惟任人宰割而已"。① 针对一些学生怕苦畏难、浮躁不定的心理,张謇经常用古今中外一些苦学成才的典型事例教育学生,让他们懂得求知识、做学问必须静心、耐苦、多读、勤思的道理,激励学生奋发努力,知难而进。

3. 实业教育思想

实业教育思想是张謇教育思想中很具有个人特色的部分。首先,他强调实业与教育相辅相成、迭相为用。实业可以为教育提供物质和人才基础,发展实业是教育的目的,即"以实业辅助教育,以教育改良实业,实业所至即教育所至"②。张謇倡导的实业教育有以下特点。

(1) 服务于实业、服务于生产。对棉纺业的经营使张謇深感纺织专门人才的匮乏和需求之迫切。他多次感慨地谈到由于中国纺织业起步较晚,学过专业知识的人才很少,管理人员多从工人中临时提拔,他们对技术极为生疏,遇到问题常常瞠目不知所对。在这样尴尬的状况下,纺织厂不得不聘请外籍工程师专司管理,致使工厂命运也受到外人钳制。因此,创办纺织学校培养纺织专门人才以充实企业,提高民族棉纺业的竞争能力是张謇若干年来的愿望。

(2) 服务于社会、服务于民生。1912 年张謇创立的南通医学专门学校体现了他服务于民生的实业教育思想。张謇不仅对医学院的日常教学实习颇为关心,而且对现代医学教育提出了自己的一番见解,他为医学院制定"祈通中西,以宏慈善"的校训,开中西医结合主张之先河,并在教学中力求贯彻融通。根据社会发展的需要,张謇还办有商业学校、银行专修科、工商补习学校,以女工为主的一系列传习所、讲习班等,一方面可以达到服务于社会的目的,另一方面又可以为更多具有一定技能的劳动者提

① 张謇:《本县农校欢迎暨南学校参观团演说》,见《张季子九录》。
② 张孝若:《张季子九录·教育录》卷二。

供就业谋生的机会。像商业学校和银行专修科的创立,就是为了适应和促进金融业商业日趋发达的趋势。

（3）注重理论与实践的结合。张謇认为,注重实践应是职业教育一个非常重要的原则:"专门教育,以实践为重。"也就是说,对实月学科而言,仅有书本知识是不够的,只有通过实践,书本的理论才能被真正掌握。各职业学校力图通过各种方式保证这一原则的贯彻执行。如纺织学校规定:新生入校即有实习,并聘请一位英国工程师专门负责指导,除在校实习外,学生常常到大生一厂实践,使学与用更好地结合。农校在这方面做得很出色,该校拥有十几个设备精良的实验室和四个实习农场,尤其对植棉实验不遗余力。医学同样是极富实践性的一门学科,张謇为南通医学院特设附属医院以便学生定期实习。

（4）融通中西的教学思路。在许多职业学校,尤其是较高层次的纺织、农校、医学院等学校中,张謇积极聘请外籍教师和归国留学生任教,引进国外先进的教学仪器设备,选用优秀的外国教材,以开放的心态接受和吸纳先进文明的成果。同时,张謇又非常认真和谨慎地对待中国的传统学科,并力图使西学中学在教育的过程中得到比较完好的融合。张謇在医学院教学中倡导的中西医结合便很能说明问题。张謇认为西医固然先进,中医也不乏专长,中西医彼此结合、取长补短,应是现代医学的发展方向,"祈通中西,以宏慈善"[①]正体现了这一方针。值得注意的是,张謇对如何促使两者结合也提出了比较系统的看法,他认为首先当从沟通中西药物性质功用开始,西医将医学与药学分成两门学科,"故辨性较精,而施效易见"[②],尤其是西药"药取其精,服量少而饮不苦",这的确是西医和西药的优势。中医和中药的优点也不应忽略,许多人以为中医是无医唯药,其实并非如此。使中西药得以沟通的具体方法,首先是对中药进行具体的化学和医学分析,给中药定性定量,汇编成一部中药经。由于经费等原因,张謇的设想终未有果。

总之,张謇的实业教育始终坚持服务于实业、服务于民生的办学宗

---

① 张謇:《私立南通医学专门学校校训》,见《南通医学院志》,第4页。
② 张謇:《为沟通中西医学致阎督军函》,见《张謇全集》第四卷,江苏古籍出版社1994年版,第295页。

旨,极力倡导学以致用的实践精神,中西结合,取长补短,融会贯通。张謇坚持"学必期于用,用必适于地",也就是说,中国的实业教育一定要考虑中国的现实状况,一定要培养符合中国国情所需要的实用人才。

4.师范教育思想

(1)突出师范教育的基础地位

张謇认为:"师范为教育之母","兴学之本,惟有师范","教不可无师","师必出于师范,欲教育普及国民而不求师则无导。故立学校须从小学始,尤须先从师范始"。① 他把师范教育看作普及新教育的根本。这种认识既切中要害,也符合教育发展的一般规律。正是在这种思想指导下,张謇把创立通州师范作为自己教育事业的发端和中心。

(2)对师范教育课程的构想

张謇提出了师范课程制定的国际化与本土化相结合的原则:"夫课程之订定,既须适应世界大势之潮流,必须顾及本国之情势,而复斟酌损益,乃不至凿圆而枘方。"②他在参照世界各国尤其是日本办学章程的基础上,制定了通州师范的课程框架:"讲求教授管理法、修身、历史、地理、算术、文法、理化、测绘、体操诸科学。"③这其中多数是我国科举教育中从未有过的新课程,同时也保留了一些如文法(国文)、历史、修身这样的传统课程。另外,在通州师范的课程设置上有一门选修性质的随意科,供本科毕业想继续深造的学生选修。"通州师范学校之随意科,为政治经济学、农艺化学、英文三科,听愿习者之自量。"④这是我国课程设置上很有见地的新创造。

(3)首创教育实习制度

张謇强调师范学校必须设置附属小学,作为师范生实习基地。"寻常师范学中,亦必立一小学校,为师范生实践教授之地。是小学与师范,其体用相受相成。故既立师范学,不得不兼高等寻常两科小学。"⑤他规定师范生在毕业前最后一学期必须到附属小学进行教育实习。他要求每一位

---

① 张謇:《师范学校开学演说》,见《张季子九录·教育录》卷一。
② 张謇:《师范学校运动会演说》,见《张季子九录·教育录》卷四。
③ 张謇:《通海请立师范学校公呈》,见《张季子九录·教育录》卷一。
④ 张謇:《通州师范学校议》,见《张季子九录·教育录》卷一。
⑤ 张謇:《通海请立师范学校公呈》,见《张季子九录·教育录》卷一。

师范生都必须认真对待：在实习前必须有教案准备，实习中必须有师生评说，实习后要进行总结。他说："师范数载之教养，备战具也，修战术也。附属小学之实习，战事之经历也。方案者，作战之计划也。评论者，使识其胜负原因之果何在也。"①张謇对实习的这些认识是很可贵的，完全符合师范教育的规律，也是当时极富创造性的实验，推行若干年后，普遍为"海内外教育家所嘉许"②。

（4）关于保证师范生培养质量的构想

为了保证师范生培养的质量，张謇提出了许多有创造性的措施，包括：严格招生条件，严格办学秩序，对毕业生施行资格证书考核制度等。他参照德国的经验，提出"凡师范生合格毕业后，得为准教员二年或三年，教有成绩者，得由地方劝学所、教育会共同考察给凭（教师资格证——笔者注）作为正教员。不及者延至五年；又不及者，以所长之一科为小学助教员，给助教凭证，俸视准教员减三之一"③。这是具有前瞻性的构想，可谓现代教师资格证书制度的滥觞。

三、影响与评价

张謇是中国近代著名的实业家、教育家，主张"实业救国"、"教育救国"。他一生创办了20多个企业，370多所学校，为我国近代民族工业的兴起，为教育事业的发展做出了宝贵贡献，被称为"状元实业家"。胡适这样评价张謇："张季直先生在近代中国史上是一个很伟大的失败的英雄，这是谁都不能否认的。"④他独立开辟了无数条新路，做了三十年的开路先锋，养活了几万人，造福于一方，影响及于全国。

丁文江在张謇追悼会上演说时曾指出："数年前余在美时，美前总统罗斯福死后，凡反对之者，无不交口称誉。今张先生死，平日不赞成他的人，亦无不同声交誉。"⑤当时，众多政要名流均题挽联以赞扬其功德、文采，表达哀思。梁启超挽张謇："一老不遗，失恸岂唯吾党；万方多难，招魂

① 张謇：《通州女师范校第一次本科实习教授评案序》，见《张季子九录·教育录》卷三。
② 张謇：《通州女师范校第一次本科实习教授评案序》，见《张季子九录·教育录》卷三。
③ 张謇：《师范奖励约束补助说呈学部》，见《张季子九录·教育录》卷二。
④ 胡适：《南通张季直先生传记·序》，见《胡适文存三集》。
⑤ 张孝若：《南通张季直先生传记》，中华书局1936年版，第521页。

怕望江南。"蔡元培挽张謇:"为地方兴教养诸业,继起有人,岂惟孝子慈孙,尤属望南通后进;以文学名光宣两朝,日记若在,用裨征文考献,当不让常熟遗篇。"于右任挽张謇:"厚殖善亡,愿散资财及当世;中天胪唱,尚留文采殿前朝。"程登科挽张謇:"是实业大家,是教育专家,中外咸钦,岂但鸿胪传第一;有文章翼世,有道德淑世,江淮共仰,永怀国士叹无双。"

实际上,张謇的影响一直延续着。直至 20 世纪 50 年代,毛泽东主席在与人大常委会副委员长黄炎培、陈叔通等人谈及民族工业发展时说:"……(中国)最早有民族轻工业,不要忘记南通的张謇。"当代学者章开沅先生也指出:"在中国近代史上,我们很难发现另外一个人在另外一个县办成这么多事业,产生这么深远的影响。"

作为实业教育家的张謇主张实业救国、技术强国,注重技术人才的培养,却忽视了人文精神与人文学者的造就。正如有学者指出的那样:"由于张謇不能够理解新文化运动所向往的人格独立与民主自由,表现在教育方法和管理上,便只能将思想精神的自由独立与遵守校纪校规相对立。只强调学生服从统一,不鼓励学生自我探求,只要求学习技术知识,不注重独立意识的培养,这在很大程度上束缚了青年学生的创造力和活跃精神,在南通各校中,思想文化方面的人才寥寥,不能说与此无关。"[①]这成为张謇教育实践和思想中令人遗憾的事。当然,瑕不掩瑜,张謇对我国教育事业的开创性贡献是巨大的,并将名垂千古。

---

① 卫春回:《张謇评传》,南京大学出版社 2001 年版,第 448 页。

徐公美：忧国忧民的诗人教育家

扬州爱国知识分子的代表，著有《北柳诗存》，他一生为官清廉，教学有方，深受学生爱戴。

一、生平小传

徐公美(1881—1950)，名慕杜，号柴立，字公美。江苏扬州江都邵伯镇人，因喜《战国策·邹忌讽齐王纳谏》一文中的"我孰与城北徐公美"之句，便以"公美"二字作为自己的字。徐公美少年时代博览群书，对文艺表现出浓厚的兴趣。他于1907年考取了官费留学资格，留学日本，就读日本东京弘文学院，钻研数理化诸科，达四年之久。辛亥革命爆发后，徐公美回到祖国，投身教育，任江苏省立淮安中学学监，兼数理化教师。经黄炎培、李瑞清举荐，1914年创办江苏省立第六师范学校（今淮阴中学前身）。1927年政局更替，徐公美不再担任六师校长。

北伐战争后，徐公美受周厚枢之聘，任省立扬州中学师范科主任兼国文教师。1930年，徐公美受江苏省教育厅之命，任江都县（包括扬州市各区及江都市）教育局局长。1933年，江苏省府改组，陈果夫任省主席，徐公美受江苏省财政厅厅长赵棣华之聘，任该厅主任秘书，协助整理全省财政，为治理江苏财政做出了建树。1937年，抗日战争爆发，江苏省府移至苏北，徐公美继任省财政厅主任秘书，并代行厅长职务。抗战期间，他流难迁徙于苏北里下河一带，一度不任实职。苏北全部陷敌后，徐公美赴江西、福建等地，曾任江苏学院中文系特级教授。抗战胜利后，徐公美终于回到扬州故里，此时已年老体弱，闭户养病。1950年，徐公美去世，享年

69 岁。临终之前,他有自挽联一副[1],联云:"阅世届古稀,了悟人间皆苦境;归真在春仲,不知天上是何年?"

徐公美一生的经历,都写在了《北柳诗存》[2]中,王骧读《北柳诗存》稿,成诗四首,描述了徐公美具有传奇色彩的一生,诗云:

> 早年留学赴东瀛,毕业归来任不轻。
> 莫谓书生无一用,教财两界著声明。
> 八年寇焰肆侵凌,漂泊东南万里行。
> 贫病交加乡国远,回春乔木竟凋零。
> 北柳堂中一卷诗,艰难时运让人知。
> 虽无老杜沉雄概,却近香山平易词。
> 忆曾受业习拼音,避难昭阳一度寻。
> 今日评诗吟诵再,精魂奕奕睹遗型。

二、教育实践与思想

徐公美一生的教育实践活动可分为四个时期:淮阴中学为第一段时期,扬州中学为第二段时期,任江都县教育局局长为第三段时期,以及抗日战争时期。其主要贡献如下。

1. 办学有方,为政清廉

辛亥革命后,徐公美从日本归来,担任江苏省立淮安中学学监,并兼任数理化教师,后经黄炎培举荐,于 1914 年创办了江苏省立第六师范学校,任校长达 15 年之久,桃李芬芳,有谓:"苏北俊彦,多出门下。"当时,李更生为该校学监和附属小学的校长,与徐公美是莫逆之交。在他任职六师校长期间,他大刀阔斧地整治教育秩序,提倡运用新的教法。为了学校的经费,他经常跋涉于淮安与南京之间,非常辛苦。在他的主持下,学校迅速声名鹊起,蒸蒸日上。由于政局的更替,民国十六年(1927 年),徐公美不再担任六师的校长,在淮阴的教育实践活动到此结束。北伐战争胜利后,任扬州中学师范科主任兼国文教师。

---

① 见 http://www.xinghua.gov.cn/art/2010/9/17/art_106_30879.html。
② 蒋逸雪:《北柳诗存》,江苏广陵古籍刻印社(线装)1997 年版。

1930 年，徐公美任原江都县教育局局长。当时，县教育经费经常被上级领导层层中饱，扬州各县中小学年年欠薪不发，教师们叫苦连天，导致教师罢教。各学校房屋年久失修，危房比比皆是。原任局长避不见面，整个教育工作陷于瘫痪状态。

徐公美到任后，立即大刀阔斧地整顿。首先，在用人方面，坚持任人唯贤的原则。他原为六师校长，而扬州是江苏省立第五师范学校（今扬州中学前身）所在地，他对两校毕业生一视同仁，不分彼此，在工作人选上六师、五师毕业生兼用。其次，清理整顿财务。着重清理学田，对贪污渎职者绳之以法，使学田收入有了保障，补发了教师欠薪，中小学先后正常复课。再次，对各校危房分别翻建、改建、扩建，面貌焕然一新，大大改善了当时教育的现状，扬州教育呈现出一片欣欣向荣的景象。

徐公美为官清正廉洁。当时江苏沿海有不少面积颇大的海滩，财政厅多人建议可以近水楼台先得月，同人可用廉价购入，日后定会大大升值。徐公美力排众议，制止了卖地行为。另外，省财政厅每年的各项税收款除上缴国库外，还有大量结余。按照惯例，省厅同人按职位高低，以不同数额分发到人。徐公美认为大家每月都有不低的薪金，决定将税收余款上缴国库。徐公美到财政厅任职后，革除了不少陈规陋习，为治理江苏财政做出了建树。①

2. 教学得法，深受学生爱戴

北伐战争后，徐公美担任省立扬州中学师范科主任兼国文教师。他新开设了"国学概论"和"美术学"两门课程，当时没有专门教材，必须自编讲义。他自谦地说："两科吾不能，主者强相迫；勉为其难，贫赖古籍"，六年数易稿，精益求精。徐公美教学认真，不苟言笑，成绩斐然，深受学生敬爱，至今还有不少老校友对他怀念不忘。在中国台湾出版的《江苏省立扬州中学六十年校庆纪念》中有不少校友撰文怀念徐公美。如扬中校友旅美学者施文溶撰文指出："自我们高三学年开始，敦请到徐公美教授国文，他在这一年间有计划地分别就经、史、子、集，扼要地逐一介绍，讲解详尽，字字珠玑，人人易懂。同学们一反过去态度，由漠视转而增强读国文的兴趣，听得心旷神怡，暗自钦敬徐师。他举一隅而知三隅，为时仅一年，使同

---

① 徐恂：《忆我的父亲徐公美》，《扬州晚报》2012 年 9 月 8 日。

学们胜读古书十年,这绝非是夸张之词。"徐公美教学认真,自编教材,讲课详细,使得以前对国文没有兴趣的同学纷纷爱上了国文。

在扬州中学期间,时任扬中校长的周厚枢希望有一首能在较长时间内流唱的校歌,为此召集了全校国文教师开会。在会上,他提出校歌歌词不能带有政治色彩,文字要简洁精练,要突出扬州。徐公美用很短的时间交出了答卷。歌词为:"襟江带海,从古数扬州,今更作人文渊薮。看黉宫近接,讲舍遥分,知负笈尽多俊秀,更幼儿淑女兼收,宏造就。问光芒何似?刚好有二分明月,高涌海东头。"①后由王宗虞、徐公美谱曲。这首校歌,歌词贴切优雅,易唱易记,至今尚有许多老校友能够一字不差地唱出来。在江苏省扬州中学建校一百周年纪念大会上,该校歌连续播放了三次,引起共鸣。

师生关系情同兄弟。徐公美有一位学生,名金谷香,与徐公美接触频繁,或谈论诗文,或品评书画,每每尽欢而散。在江苏兴化期间,金谷香与徐公美过从甚密,颇有一日三秋之感。徐公美离开兴化前夕,曾手书扇面为赠,题款为"谷香同学兄哂正"。师生之情,可见一斑。

徐公美的诗歌著作颇丰,但频年漂泊,遗著散失较多,现仅存诗稿一卷,其中多首曾流传于苏北解放区。20世纪70年代,徐公美门人、著名文史学者、原扬州师范学院中文系蒋逸雪教授在徐公美北柳巷旧居中收集到一些遗稿,整理出68首,编辑一卷,名《北柳诗存》。该诗集手抄本现藏北京、南京、扬州等地图书馆。

3. 忧国忧民,热血爱国

第六师范学校创办之初,苏北正处于军阀混战状态中,淮阴为镇守使军阀马玉仁所盘踞,军阀孙传芳为欲吞并马玉仁,将淮阴城围得水泄不通。马玉仁则扬言虽战到一兵一卒亦不投降。两军相接,大战一触即发。淮阴城内百姓生命财产危如累卵,惊恐万状。值此千钧一发之际,城内士绅共商于徐公美。徐公美慨然以全城百姓代表身份,斡旋于马玉仁、孙传芳之间,先说服马玉仁以全城百姓生命财产为重,接受所谓"体面缴械",即孙传芳部撤退,马玉仁部自动放下武器。继又冒着枪林弹雨,只身至孙传芳部陈述利害,使孙传芳部接受退兵,并保证马玉仁部"体面缴械"的诺言。一

---

① 江苏省地方志编纂委员会:《江苏省志·民俗志》,第310页。

场即将爆发的战争就这样和平解决，徐公美因此更受淮阴百姓爱戴。

1931年，爆发了九一八事变，全国掀起抗日高潮，徐公美撰写了不少抗日救亡歌词，其中有一首引用岳飞《满江红》的咏调，在当时各地所创作的抗日救亡歌曲中排名榜首。该首歌唱起来使人热血沸腾，慷慨激昂，救国壮志，油然而生。歌词为："蕞尔凫夷，竟无理，侵凌上国。自甲午，王师败衄，大施蛊毒。箕子遗封随泽斩，台湾父老吞声哭。到于今，三省好山河，供鱼肉。思往事，铭心曲，数新恨，填胸腹。请长缨，待与尔，战场角逐。征侧横尸交趾定，郅支授首匈奴服。更全收，三岛入舆图，九方复。"①

抗日战争时期，徐公美目睹国共两党不能团结一致抗日，同室操戈，致使黎民百姓陷于水深火热之中，深感痛心，渴望赶走日寇，过上安定温饱的生活。但事与愿违，外战内战不休。国家民族前途何在？徐公美忧心忡忡，常用诗歌抒发愤慨，表达对汪精卫、韩德勤以及戴笠等人叛国投敌、消极抗日、特务暴行等罪恶丑行的痛恶之情。他的古体诗《李花落》淋漓尽致地描绘了1940年10月苏北顽军与新四军黄桥会战中败将李守维策马入河泅渡溺死的狼狈情景：

"昔见李花开，今睹李花落，堕溷飘茵总不甘，却水流水同飘泊。黄桥月黑秋风悲，全军特遇平城围，纤儿轻敌铸大错，游鱼入网将焉归？有人倡议难坚守，应仗龙泉脱虎口，男儿战死亦寻常，束手成擒事可丑。将军智计常人殊，谓矜小勇毋乃愚，不如跳走学刘季，往就信耳收兵符。我涉戎行数败北，深知舍走无良图，计决仓皇鞭马去，数阻河流难觅渡，贵人耻学弄潮儿，骥尾安全得攀附，水阔难期与岸邻，体肥毕竟将人误，蕞然敌弹横空来，直指马身如雨注，中流撒手随波臣，东归沧海难追寻，斩蛟身手未必有，骑鲸祖武差能绳。我闻将军善垄断，米盐转鬻资无算，万顷淮墙郑白田，比岁并兼数居半，菟裘海上早经营，拟作寓公逃世乱，即今身死更无儿，地下若教应扼腕，乌江骓马已同沉，剩有虞姬泪雨淋，桃花偷价东风惯，知向何方更抱衾。"②

---

① 扬州中学：《扬州中学》，第248页。
② 徐恂：《忆我的父亲徐公美》，《扬州晚报》2012年9月8日。

此诗不仅细写了李守维的败死过程,而且揭披了李守维的贪黩敛财,坐拥艳姬等种种丑行。徐公美还有多首诗歌如《客来述曹甸近事诗以记之》、《悲秦邮》、《崔庄劫》等。诗歌发自肺腑,针砭时弊。

抗战胜利后,年老体弱的徐公美终于回到故乡扬州,家住扬州北柳巷,闭户养病。扬州解放后,徐公美以人民代表身份,向人民政府提出多条有价值的提案。当时徐公美已卧病在床,在其一篇七言律诗《病甚枕上口占》中写道:"久苦头昏目欠明,新增胁痛睡难成,深居能使人忘我,久病从知死胜生。且喜此身将就木,所悲举国未休兵,数当剥极终须复,预祝遗黎见太平。"可见其关心国家前途命运,拳拳之心溢于言表。[①]

4. 热心社会教育,传播民间文化

徐公美是一位别具才情的风雅之士,在任江苏省财政厅主任秘书职务期间,利用工作的闲暇时间,于1934年和建设厅秘书鲁培元发起成立了镇江业余昆曲社团——京江曲社。当时的省府设在镇江,参加者大多是省府各厅局中的公务员,计60多人。他们联合了省府各厅、局中的公务人员,定期开展活动,弘扬传统文化。他聘请扬州昆曲名家谢庆溥(莼江)拍曲,每周三次,定期在省府会议室活动。先后学唱了《麒麟阁·三挡》和《长生殿·弹词》等30多个曲目,唱本一律石印。该社的活动获得省立医院和镇江师范的响应,也在本单位开设了昆曲课,延聘谢庆溥教唱。1936年,江苏省广播电台特地开辟昆曲节目,经常播放社友演唱的曲子。1937年冬,由于日军侵华,该社歇响。[②] 但是却使昆曲这一古老的音乐形式在镇江得以传承下来。

三、影响与评价

徐公美爱校如家,治学严谨,载誉江淮,桃李遍满大江南北。其学生中有不少人成为学者,有的后来成为革命先烈,如驰名江淮的学者蒋逸雪、大雕塑家滑田友、担任杨虎城将军秘书的宋绮云烈士等。

作为一位爱国知识分子,徐公美常用文字表达爱国之情。他以七律的形式陆续写成的多组诗作,语言精警,慷慨激昂,家喻户晓,传诵一时。

---

① 徐恂:《忆我的父亲徐公美》,《扬州晚报》2012年9月8日。

② 见 http://www.52kunqu.com/xwshow.asp? newsid=1553。

"妙策檀弓三十六，夕阳无计走青骢"，就是其中的名句。

作为一位教育工作者，徐公美关心爱护学生，视学生为家人，深得人们的爱戴。孙蔚民同志生前对徐公美极为钦佩，推崇备至，认为徐公美在旧社会一身正气，两袖清风，不贪污一分钱，凭自己的真才实学勤奋工作，造福桑梓，故为后人所景仰。

作为一位地方教育行政官员，徐公美秉公执政，廉洁自持，革除了不少陈规陋习，为治理江苏财政做出了建树。

新中国成立后，扬州第一任市长杜干全在全市教育界大会上称赞徐公美为"扬州爱国知识分子代表"，号召大家向他学习，他以无党派爱国民主人士身份被特邀参加扬州市第一届各界人民代表会议。

徐公美夫妇一家，1920 年（徐公美之子徐恂提供）

《北柳诗存》

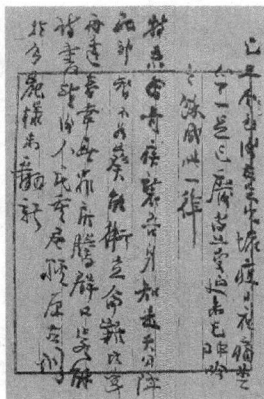

徐公美诗文手迹

李更生：爱国实干，毁家兴学

在江苏省立八中，他延揽名师，革故鼎新，八中成为江苏名校。在江苏省立九中，他整肃校纪，九中声誉鹊起。他毁家兴学，一时传为佳话。

一、生平小传

李更生（1883—1927），江苏淮阴人，原名荃，字亘生，以守正不阿、言行鲠直的人物自期，故自号鲠生。后因溺水得救，改号更生。出生于江苏省淮安县一个世代书香家庭。4岁丧母，饱尝了生活的艰辛，在生活的磨炼中铸造了一种坚毅倔强的性格。少年时代的李更生家境窘困，只能跟着父亲李哲甫读书识字，他天资聪颖，苦读力学，进步很快。

1902年，李更生进入江北高等学堂读书，1906年结业。由于受当时教育救国思潮影响，立志从教。1906年，李更生应聘皖中，先后担任繁昌、宜城、太和等县高等小学主事（校长）。他学识渊博，办学有方，深受皖中人士看重。1909年冬，在安徽当局准备派他"佐治亳州"时，他婉言拒绝，返回淮阴，投身家乡的教育事业，任江北师范附小主事。辛亥革命后，他出任淮阴县教育科科长。1912年，他当选为江苏省第一届议会议员，并任教育审查员。在任期间，他力主增加教育经费，促进地方教育事业发展。1913年秋，他担任了江苏省立第六师范学监。在担任学监的五年间，由于治校有方，深受师生敬仰。1917年秋，李更生被任命为江苏省立第八中学（今扬州中学前身）校长。在八中，他民主治校，广罗人才，修废补缺，革新教育，收效很大，"这五年之中，把五四以后的新思想，随着扬子的高潮灌输到运河流域,这里面的毕业生,远而欧美,近则宁沪各大学"①。1922 年,妻子唐治英病故,他辞去八中校长职务,回到清江浦。在淮阴,他首先出任六师附小主事(校长),直到 1924 年 4 月。1925 年李更生被任命为江苏省立九中校长。面对混乱不堪的九中,他厉行整顿,制定了一系列严格的规章制度,使一向以难治闻名全省的九中校风很快得到转变。在淮阴任职期间,李更生还兼任淮阴私立成志中学校长,经过他一番励精图治,成志中学很快起死回生。正当他津津乐道成志中学未来的发展蓝图时,1927 年 5 月,李更生被族弟无赖李萃因争家产而杀害,年仅 44 岁。②

李更生从事教育工作整整 20 年,他先后主持过高等小学、师范附小,从事师范教育和高级中学教育,不幸在 44 岁时遇刺身亡。李更生踪迹所至,口碑载道。特别是他主持江苏省立八中的成绩,主持江苏省立九中拨乱反正的成绩,以及毁家办成志中学的事迹,一直为人们称赞、传颂。他投身教育事业,毕生从事中小学教育,是爱国、实干、革新的教育家。

二、教育实践与思想

1. 热诚爱国,志在育人

1902 年,李更生在清江浦江北高等学堂学习期间,中国处于内忧外患的局面,军阀混战,盗匪蜂起,民不聊生,激发了他的爱国热情。李更生在青年时代,不禁拍案而起,说"待文王而后兴者,凡民也"。他懂得"兴邦必先兴教育"的道理,确立了创办教育拯救中国的大志。他曾写道:"自清道咸来,欧化东渐,而造成无量之隐痛者,皆教育事业不能与人牧也。"③

李更生认为,教育的目的就是要把学生培养为热爱祖国、报效国家的人才。在省立六师任学监时,他经常教导学生要热爱教育事业,以民族利益为重。他对六师毕业生说:"诸生务以民族利益为重,热心小学事业。小学事业是陶铸国民的胚胎,首要的职责是灌输爱国思想,凡囯内囯情与

---

① 张震南:《八中校长之李更生先生》,见《李更生先生言行录暨逝世六十周年纪念集》,1987 年版,第 12 页。

② 现开明中学北院、淮安市长征小学有李更生故居,在展出的文字材料中,有李更生的学生陈白尘、张云谷、邢祖援等写的缅怀文章,以及李更生的亲属李崇祜、李崇淮及李崇年等人的纪念文字。

③ 李更生:《赠别六师本科毕业生序》。

世界各国的关系,以及我国在外交方面的历史,应时时和儿童讲解。毕业而后,无论为士、为农、为工商、为军人,念念毋忘爱国!"①1917 年秋,他任省立八中校长,时值袁世凯与日本签订丧权辱国的"二十一条"不久,为使学生牢记 1915 年袁世凯宣布承认丧权辱国的"二十一条",不忘国耻国难,激发学生爱国热情,他在办公室走廊的墙壁上嵌上一块醒目的石碑,上刻"汝忘五月九日下午六时乎",以此鞭策自己,激励学生。尔后他又定下"八不箴",内容之一是"终身不买日货",不但他自己不买,连他家人也严格禁止。在南京读书的女儿给妹妹买回一顶羊毛帽子,李更生看到"日本制造"四个字时立刻沉下脸来。他讲述日本侵华,叮嘱家人毋忘爱国,并把那顶帽子挂在墙上,让它成为一本无字的教科书。

李更生既严格要求学生,又和学生同台演出话剧,弘扬爱国精神,与学生同执校旗,游行示威。遇有爱国游行,他总和学生一样穿着制服、手持国旗,走在队伍最后边。在淮安,一次国耻纪念日的集会上,忽然滂沱大雨,学生纷纷离开操场躲进走廊,他却屹立雨中,岿然不动,继续他慷慨激越的演讲,然后亲执校旗,号召上街游行。学生感动得掉泪,无一人落后。

> 在一个纪念日,学校举行纪念,有一场话剧的演出,我记得剧中人物中有"袁世凯"。物色酷似袁世凯的人并不容易。李校长的体态、威严,尤其留有两撇"仁丹式的胡子",很适合扮演此一角色。但是谁敢和他商量?在筹备演出者酝酿中,这一个消息为李校长所知,他慨然允诺参加演出。我当时则在本剧内饰演一个小角色——袁世凯的侍从,竟和校长同台演出。②

五四运动爆发后,李更生积极投入宣传新文化,提倡白话文,推广注音字母的活动中。在学校为学生订购大量包括《新青年》在内的进步报刊,鼓励学生阅读。

对许多社会公益活动,李更生极力参与,热烈支持。他倡办女子教育,组

---

① 淮安市政协文史资料研究委员会:《淮安文史资料第十七辑·淮安名人(上册)》。
② 凌绍祖:《我最敬爱的李校长》,第 156 页。

织淮安高小联合会，开办平民夜校，创办《童灯》、《淮铎》刊物，创立红十字会，还举办慈善事业救济贫民等。

2. 购买设备，毁家兴学

在《更生思潮》中，李更生提出中学建筑构想：大礼堂一所，容一千六百人；普通教室十六所，是分级的；特别教室七所，是分科的。还有雨中操场、雨中运动场、历史参考室、地理参考室、物理实验室、化学实验室、博物参考室、国文书报室、国乐练习处、军乐练习处，是按学科的性质求其个别的发展的。自修室、标本室之类，应有尽有，不必细述，在当时实可惊叹。

陆定一的题词

在当时极为艰苦的环境中，他不惜重金，购买设备，有的从国外购买，如美国天平、法国无线电收音机，为学生科学实验创造条件。图书室的设备，尽管惨淡经营，但内容充足，形式审美。特别值得大书特书的是八中校舍的迁移与成志中学的举办，呕心沥血，感人至深。

八中为省校，原扬州新城羊巷的旧校舍，本是江都县地方公产，不能长期占用。为使校区窄小的八中得到发展，李更生自1918年10月起，便宴集地方绅士以及五师校长任孟闲，研究校舍问题，一致认为扬州旧府署最为适当，便与五师呈文省长，请拨府署。省长予以批准，可是旧府署为驻军黄振魁部占用，拖延不让，关系复杂。交涉两年，到1920年5月，仅得到划拨一部分房屋，而所费精力已经不少。他在府署交涉日记中说，自民国九年（1920年）二月五日至七日，整整和旅长应酬三天，五日注云："大雪夜深始归。"六日注云："天气奇冷，是日亦大雪。"七日注云："天晴但寒甚，道路亦泥泞。"直到1921年，旅长方同意迁让，但又提出修理费一项，说有800余元。他与五师会呈省署，情愿照认，而督军公文以"碍难腾让"四字了之。他一急非同小可，赴省辞职。省长命令咨督署催让房屋。督军始敕某旅设法迁让，但是旅长接到督署训令，拒不让出。他又请出许多人向旅长婉商，愿代觅地点，同时督军复手谕令其让出，纠缠四年，直至1922年5月，驻军才全部迁出，八中终于迁进了新校址。

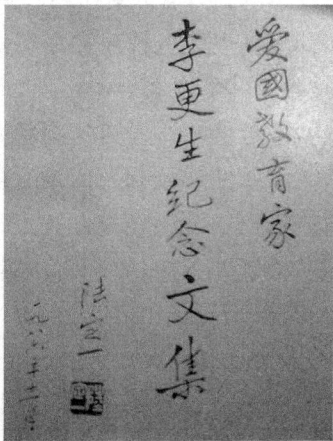

1922 年李更生回到故乡,正值淮阴私立成志中学债务累累、濒临倒闭之际,李更生应校董会之请,接手该校,担任校长。由于该校匆促建成,办学条件多不具备,无固定校址,"日横经于闹市,暮下榻于禅房"①,资金贫乏,几近倒闭。面对这副烂摊子,他知难而进,采取各种应急措施,稳定教育秩序,使学校起死回生。成志中学校舍系租用民房,为谋长久,李更生积极寻觅校址,经多方努力,才得以长期租用劝业场为校址。为了修建教室,他到处奔走,向社会募集资金,并拿出自己家中的部分财产移赠学校。他几乎沿门托钵,四处劝募,甚至太岁头上动土,艰难地筹集成志中学建校经费。1924 年,为修建成志校舍募捐,他首先向淮扬镇守使马玉仁动捐,马玉仁出身盗匪,为盘踞一方的军阀,鱼肉人民而嗜财如命,被迫认捐1000 元,实交 600 元。在马玉仁离去前又追索 200 元。李更生与沈夫人结婚时通启社会各界请以贺礼移助成志。马玉仁为节省贺礼,拟派其军乐队吹奏为贺。李更生复信谢绝,说婚礼上"不宜闻杀伐之声",迫使其改为贺金。他续娶沈淡宜夫人时,通启亲朋好友:"苟于不妄婚事,欲有贺之者,请悉移助成志。"②最后竟典卖家产,以充建校所需,终于把这所濒危的学校重新扶植起来。

3. 治校有方,成就斐然

严于律己,治校如家。在六师,一次学校发生火灾,李更生深夜闻讯,冒火入室抢救图籍,几不得出。他对学生重视身教,认为"教师以言教人,不如以身教人"。他以此严格要求自己,还亲自订了八大戒条,即《更生八不箴》③:(1) 祭祖宗不费纸锞;(2) 教子女不分厚薄;(3) 遗产不必由子女继承;(4) 终身不吸烟赌博;(5) 私居不饮茶吃酒;(6) 终身不买日货;(7) 有权利无责任之事不做;(8) 往来在十里以内非紧要事或疾病时不乘车。这"八不箴"概括了李更生处世待人的一些基本原则,曾传诵一时。其中一条为"终身不吸烟赌博"。学校行政工作在晚间办理,日间巡行教室。每

---

① 李崇祜:《成志初级中学第一次募金建筑校舍启》,见《李更生先生言行录暨逝世六十周年纪念集》,1987 年版,第 61 页。

② 李崇祜:《为续娶沈夫人通启各界》,见《李更生先生言行录暨逝世六十周年纪念集》,1987 年版,第 64 页。

③ 李崇祜:《更生八不箴》,见《李更生先生言行录暨逝世六十周年纪念集》,1987 年版,第 37 页。

间教室后排学生座位中,都有一张空桌椅,他来时即坐此处。据其长女李崇祜回忆,李更生在书房中亲笔写下对联:"持其志勿暴其气,敏于事而慎于言。"①

求贤若渴,延揽名师。在省立八中任校长期间,李更生十分看重教师的素质,为建设一支胜任的教师队伍,他求贤若渴,千方百计聘请优秀教师来校任教。李更生听说常州有一位叫董伯度的教员,早年毕业于南洋大学,不仅物理、数学、外语、国文水平相当高,而且教学艺术堪称一流,决心将其请到八中任教。李更生抓紧时间处理完手头的事情便奔赴常州。到达时,常州突降大雪。李更生顾不得歇息,顶风冒雪赶往董伯度家。当李更生得知开门的老太太是董伯度之母时,马上恭恭敬敬地屈膝跪下。老人家见来人行此大礼,连忙将他拉起。李更生谦恭地做了自我介绍后,一再恳请她动员董伯度到八中任教。老人家被李更生的真情打动,欣然应允。董伯度在老母的劝说下,答应了李更生的聘请,两人约定一周后下午三时在八中见面。一周后的下午,李更生早早就来到校门口恭候。当他远远看到董伯度乘的黄包车时,立即快步迎上前去。车子刚停稳,他就拉着董伯度的手嘘寒问暖,并亲自帮他卸下行李,令董伯度十分感动。此事一传,有些亲友认为他太过分,他却正色道:"我为学生而跪,何卑之有?况彼母亦我母也!"闻者无不动容。董伯度到任后,一心扑在教学上,兢兢业业,深受学生的喜爱和尊崇。不久,董伯度接到了母亲生病的消息,便向李更生提出调回常州的请求。李更生理解董伯度的孝心,安慰了几句,没有答应。当天晚上他只身冒雪赶往常州,见到开门迎客的董老太太后,再次跪行大礼。得知老人家只是偶感风寒,赶忙为老人家寻医问药,妥善安排,感动得老人家热泪盈眶,连夜写家书,使儿子打消了调回常州的念头。数年后,孝顺的董伯度因难以在老母膝下尽孝时常惴惴不安。思虑再三,他又一次向李更生提出了调回常州的请求。没想到,这一次李更生非常痛快地应允了,并告诉董伯度:"三天后为你饯行。"第三天晚上,两人开怀畅饮,酒过三巡后,李更生对董伯度说:"伯度,临行前,我带你去看望一位长者。"两人踏着星光,一起走进一条幽静的深巷。"老者家到了。"李

① 李崇祜:《六十年风木》,见《李更生先生言行录暨逝世六十周年纪念集》,1987年版,第231页。

95

更生停下脚步微笑着说,随即拉起董伯度的手推门而进。"伯度!"董伯度刚进门,就听到一声熟悉的呼唤,抬头一看,老母亲正笑脸相迎。原来为了留住董伯度,李更生早就在扬州寻找居所,准备把董伯度的老母接来。恰巧刚收拾完房屋,董伯度就提出了调离的请求,于是,他赶紧把老人家接了过来……董伯度感慨万千,一把握住李更生的手,感动地说:"蒙君如此深情,我再也不离开扬州了!"李更生董门跪雪求贤的轶事也被人传为美谈。

李更生凭借着待人宽厚、任人唯贤的人格魅力陆续吸引了一大批人才慕名投奔至其门下,其中包括桃李遍天下、誉满国内外的朱自清先生,还有相菊潭、张震南、徐叔漠等,都是八中的名师。八中一时群英荟萃,师资力量雄厚,省立八中在短短几年间便跻身全国重点中学之列。

科学治校,管理有方。李更生受命出任江苏省立九中校长后,一上任,便大刀阔斧加以整治,只花了半年时间,就使原先内部纠纷迭起、校纪弛废、几至瘫痪的九中,面貌焕然一新。

1926年,李更生出任江苏省立第九中学校长。江苏省立第九中学,当时在江苏素以难治著称,于1925年宣告停办。1926年省教育当局循苏北人士之请,委派李更生为校长,加以整顿。李更生主持九中校政,并不照搬八中的老路。李更生来九中任职的消息传出,推荐教师的信件如雪片飞来,计达400余封。他一封也不复,唯贤是任。李更生到校后,大刀阔斧,当机立断,宣了两件事:"教职员一律解聘,学生一律甄别,择优聘请、录取。"即所有拉帮结派的教职员工概不录用,择优者另发聘书;所有在校的各班级学生一律同新生看待,只有通过考试,择优录取。开学后,九中气象一新,面貌顿改。为严肃学风,规定学生每晚必须在自修室自修两小时,虽走读生亦必到校。当时淮安无电灯,乃自备发电机为自修室照明之用。为整顿食堂秩序及卫生,他又为之装纱窗,加强卫生管理;实行分食制,制定食堂守则,进餐时食堂秩序井然,静寂无声。从此,校纪整肃,校风大为改观。不一年,九中声誉鹊起。

尊师爱生,民主治校。李更生拒官不就,全心全意投身教育,爱学生如子弟,爱同事如手足,与员工建立了感情联系。他努力以民主、科学的精神办学,进行教学管理,凡属学校一切大事,他都和师生共同商量、研讨,重大活动,师生都要参加。对于校中同仁,一律平等待遇,有效地提高了教学工作的质量。他打破教职员工之间的封建界限，每逢节日聚餐或庆祝活动，总是恳切邀请学生和职工登台讲话。他尊重校工人格，对工作表现积极、突出的工友礼之如宾。有一次双十节聚餐，他叫全校校工一起加入，举行纪念仪式时，还有校工蔡新登坛演说，当时听者颇为诧异。

当时扬州有省立五师、八中，八中则事事落后于五师。李更生到校后，于私室里悬一横额，书"竖起脊梁担事"六字自勉，也鼓励教师正直做人做事，更备笔记本，题曰"更生思潮"，每日有所思考，事无巨细，都记录下来，次日便付诸实施。他在日记中写道："早作而夜思，计定则行。"在任职六师附小时，他每日必去成志一次，接任淮安九中校长后，亦每周返淮阴去成志一次，去则事无巨细，都亲自过问。

4. 革故鼎新，培养英才

李更生任职期间致力于教育革新。时值我国废除科举制度不久，新的教育制度和方法尚未确立。他认为要办好教育，为社会造就人才，就必须努力试验新制度、新办法。

分科教学，培养英才。从前八中完全照单轨编制，李更生自第八届起按照双轨招生，他将学制从单轨制改为双轨制，首创分科制，根据学生特点分甲（文科）乙（理科）两组，推行能力编级法。其办法是：各班学生自二年级起，分科授课，甲组偏重文科，乙组偏重理科，以利学生发展所长。对于甲组文科的教学，他既注重国文教学，也重视外文教学。为了提高国文教学质量，他亲自担任教师，还不时开国文研究会，和任课教师共同研究，改进教学内容和方法。他曾聘请朱自清来教国文并担任教务主任。李更生把充实图书作为文科建设的重要内容。八中的图书室，不但内容充实，布置也很美观。英文方面，他特请美国圣公会的教士来担任乙组的会话教学。他为了改进英文教学常亲自听英文课，并请美国人担任英语会话教学。此外，自1921年起，又在甲组增设法文一科，欲为他们谋外交上的基本知识，后来升入震旦大学的颇有其人。对于乙组，他非常重视实验室之设置，在经费偏紧的情况下，不惜重金采购最先进的理化设备，如当时无线电收音机刚问世不久，他即从法国购进一部。各科都有实验室，学生可以两人一组进行实验，这样的实验条件，在当时的中学里是少有的。他敦请名师担任数、理、化等主科教学，所用的都是原文课本。凡数学演草、理化实验报告，他都严格要求学生按期缴送，不许延误。所以乙组的学生,几乎终日没有暇时。为了加速培养理工科人才,他想方设法聘请有经验的理科教师来校任课,还敦请国内外学者和校友来校讲学,介绍和传播国内外各种新知识。这些教育实践在当时江苏中等学校中是一种最新尝试。"双轨制"的实施,扩大了招生规模,当实行此制之时,在全省学校中恐怕要属最早。同时,试行能力编级制,先测试学生国文、英文的程度,再按实际水平分别编入适当的班级,以鼓励学生之间展开竞争。他提倡白话文教学,首倡男女同校,注重延揽人才,实行民主治校。

分科制的实施,使得后进的八中,于三四年间一跃而为全省最优秀的学校之一,这里的毕业生,远而欧美,近则宁沪,到处都有其踪迹。每年东南大学、上海交通大学招考,八中毕业生占录取生徒之最高。从前江苏名中学,谈者皆盛推江南各校,自李更生到扬州以后,不过数年,素不出名的八中居然比肩常锡了。

厉行新制,因材施教。李更生认为"一切新者必胜于旧",革新教育必须有切合实际的教学制度和方法。他主张革除传统教学制中的许多不足,大胆借鉴外国学制,1922年,李更生回淮后,被任命为省立六师附小主事,到职后他锐行新制,在不到四年时间中,就试行葛雷制、设计教学法等。他还主张按照儿童个性差异,因材施教。对聪颖儿童允许跳级,对顽劣儿童施行特殊教育。他认为环境对儿童的成长有重大影响,教室庭院务使美化。在他主持下的六师附小,不仅读书气氛浓厚,而且生动活泼,朝气蓬勃。

注重实践,全面育人。李更生认为"光读书不动手,学得不深,将来也不会教人"[1],"从事上磨炼",这是他教育实践的基本原则。他反对死啃书本,主张"动的教育",强调"从事上磨炼"。于是在读书外,他还让儿童办自治周报、校刊,举办足球比赛、风筝比赛、上海惨案募捐会等,让他们在实践中锻炼本领,增长才干,"其精神如颜习斋"[2]。他还重视学生的体育、美育,以期全面培养学生。在八中,为了帮助学生全面发展,他组织铜管乐队,购办铜管乐器20多件,聘请专人指挥。他还组织课余油画小组,请

---

① 扬州市政协文史资料委员会:《百年风流·扬州近现代人物传》,第299页。
② 吴钊:《六师附小主事之李更生先生》,见《李更生先生言行录暨逝世六十周年纪念集》,1987年版,第17页。

专家指导。这个小组的成员，后来有参加过国际画展的。他组织学生参加各种体育锻炼和比赛，演文明戏，并与学生同台演出；组织球类和田径比赛，提倡锻炼体魄，不当"东亚病夫"。初中童子军训练，还自带帐篷炊具，举行野营野餐活动，培养青少年的自理能力。

因地制宜，服务经济。针对当时教育结构与经济结构相脱节的普遍现象，李更生曾响亮地提出"从学生毕业后的出路着想"的思想。为适应社会需要，李更生在九中不设文科，却设数理化系，创设银行理财系。银行理财系的设立更为全省的创举。人们问其所以，他回答说："入境要问俗，当前的财政银行界，淮安人颇有地位，为了学生毕业后的出路着想，这着棋是可以走的。何况治国大事，必须首先理财。这是社会的需要。"由此可见，他的锐意革新，并不是为革新而革新，而是确有其独到的远见卓识，并能因时因地而异。

此外，李更生热心校外活动与社会福利事业。他在淮阴赞助组织了"天足会"（又称"不缠足会"），谋求妇女肉体上的解放。他大力提倡女子教育，曾在六师设女子部，聘请女教师，又在淮阴倡办女子小学。他还在淮阴组织了高小联合会、平民夜校，创办小型刊物，开展了平民救济事业，组织了红十字会。在红十字会中成立了卫生股，倡导大灭蚊蝇。

三、影响与评价

李更生坚信"兴邦必行教育"，献身教育事业。从 1906 年起，李更生历任小学、中学、省六师等学校负责人，为苏北教育工作呕心沥血，鞠躬尽瘁，做出了杰出贡献。

在李更生的督导下，几年时间，守旧落后的八中，一跃而居全省最优秀中学的行列，考入著名大学人数之多，为全省之冠。八中为国家培养了大量人才，八中的许多学生，不少人后来成了著名的学者专家，如著名的马克思主义理论家胡乔木、蜚声中外的科学家朱物华（上海交通大学校长）、柳大纲（中科院化学研究所所长）、王葆仁（伦敦大学化学博士）、朱恩隆（哈佛大学电子学博士）等。

在淮安，李更生整治九中，毁家办成志中学。1927 年，毛泽东同志在武昌农民讲习所赞扬过他毁家兴学的事迹。毛泽东在湖北农民运动讲习所做报告时，特别提到他"救国救民，热心教育人才，毁家办学"的先进事迹,曾称赞他"毁家办学,高风亮节"。

"爱国教育家",这是陆定一同志对李更生的高度评价。

"欲以美育陶铸社会,有如蔡孑民",是时人之评。

"爱国教育家,实干教育家,勇于革新的教育家",一位学生这样评价。[①]

苏北教育界人士陈莲荪在挽诗中写道:"毁家兴学前无古,救国匡时庆有人。我问天公胡愦愦,江淮饮恨拭刀痕!"[②]

李更生在短暂的一生中,给后人留下了许多极具价值的教育思想,他主张儿童本位的教育,主张教育即生活、教育即生长,倡导教育科学化、艺术化,努力试验新教育,注意个性差异,提倡女子教育。李更生的教育思想和教育实践活动,在今天仍然具有重要的实际价值,我们现在研究李更生的教育思想和教育实践活动,有重要的现实意义。

李更生与教师在一起

---

① 袁啸:《江淮饮恨拭刀痕》,见《李更生先生言行录暨逝世六十周年纪念集》,1987年版,第133页。

② 扬州中学:《扬州中学》,第68页。

附挽联（部分）：

意量卓越，敢言敢行，不可及！不可及！
事业昭垂，为道为学，古之人！古之人！

——上海商务印书馆

才既奇，祸变亦奇，谈笑起戈矛，竟自捐躯殉公义；
身虽死，精神不死，江淮遍弦诵，早闻兴学蔚群英。

——扬州中学全体教职员

忆昔年绛帐宏开，气象峥嵘，如初春，如朝日；
看今者素帏深掩，情怀凄恻，是寒食，是清明。

——前九中初中全体

刘师培:影响后世的国学大师

作为在扬州出生的一位国学大师,他的教育贡献亦不容忽视,其教学讲义《中古文学史》堪称垂之后世的"典范"。

一、生平小传

刘师培(1884—1919),字申叔,号左庵,北京大学教授,国学大师。

1884年刘师培出生于江苏仪征。刘家三世传经,刘师培的曾祖父刘文淇、祖父刘毓崧、伯父刘寿曾都以治《左传》新疏工作而名列《清史稿·儒林传》。刘师培的父亲刘贵曾为光绪年间举人,著有《春秋左传历谱》、《尚书历草补演》、《抱瓮居士文集》等。母亲李氏,是江都学者李祖望的次女,通晓经史。由于家学渊源,刘师培8岁起学《周易》,12岁时已读毕"四书五经"。1898年,父亲刘贵曾病逝,刘师培便由母亲李氏授《尔雅》、《说文》。刘师培聪慧好学,博览群书,内典道藏旁及东西洋哲学,无不涉猎,尤精历史掌故,在经学方面打下了深厚的功底。

1901年,刘师培考取秀才,1902年参加江南乡试,中举人。1903年,他赴河南开封会试落第,归途中在上海停留,结识章太炎、蔡元培等人,思想转向革命,主张"攘除清廷,光复汉族",更名"光汉",写作《攘书》,并著《中国民族志》、《中国民约精义》等。1904年,他参加光复会、军国民教育会等进步组织。1906年至芜湖皖江中学任教,与陈独秀、章士钊同事,发行《中国白话报》,编写《伦理学教科书》、《经学教科书》、《中国文学教科书》、《中国历史教科书》、《中国地理教科书》等。1907年春节,应章太炎等邀请,刘师培夫妇东渡日本,结识孙中山、黄兴、陶成章等革命党人,参与同盟会东京本部的工作;他与章太炎等参与发起社会主义讲习会,先后发表了《普告汉人》、《悲佃篇》、《辨满人非中国之臣民》等。1908 年因受何震、汪公权挟持而与章太炎交恶;11 月回国,入两江总督端方幕,任督辕文案兼三江师范教习,际此,思想立场为之一变,所作考证文字皆刊于《国粹学报》,昌言"存古"。同时,刘师培仍与同盟会、光复会员往来,唯以党人起事计划密告于端方,被革命党人深恶之。1911 年,刘师培随端方入蜀,端方被杀,辛亥革命起,避往成都,任教于四川国学院及国学学校,并着力于经学考辨,古义钩沉。1915 年任北洋政府公论咨议,署参政院参政。1917 年他被蔡元培聘为北京大学教授,讲授中古文学、《三礼》、《尚书》和训诂学,兼职北京大学附设国史编纂处。1919 年 1 月,与黄侃、朱希祖、马叙伦、梁漱溟等成立"国故月刊社",成为国粹派。1919 年 11 月 20 日因肺结核病逝于北京,年仅 35 岁。其主要著作由南桂馨、钱玄同等搜集整理,共 74 种,称为《刘申叔先生遗书》。

二、教育思想与实践

(一)教育思想

刘师培的教育思想散见于他撰写的时论及编写的教科书中。现整理如下。

1. 提倡新式教育,重视师资培养

刘师培认识到教育兴盛的根基在于优质的师资,"学校之设,以蒙学为基。而蒙学之兴,悉视教师之良否"[1]。他提出兴办师范教育:"欲兴普通之教育,必宜设师范学会,以补师范学校之穷。至设会之意,务使为塾师,各增专门学一科。复出其专科之长,以互相教授,互相切磋,以研究学问,无植党贾祸之虑。不越数年,而扬州师范之才成矣。若改良教法,一曰依一定之时,二曰依一定之课本,三曰朴责之法悉宜改良,四曰教课书籍略宜储备。此四法,行于过渡时代之教育,庶可舍旧谋新。"[2]

2. 重视教育经费投入,强调公共筹措

刘师培非常重视教育经费投入,他认为:"夫中国学校不能普设者,由

---

[1] 刘师培:《仪征刘君师培留别扬州士人书》,《苏报》1903 年 3 月 10、11 日。

[2] 刘师培:《仪征刘君师培留别扬州士人书》,《苏报》1903 年 3 月 10 日。见万仕国:《刘师培遗书补遗》,广陵书社 2008 年版,第 38—40 页。

于国用不给也。学校不能普设,则教育不能普及。虽日下强迫教育之令,何以使人民悉从哉?"①他借鉴日本和欧美各国的做法,提出公共筹措教育经费的方式:"考日本小学校之立,一曰建设费,二曰维持费。凡市、町、村之公民,皆有担任学费之义务。而欧美各国,莫不皆然。今吾扬人士,殊乏公德,责以兴学,亦恐公帑之难筹。然以一岁之中统计之,迎神赛会之用,按户抽取,数近万金。诚能以无用之资财,兴便民之实利,设学务委员四人,以征收学费。每岁之中,每户收学费五角。于扬城之中,分划四区,每区之中,各设二校,使阖境贫民,皆受普通之智识。虽下至村镇,亦可本此推行。如仍虑学费之不足,则官立义塾,不下数区,然有学校之虚名,无教育之实效,曷若并入小学校之为愈乎!"②

3. 先知后行的道德教育观

刘师培反对灌输的、强制的道德教育。他说,"中国人民当总发之时,即诵《孝经》及四子书,然躬行实践之人曾不一睹,则以教育之失其法也"③。他认为道德教育应该遵循先知后行的顺序,"夫伦理虽以实行为主,然必先知而后行。若昧于伦理之原理,徒以克己断私之说强人民以必从,殆《大学》所谓拂人之性者矣。今东西各国学校之中,伦理一科,视为至要,盖欲人人先知而后行也"④。为此,他编写了《伦理教科书》,汇集前儒之说,萃为一编,以供学校教授之用。

(二)教育实践

刘师培在短暂的一生中数次担任教职。1906 年在芜湖皖江中学任教;1908 年任三江师范教习;1911 年至 1912 年任教于四川国学院及国学学校。他去世前三年在北大任教,讲授"中国文学"、"文学史"课程,并出版了《中国古文学史讲义》。本书的出版使文选派在文派之争中获得胜利,并在文学史的教学与研究方面成为后世的典范。

1. 编著教科书

刘师培在芜湖皖江中学任教期间,先后编写了《伦理学教科书》、《经学教科书》、《中国文学教科书》、《中国历史教科书》、《中国地理教科书》,

---

① 刘师培:《仪征刘君师培留别扬州士人书》,《苏报》1903 年 3 月 10、11 日。

② 刘师培:《仪征刘君师培留别扬州士人书》,《苏报》1903 年 3 月 10、11 日。

③ 刘师培:《〈伦理教科书〉序例》。

④ 刘师培:《〈伦理教科书〉序例》。

均以便于教学为宗旨，在体例、内容上颇有新意。比如，在编写《中国历史教科书》时，他注意到原来的中国史书或失之太简或失之太繁，且详于君臣而略于人民，详于事迹而略于典制，详于后代而略于古代。于是，他既注重简繁适当，又强调内容调整，突出历代政体之不同、种族分合之始末、制度改革之大纲、社会进化之阶级、学术进退之大势等方面。他在编写《中国文学教科书》时，先明小学之大纲，次分析字类，次讨论句法、章法、篇法，次总论古今文体，次选文。他强调以小学为基础，因为"小学不讲，则形声莫辨，训诂无据，施之于文，必多乖舛"，"则文学基于小学彰彰明矣。不揣固陋，编辑国文教科书，首明小学以为析字之基，庶古代六书之教，普及于国民"。①

2. 教授中国文学

刘师培进入北大后，出任中国文学门（1919年改为中国文学系）教授，兼任文科研究所指导教师，并为国史编纂处纂辑员，月薪280元。他所担任的课程有：1917至1918学年，"中国文学"、"中国古代文学史"；1918至1919学年，"中古文学史"、"文（中国文学）"；1919至1920学年，"文学史"、"文（中国文学）"。此时的中国文学门，人才荟萃，与刘师培共同执教的有黄侃、黄节、吴梅、钱玄同、周作人、朱希祖等。关于刘师培的教学情形，杨亮功曾有回忆："刘申叔先生教中古文学史，他所讲的是汉魏六朝文学源流与变迁。他编有《中国中古文学史讲义》。但上课时总是两手空空，不携带片纸只字，原原本本地一直讲下去。声音不大而清晰，句句皆是经验之言。他最怕在黑板上写字，不得已时偶尔写一两个字，多是残缺不全。""刘先生教我们于汉魏六朝文学中每人任选择一两家做专题研究。他认为研究任何一家文学必须了解其师承所自、时代背景及其个人身世。我所研究的是徐陵（孝穆）、庾信（子山）两家。有一时期我专致力于魏晋六朝文学，这也是受了刘先生的影响。刘先生在北大授课时肺病已到第三期，身体虚弱，走起路来摇摇欲倒，真是弱不禁风。他在刮风下雨的时候，照例是请假。"冯友兰也曾回顾道："当时觉得他的水平确实高，像个老教授的样子，虽然他当时还是中年。他上课既不带书，也不带卡片，随便谈起来，就头头是道。援引资料，都是随口背诵。当时学生都很佩服。"蔡

---

① 刘师培：《〈中国文学教科书〉第一册序例》。

元培亦说:"君(指刘师培)是时病瘵已深,不能高声讲演,然所编讲义,元元本本,甚为学生所欢迎。"[①]

1917年底,北大文、理、法三科各学门先后分别成立了研究所,刘师培与其他教授一样,兼任了文科研究所国文门的指导教师。他所指导的研究科目起初为"文"和"文学史",定每月第二周和第四周的星期四分别与"文学史"、"文"两个方向的研究员会面一小时,研讨该主题下的具体问题。[②] 后来具体日期稍有调整,但仍是每月分别指导一次。从1918学年起,刘师培所担任的研究科目调整为经学、史传、中世文学史、诸子四科。国文教员中,他担任的科目最多,次为黄侃,担任自汉至隋文、文选、文心雕龙三科,余者仅担任一科,如朱希祖:晋以前诗史;钱玄同:文字学(形体、音韵);吴梅:中国曲史;刘半农:中国谣谚史;周作人:唐以前小说史。由此可以看出,身为国学大师的刘师培,因具有广博的知识素养和造就(其所担任的四科已横跨经、史、子、集四部),能予所指导之研究者以贯通的学术训练,这在当时已形成多专家而乏通人之格局的教授队伍里至为难得。不过,由于身体欠佳,后来他已很难定期指导,只能时而与诸研究员开会研讨。

刘师培在北大时的讲义和有关讲授内容主要有《中国中古文学史讲义》、《汉魏六朝专家文研究》、《文心雕龙讲录二种》等。《中国中古文学史讲义》1917年即由北京大学出版部出版,并在此后多次再版;《汉魏六朝专家文研究》和《文心雕龙讲录二种》均为罗常培笔录,前者于1945年由重庆独立出版社印行,后者以"左庵文论"为总题分载于《国文月刊》第9、10、36期。这其中《中国中古文学史讲义》最为著名,差不多成了经典之作。刘师培在《中国中古文学史讲义》中,第一次把中古文学作为独立的研究对象,筚路蓝缕,功不可没。本书从政治、思想、风俗、时尚等方面阐述了文学发展变迁的大势和文体文风的演变历史。本书最大的特点就是旁征博引,其引证资料的广博和缜密,堪称文学史著作的典范,而刘师培对史籍的熟稔程度,也令人叹服。本书以引用资料为主,表达观点为辅,在写

---

① 蔡元培:《刘君申叔事略》,见钱玄同:《刘申叔先生遗书》,宁武南氏排印本1956年版,第18页。

② 按研究所规则规定,凡本校毕业生都可以志愿入所研究,本校高年级学生及与本校毕业生有同等程度的学者,经研究所主任或校长认可后亦皆可入所研究,这些人均称为研究员。

作方法上，先罗列史料，间或夹杂个人观点，再选录相关文章，进行印证，相互呼应。

三、影响与评价

在刘师培不长的 35 年生涯中，充满着复杂而难以协调的色彩：从革命党人、无政府主义者到清廷幕僚、筹安会"六君子"之一，让人难免唏嘘感慨。刘师培对早年参与政事很是后悔，他去世前对黄侃说："我一生应当论学而不问政，只因早年一念之差，误了先人清德，而今悔之已晚。"

然而，刘师培在学术上的造诣和勤奋却只能令人钦佩。刘师培"其所涉历之传统学术范围者，有文字学、声韵学、校勘学、训诂学，有经学（如《尚书》、《诗经》、《三礼》、《春秋》三传）、子学（如诸子校释）、史学（如元史、明史）、地理学、方志学、文学（如《中国中古文学史讲义》、《中国文学教科书》）、历法等。其于政治学、哲学、社会学、伦理学、逻辑学诸方面，亦能贯穿中西，得其环中。而其最具特色者，乃以新学解说中国文字，有巨大影响。又其于白话文提倡之力，创作之勤，有功学林，为同时诸彦所不及"[1]。蔡元培云其所著书："凡关于论群经及小学者二十二种，论学术及文辞者十三种，群书校释二十四种，诗文集四种，读书记五种，学校教本六种。除诗文集外，率皆民元前九年以后十五年中所作，其勤敏可惊也。向使君委身学术，不为外缘所扰，以康强之身而尽瘁于著述，其所成就宁可限量？惜哉！"[2]他一生已成、未成的各种著述，多达 74 种，这在近代学术史上，自然是惊人的成绩。[3] 有学者这样评价刘师培："追溯中国近代学术发展的历程，我们不能不注意到刘师培流星一般的学术生命。"[4]

在教育方面，他的《中国中古文学史讲义》出版后，很受学生欢迎，反响极大，确实起到了垂之后世的"典范"作用。诚如论者所言："在现代中国学界，真正将'文学史'作为一'专门学问'来深入探讨，而且其著述的影响历久不衰者，此书很可能是第一部。"鲁迅曾赞誉道："中国文学史一类

① 万仕国：《刘师培年谱》，广陵书社 2003 年版，第 2 页。
② 蔡元培：《刘君申叔事略》，见钱玄同等：《刘申叔先生遗书》卷首，宁武南氏排印本 1956 年版。
③ 张舜徽：《清代扬州学记》，广陵书社 2004 年版，第 196 页。
④ 方光华：《刘师培评传》，百花洲文艺出版社 2010 年版，第 4 页。

'我看过已刊的书,无一册好。只有刘申叔的《中古文学史》,倒要算好的,可惜错字多'。"《中国中古文学史讲义》"辑录关于这时代的文学评论","对于我们的研究有很大的帮助。能使我们看出这时代的文学的确有点异彩"。鲁迅的看法可谓代表了当时不少专家的共识,并非过誉。

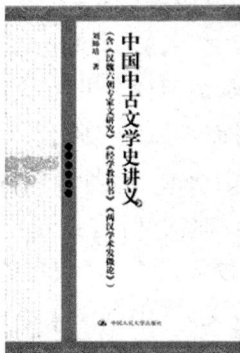

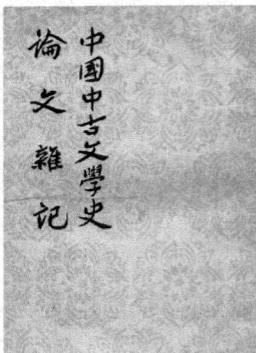

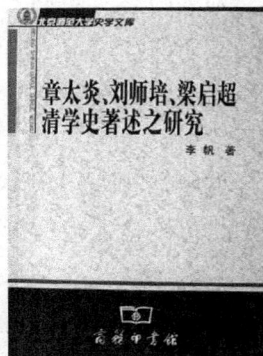

刘师培著作   刘师培著述研究

吴南轩:乱世掌门的复旦校长

　　扬州的教育实践奠定了他事业的基础。他出任清华大学、复旦大学校长,争议颇多。但在民族危难之时,他执掌复旦校务,使复旦在颠沛流离中求得生存,而且还有所发展,实在功不可没。

一、生平小传

　　吴南轩(1893—1980),原名冕,1893 年出生,江苏仪征人。少年时期就读于扬州府第一中学,17 岁毕业后,因家境贫寒无法继续学习,次年正月赴南京参军,担任文书。年末队伍解散,吴南轩回老家仪征县,成为一名小学教师,并任校长。在他任职校长的三年时间里,小学开始形成一定的规模,成为当时全县的模范小学,这些奠定了他教育事业的基础。

　　1916 年吴南轩辞去了小学校长的职务,考入复旦公学,1919 年从复旦大学预科毕业。毕业前夕,五四运动爆发,吴南轩是复旦学生自治会会长,领导了复旦学生的游行。1920 年,他自费赴美国柏克莱加州大学攻读教育心理学,1923 年获得硕士学位,1929 年获得博士学位。求学期间,他半工半读,兼职旧金山革命机关报《少年中国晨报》编译,并两任该报主笔。此外,又兼任美国政府某机构译员、旧金山林肯专门学校华文教授等职。

　　1929 年,吴南轩回国,任国民政府教育部编审,并奉命赴美国各州考察中小学教材审定业务,任中央政治学校专任教授兼教务副主任;1931 年任清华大学校长,并任国立中央大学专任教授、中央政治学校兼职教授。1936 年 8 月,复旦校长李登辉,因支持学生运动被迫辞职,国民党当局于

是选校董钱新之兼代校长,吴南轩任副校长。1940 年 5 月吴南轩任代理校长,1941 年 11 月任国立复旦大学校长。1943 年,国民政府行政院教育部任命吴南轩为国立英士大学校长,由于吴南轩病后身体比较弱,未能赴职,仍然留在复旦大学教育系担任教授,并任监察院监察委员,后来又改任国民党中央监察委员。

1949 年,吴南轩随国民党败退至台湾地区,1950 年受聘为美国麻省国际学院教授,后来在伊利诺斯国际大学讲学十年。1966 年回台任政治大学文学院院长。1975 年退休,1980 年在台北去世,终年 87 岁。临终前,他将遗产的 97％捐赠给"复旦中学"。① 一再声明自己出身乡村小学教师,设立财团法人"中国敬教基金会"。

二、教育实践与思想

(一)教育实践

吴南轩一生的教育活动主要可以分为四个时期:仪征县东区新城小学校长时期、清华大学校长时期、复旦大学校长时期、国外讲学时期。

1. 仪征县东区新城小学校长时期

这是吴南轩教育实践的最早尝试。当时,北伐军的部队被打散,他回到了仪征老家,做了仪征东区新城小学的校长,虽然仅仅三年时间,但是他将学校办得有声有色,学校初具规模,堪称全县模范。本次教育实践,奠定了他继续学教育,从事教育事业的决心。

2. 清华大学校长时期

在清华大学校史上,自罗家伦辞职至梅贻琦到任之间,是一段特殊的历史时期,几年换了数位校长。1928 年,国民革命军北伐胜利,北平归国民政府管辖,罗家伦出任清华大学校长。1930 年 1 月,阎锡山与国民政府决裂,5 月,华北落入阎锡山之手,罗家伦遭到阎锡山势力的驱逐,随后罗家伦辞职,南京国民政府命令清华大学校务会议主持日常工作,叶企孙为校务会议主席。6 月,阎锡山派乔万选接手清华大学,但乔万选上任那天

---

① 于右任等复旦大学台湾校友曾谋求在台湾省创立"复旦大学",但当局不准。他们退而求其次,于 1958 年在台湾省桃园县创办了"复旦中学"。其创办过程筚路蓝缕,极为动人。校友们曾发起"一日一元"的捐款运动。见齐全胜:《复旦逸事》,辽海出版社 1998 年版,第 21 页。

就被学生们拒之门外,没能入园。乔万选被阻后,叶企荪主持工作,因叶企荪即将休假出国,7月4日举行第十九次校务会议,推举冯友兰自10日起代理校务会议主席。[①]

1931年3月17日,南京国民政府召开第十六次国务会议,通过罗家伦辞职案,任命时任国民党中央政治学校副教务主任的吴南轩为新任清华大学校长。由于吴南轩是兼任教育部部长的蒋介石的亲信,并声称要"恪遵蒋主席整顿学风的意旨,长治清华"。下车伊始,他不顾清华教授治校的传统,任命非清华大学教授的陈石孚为教务长、朱一成为秘书长。金岳霖、张奚若、萨本栋、周培源等15人提议召开教授会临时会议,通过"为学校前途计,应请教育部另简贤能来长清华,以副国府尊重教育之至意"的决议。[②] 同日,清华大学学生会也发表了驱逐吴南轩的宣言。吴南轩于5月30日揣着清华大印和若干重要文件,逃到东交民巷,在利通饭店挂起"国立清华大学临时办公处"的牌子进行办公,这引发了清华师生的愤慨与舆论的抨击。迫于学生会和教授会的压力,7月3日,南京国民政府教育部以吴南轩"暑病时侵,亟宜调养"为由,批准其"调摄病体",调离清华。7月4日,教育部委派翁文灏到清华大学代理校务,9月14日,翁文灏辞职。清华大学校务由叶企荪代理。1931年12月4日,新任命的清华大学校长梅贻琦到校视事,清华大学才进入了一个稳定发展的时期。1948年底,梅贻琦出走,清华大学又陷入混乱和危机之中。

吴南轩在清华担任校长仅仅三个月时间,可谓清华历史上任期最短的校长,因为时代的烙印,没有很高的认同度。

3. 复旦大学校长时期

1936年8月,原复旦校长李登辉由于支持学生运动,引起国民政府的不满,准请长假。在李校长休假期间,钱新之为校董兼代校长,吴南轩担任副校长。吴南轩初到复旦,师生并不满意。但是,通过他的努力,复旦得到了大笔政府补助(1937年国民党中央委员会通过提案,每年补助复旦18万法郎,这几乎等于复旦每年学费总收入)。后来又经过吴稚晖、叶楚伧等人的介绍,复旦又得到无锡太湖大雷嘴1014亩的赠地。

---

① 王仁宇:《冯友兰代理清华校务的贡献》,《南阳师范学院学报》2012年第1期。
② 《学生会致校务会议函》,《清华大学校刊》1930年,第195页。

1937 年,淞沪战事爆发。复旦大学的校舍多处被炸,9 月,淞沪战事激烈,复旦大学暂借复旦中学开学。为了保护学生,复旦大学按国民政府教育部的要求,和大夏大学临时组成联合大学,分为两部内迁。联大第一部以复旦大学为主体,所有行动由复旦副校长吴南轩负责。

当时,复旦的重要档案、文件,部分贵重仪器、图书和设备,装成了十个大木箱,从淞沪铁路江湾火车站出发。吴南轩带领百余名学生,直奔南京,浩浩荡荡向江西方向出发。10 月,联大第一部借庐山普仁医院为校址,租胡金芳旅社等处为宿舍,师生 800 余人开始上课。12 月,南京失守,江西战事吃紧,复旦师生继续内迁至武汉。1938 年 2 月,吴南轩先后赴嘉陵江、三峡一带考察,最后决定在重庆以北约 150 华里的夏坝建立新的学校,开始了复旦新的奋斗之路。根据复旦校友王德耕回忆,"吴校长即四处奔走,找米下锅。虽然安排好近千人的居住和伙食,师生员工都能和衷共济,共渡难关,但吴校长更是煞费苦心,日夜操劳,几乎天天在求爷爷、告奶奶的困境中度过"[1]。吴南轩的夫人看到复旦的窘况,乃将昔年陪嫁的珠宝饰物取出变卖,以解燃眉之急。

经过吴南轩和一些校友的努力,学校先后新修建四栋简易平房作为教室(分别以复旦大学的四词八字校训命名为"博学斋"、"笃志斋"、"切问斋"、"近思斋"),以及男生宿舍、女生宿舍等。吴南轩又在江边建造了一座排楼式的复旦大门,于右任校友题写校名。由江边通往岸上滨江大道的台阶共有 136 级,面对新校门,拾级而上,可以直达校内,那感觉犹如步入一座神圣的殿堂。[2] 但是,不料日寇于 1940 年 5 月轰炸重庆,学校新建的很多建筑被炸毁。为了使学校能够继续维持下去,吴南轩与于右任、邵力子等人共谋国立,经过反复商量,终于在 1941 年 11 月 25 日国民政府行政院第五届一次会议通过决议,将复旦改为国立,吴南轩始任校长,江一平任副校长。

1940 年的 5 月 27 日,西迁重庆的复旦大学惨遭日本飞机的野蛮轰炸,致使师生 7 人殒命,校舍房屋损毁。当时"文摘社"的孙寒冰教

---

① 王德耕:《抗战时期的吴南轩》,见百年校庆校史编纂委员会:《校史通讯》2003 年 5 月。

② 吴南轩:《入川后之本校》,《复旦大学校刊》(复刊号)1939 年 1 月 1 日。

授与其助手汪兴楷正在审阅编排第 71 期稿件,"文摘社"被炸,两人均不幸遇难身亡(孙寒冰教授系教务长兼法学院院长,他于 1937 年创办的《文摘》月刊是我国首创的第一个文摘类刊物)。司时遇难的还有复旦大学学生王茂泉、王炳文、陈钟燧、朱锡华、刘晚成 5 人。1941 年 8 月初,学校以校长李登辉、代理校长吴南轩、副校长江一平的名义,铭刻了一块 3 米多高的《复旦大学师生罹难碑记》纪念碑,立于夏坝后山孙寒冰教授墓前,其书云:"……呜呼!惨遭寇弹哀同国殇,全校师生悲愤无极,将何以益自淬励我为文化工作之创造精神乎?抑何以益自坚强我为民族生存之战斗意志乎?是则吾辈后死者之责,已礼葬既毕,幽窀以安,爰为伐石纪事,系之以铭,用诏万世,不忘寇仇。其辞曰:'蠢彼倭奴,侵我上国。蹂若学府,文化之贼。死者七人,师生同厄。巴山以惊,巴水为咽。何寇之酷,而祸不测?易利御寇,诗美薄伐。雪耻除凶,誓报先烈'!"[1]

吴南轩根据地方发展的需要,开设了农场、园艺部、畜产部等,进而开设了农学系以及农学院,先后又设立了银行专修科、统计系、矿冶系等,吴南轩亲自在文学院教育系内开设并讲授心理卫生课程,教学科研亦大有发展。

1943 年 2 月 20 日,国民政府行政院教育部拟调吴南轩为中央大学校长,任命章益为复旦大学校长。中央大学师生以吴南轩资望不高为由,拒其前往。教育部遂改调吴南轩为国立英士大学校长。但英士大学远在浙江乡间,吴南轩因病后体弱,未能前往,遂留任复旦任教育系教授。

吴南轩于 1943 年 2 月调离复旦,在复旦供职六年,时值抗战,备受迁徙办学之苦。吴南轩是在中华民族危难时刻执掌复旦校务,复旦在颠沛流离中不仅求得生存,而且还有所发展。可以说,在抗日战争的艰难时期,复旦能够在短期内建成如此的规模,吴南轩功不可没。

4. 国外讲学时期

1950 年以后,吴南轩先后担任美国麻省国际学院教授、美国伊利诺斯国际大学教授、台北政治大学文学院院长等职。

① 林声:《中国百年历史名碑》,第 312 页。

（二）教育思想与理念

吴南轩担任复旦副校长、校长期间，为了使复旦能在战乱中保存下来，他受尽颠沛流离之苦，战胜重重困难，摆脱生存危机，使复旦大学度过了危难时期。其办学思想与理念主要有如下表现。

1. 注重"复旦精神"的理念引领

在艰难的办学中，吴南轩发扬了马相伯老人和李登辉校长提出的"学术独立、思想自由"，"师生合作治校"，"反抗强权、服从真理"等办学思想，注重以精神凝聚人心，将复旦精神贯彻于办学之中。1975 年 5 月，复旦大学台湾校友举行母校建校 70 周年纪念活动时，吴南轩专门写了一篇题为"七十年来复旦立校特出的传统精神"的文章，在马相伯和李登辉的基础上，将复旦的传统精神归纳、概括为四大精神[1]：由无变有的精神、向前开路的精神、国家民族至上的精神、牺牲小我成全大我的精神。在吴南轩的眼里，复旦精神是一种坚韧不拔的创造精神，一种图存图强、精忠报国的爱国精神。这既反映了他的教育理念，又体现了他对复旦的挚爱。他是一位有自己的个性思想和教育理念的校长，确实传承了马相伯夫子始创以来的复旦校长薪火。[2]

2. 注重大学教育与抗战建国相配合

在复旦大学的办学过程中，吴南轩特别注重大学教育与抗战建国需要相配合。他曾说："复旦在川中立校，实在是民族国家与地方社会的需要。"[3]同时，"我们对学校的前途，也不敢做盲目肤浅的乐观。前面可能有很多的困难与波折，正像在'必胜'、'必成'的过程中，民族和国家必须经过许多困难波折一样。复旦也可能还要经历诸多的困难、波折乃至反复"[4]。复旦在北碚稍稍安定后，他就提出了自己的建校计划。除了修建校舍，他更加注重学科建设，在文学院增设了史地学系，因为："史地为一切社会科学之基础，史地研究与抗战建国的关系尤为密切。"[5]他表示，二

---

① 吴南轩：《复旦立校特出的传统精神》，《复旦通讯》1975 年。

② 杜作润：《乱世掌门吴南轩》，《复旦教育论坛》2004 年第 5 期。

③ 复旦大学校史编写组：《复旦大学志·第一卷（1905—1949）》，复旦大学出版社 1985 年版，第 167 页。

④ 吴南轩：《入川后之本校》，《复旦大学校刊》（复刊号）1939 年 1 月 1 日。

⑤ 复旦大学校史编写组：《复旦大学志·第一卷（1905—1949）》，复旦大学出版社 1985 年版，第 169 页。

年制的垦殖专修科的设立,也是为了适应四川地方建设的需要,为开发四川培植人才。而矿冶为一切工业之母,在抗战建国中,尤为重要。他把"本校的种种建设发展在战时即所以助成抗战之胜,在战后则谋促进建国之成"①。正是在这一办学方针指导下,史地学系、统计专修科、垦殖专修科、统计学系等先后在复旦设立,复旦在颠沛流离中不仅求得了生存,而且还有所发展。

3.注重地方建设与学术发展

吴南轩不仅是一位实干家,而且在大学办学与管理上也有自己的独到见解。他注重学校建设为地方建设服务,为复旦的薪火传承起到了重要作用。1939年他在《复旦大学校刊(复刊号)》发表《本校永久留川》一文,表达了希望复旦"永久留川"的愿望。他说:"我们的学校要在四川生根,在战时,也在战后。依我们的估计在战争结束之日,四川富源,一定已在抗战建国工程中有大规模的开发;全国的主要工业,一定已在四川确立其基础,并永远生根于夔门之内。政治文化是跟着经济跑的,四川的政治文化地位之重要将随经济地位重要性之提高而提高。在那时候,我们的学校,殊无搬回去的必要。"②这反映了当年他的一种教育理想。吴南轩因公返沪给沪上学生做报告时说:"母校之迁移入川,并非临时性质,而是拟有永久计划,将在此地建校。即他日战平,亦不即舍今址而回海上。此点与他校之迁入内地者不同。盖他校皆视为暂局,若光华、若金陵皆然也。独母校认为,吾国大学本病集中都市,今既被迫而入内地,正可利此时机,建一永久基础,以纠此弊。四川之北碚,将来且为吾母校校誉发扬光大之据点也。倘时局不太恶化,有一立校之初步计划,可以在一年之内完成。拟圈地千亩为校址,教室、图书馆、科学馆之建筑固须略求坚固崇伟,其余如学生宿舍、教职员住宅,皆可先从简单朴实做起。"

另一方面,吴南轩特别注重发展学术。他看到复旦在静穆的乡村,学生"于青灯之下,与书卷相亲",甚觉欣慰。他希望复旦大学能像英国的剑桥大学一样,为国家和民族的科学和思想做出贡献。在吴南轩卸任复旦

---

① 复旦大学校史编写组:《复旦大学志·第一卷(1905—1949)》,复旦大学出版社1985年版,第171页。

② 复旦大学校史编写组:《复旦大学志·第一卷(1905—1949)》,复旦大学出版社1985年版,第171—172页。

校长三年后,作为复旦前任校长,他在接受记者采访时,对复旦的未来做了设想。他认为,战后的大学,应做到"学术的独立"和"自由的研究",我国的高等教育也应该注重研究,而不只是传教,传教只是对学生起辅导作用,而研究才能对学术有真正的贡献。真正的研究学问是要花钱的,首先要使教授生活安定,让他们一心一意都用在研究上。其次要有一个优美的环境和良好的设备。学术的研究,并非一朝一夕就能成功。

总之,吴南轩认为,未来复旦应服务与学术并重,既要长远地服务于地区建设,例如面对四川和西南、西北广大的农牧地,新设农学院,包括农艺学系、农业专修科,其中包括垦殖专修科和茶叶专修科等;又要发展学术,使复旦在静穆的乡村,为国家民族的科学和思想做出贡献,就像英国的剑桥大学那样。吴南轩既是一位实干家,又是一位理想主义者。可惜,在当时"曲高和寡",以致今日几乎被人遗忘。

4. 积极倡导心理健康

除了学校管理,吴南轩还是一位心理学家,他是中国心理卫生运动的首倡者。

20 世纪 30 年代,吴南轩在《中大教育丛刊》上发表文章:"除我国外,日光照临之地,几乎无处不有心理健康运动的踪迹",他大力呼吁加强我国的心理健康工作。1932 年,吴南轩首先在国立中央大学心理学系开设心理卫生选修课,发出心理健康运动的第一呼声,这是当时国内大学心理系课程中最新颖的科目。后来,吴南轩又在中央大学《旁观》杂志上开设《心理健康专号》,发表文章①,这是中国心理健康运动的萌芽。他于 1939 年在《复旦青年创刊号》上发表《青年的情绪教育》等文章,并著有《国际心理卫生运动史》、《儿童心理卫生》、《战时精神病》、《心理卫生及实施新趋向》等著作,在其著作中,吴南轩提出十项衡量个人心理健康的标准:① 乐观;② 正视或面对现实;③ 有理想;④ 不怀疑——自信信人;⑤ 自尊尊人;⑥ 自助助人;⑦ 控制和发泄情绪;⑧ 协调态度或要求;⑨ 富有幽默感;⑩ 对于一切事物有相当兴趣,觉得一切人都有可取可喜之处。这十项标准,即便在今天,仍不失其参考价值。1936 年,吴南轩在南京发起创建中国心理卫生协会,并任第一届理事长兼总干事,为中国心理卫生学事业

---

① 吴南轩:《心理卫生运动的起源和发展》,《旁观》(旬刊) 1933 年第 4 期。

的发展做出了贡献。

三、影响与评价

（一）主要影响

吴南轩在清华任校长仅三个月时间，虽缺乏认同度，但他对于复旦大学的发展却做出了积极贡献。

吴南轩到复旦上任伊始，没有受到复旦师生的欢迎。但事实证明，吴南轩为复旦大学在战乱中的生存，做出了很大贡献。使复旦解除了生存危机。

复旦未西迁时，吴南轩曾积极努力，促使国民党当局每年补助复旦大学 18 万法郎。内迁途中，学校几乎弹尽粮绝，吴南轩在庐山求助陈立夫，借得 1 万元，学校才得以顺利西迁。辗转到达重庆北碚之初，学校面临经费短缺、条件简陋的状况，又面临生存危机。吴南轩积极交涉、周旋，获得四川省政府 10 万元的资助。抗战八年中，复旦大学是唯一得到当地资助的外省迁入学校；此外，还得到复旦校友帮助，筹得大部分建校经费，复旦方能在北碚暂立脚跟。

> 初到夏坝的经费、设施等的困难。从沦陷区迁徙过来的学生，与家中音信基本不通，不仅无力交纳学费，就连生活费也无着落。而政府补助费因战时原因，只按七折标准发放。这时的复旦大学，不仅需要支付征地费用，更急需要大笔资金修建校舍建筑，以及教职员工薪金和学生生活补助、日常教学开支等款项。校长吴南轩长期忙于出外筹集办学经费，学校经济陷入极度窘迫之中。同时，环境与卫生设施的困难。夏坝黄桷镇是嘉陵江畔的一个荒镇，居住人口少，房屋普遍简陋，没有现成的校舍可供使用。师生只好先以黄桷镇河神庙为办公室。教师们安排住在王家花园，而女同学们住在街上一个大院内，把煤炭坪作为学生和职工宿舍。部分同学住在煤栈内，卫生条件差，据资料记载，当时学校医务室设备极其简单，药品不齐，仅有一位医师和几位护士。①

---

① 李能芳：《抗战时期复旦大学办学研究》，西南大学硕士学位论文，2010 年。

在吴南轩的主持下,复旦有了一定的发展,修建了部分校舍,扩大了校园规模;增设了一些学院,创设了一些新专业;教育科研也取得不少成绩。可以说,吴南轩是使得复旦在四川生存下来功不可没之人。"吴南轩是在中华民族危难时刻执掌复旦校务,使复旦在颠沛流离中求得生存,而且还有所发展。复旦校史之延续与彰显,吴南轩功不可没。"[①]

复旦大学旧址登辉堂[②]

1937 年以前的复旦大学,只是一所拥有文、理、法、商四个学院共 17 个系科的大学。1940 年,在农艺学系、园艺学系、茶叶专修科、茶业研究室及附属农场的基础上,复旦设立了农学院。1938 年至 1946 年八年期间,重庆复旦大学增设:史地学系、垦殖专修科、统计学系、统计专修科、数理系、园艺学系、农艺学系、银行专修科、茶叶专修科、中国生理心理研究所、商科研究所。

① 杜作润:《吴南轩——一个值得进一步探讨的校史人物》,见百年校庆校史编纂委员会:《校史通讯》2003 年 5 月。

② 近年,重庆市政府在国立复旦大学原址上修缮旧址老校舍登辉堂及孙寒冰墓,并把登辉堂作为抗战时期复旦大学校史陈列馆对世人开放。登辉堂前的白色大理石纪念碑高 3 米,由重庆校友会建议和承办,复旦大学和重庆市政府拨出专款于 1987 年 5 月建成。谢希德校长撰写碑文:"抗战时期,复旦大学自上海西迁。师生辗转五千余里,于一九三八年二月,择址于重庆北碚夏坝,陋室绳床,坚持教学,含辛茹苦,研读不辍……"见周顺之:《复旦校友夏坝寻踪散记》,《好同学》2005 年 4 月。

抗战期间，不少著名学者、教授前往复旦任教或讲学。他们当中包括：李炳焕、赵景深、施蛰存、吴钊岚、梁实秋、曹孚、胡风、舒舍予、程沧波、谢六逸、顾颉刚、吕振羽、曹禺、马宗融、梁宗岱、方令孺、洪深、任美锷、章靳以、张志让、童第周、卢于道、樊弘、陈望道、周谷城、李仲珩、邓静华、严家显、吴觉农、毛宗良、陈恩凤、张光禹、秉志、钱宗澍、潘振亚、陈子展、李蕃、张明养等。① 一位校友说："虽谈不上冠盖云集，但也不落孤单，学者名流往来不息。整个学校发展成有 5 个学院共 22 个系科组的综合性大学。虽然当时图书、仪器仍嫌不足，但学术地位较前大为提高。复旦在颠沛流离中还有所发展，这是进一步前进的重要基础。"②

客观地说，吴南轩在复旦任职期间，是由国民政府任命的，免不了带有政治色彩。复旦由私立改为国立，也饱受诟病。但吴南轩为复旦的发展所做的贡献还是得到了该校的肯定。现在复旦西南角的燕园里，有一座别墅名为"南轩"，既是因为此轩在校南，也是吴南轩之后继任校长章益为纪念吴南轩而命名的双关之名，此名一直沿用至今。

（二）评价

首先，吴南轩是清华历史上任期最短的校长。究其原因，主要是吴南轩锐意执行国民政府的大学规程，不承认清华自 20 世纪 20 年代中期以来形成的教授治校制度，作为国民政府的忠实拥护者、执行者，不可避免地与教授会发生激烈冲突，最后不得不辞职而去。③

对于复旦大学的发展，吴南轩的贡献则大得多。特别是在抗日战争爆发后，他带领复旦学生内迁，解决在内迁的过程中遇到的一系列问题，立下了汗马功劳。复旦在很短的时间内复课，建立新的教室、宿舍，同时增加了一些以前没有的学科。复旦由私立改为国立，获得政府资助，使复旦走出了经济困境。吴南轩在中华民族危难时期执掌校务，使得复旦在乱世中能够生存，并得到了发展。

其次，作为一名心理学家，吴南轩是非常成功的，作为中国心理卫生运动的首倡者，为我国的心理卫生学事业的发展做出了重要贡献。吴南

---

① 吴南轩：《入川后之本校》，《复旦大学校刊》（复刊号）1939 年 1 月 1 日。
② 杜作润：《乱世掌门吴南轩》，《复旦教育论坛》2004 年第 5 期。
③ 吕文浩：《略说老清华》，《文史精华》1998 年 11 月。

轩随国民党败退至台湾地区后，受聘于国外大学长达十年，足见他的能力和学识。吴南轩提出的十项衡量个人心理健康的标准，即便在今天仍有很大的参考价值。

当然，不可否认，吴南轩是复旦历史上有争议的人物，他在对待学生的爱国行动与谋求复旦为国立的问题上，颇受争议，这些有待历史评说。①但是，可以肯定的是，重庆复旦大学改为国立后，为复旦的生存与发展提供了经费保障，为抗战后民族的复兴，培养和储备了人才。

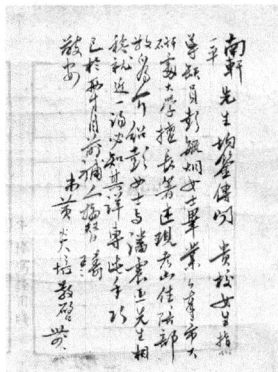

黄炎培致吴南轩函

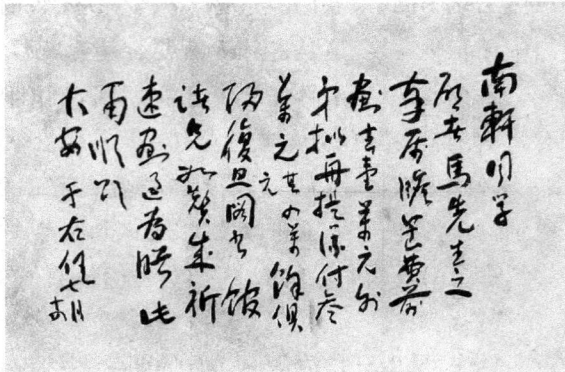

于右任致吴南轩函

吴南轩与师生的合影

① 杜作润：《乱世掌门吴南轩》，《复旦教育论坛》2004 年第 5 期；李能芳：《抗战时期复旦大学办学研究》，西南大学硕士学位论文，2010 年。

黄质夫：乡村师范教育的开拓者

他是一位被尘封的乡村教育家，筚路蓝缕，先后举办界首乡师、栖霞乡师、贵阳师范等学校，埋头苦干，成就赫然，为中国乡村教育尤其是边疆教育事业做出了开拓性贡献。

一、生平小传

黄质夫（1896—1963），名同义，字质夫，江苏仪征人，1896年3月出生在仪征一个贫寒的农民家庭，他自幼读书刻苦，从小就参加生产劳动，农闲时做些小买卖，贴补家用。1904年，他进入一所免费的新式学堂，在这里读完五年制的初等小学和四年制的高等小学。1913年，他考取了江苏省立第五师范学校，成为民国年间最早的师范生。毕业后留任五师附属小学教员。1919年，他考入国立南京高等师范学校农学院农艺系，毕业后，1924年出任江苏省五师界首分校（后改为界首乡村师范学校）主任。1927年，他应南京中学校长邰爽秋之邀请，任南京中学乡村师范科主任，1928年，栖霞新村成立，任村长和村政局局长。1930年，在中央大学任农学院推广处指导。1931年任浙江省立湘湖乡村师范学校校长。1932年3月，复任南京中学师范科主任，同年6月，南京中学乡村师范科改组，更名为江苏省立栖霞乡村师范学校，黄质夫担任校长。

1937年，抗日战争爆发，随着江南沦陷，栖霞乡师被迫疏散，黄质夫不得不含泪离开学校而踏上了流亡之路，担任江苏战时员生

收容所所长。① 1938 年 1 月，他入黔任国立第三中学（今贵州铜仁中学）校务委员兼高中部主任。半年后，赴湖南湘西任农业改进所技师兼榆树湾工作站主任、沅芷垦区办事处主任，致力于增加生产，抚恤难民。1939 年 9 月，黄质夫应国民政府教育部部长陈立夫之邀，受聘担任贵州省立贵阳乡村师范学校（原青岩乡村师范）校长，青岩人口稠密，土地狭窄，不宜办乡村教育，后迁校至榕江、黎平。1940 年，教育部颁令改称"国立贵州师范学校"，旋即招生，学生先后共 600 余人，分师范、简师、初中三部。黄质夫执掌国立贵州师范达五年之久，1945 年离开贵州，辗转贵阳、重庆等地。

1946 年，黄质夫回到江苏，在江苏省建设厅任技正兼经济农场场长，勘察沿江沙洲计划开垦增产。1947 年，入国民政府农林部改进处任技正兼总务组主任、金陵植棉指导所主任。1950 年，任苏南棉麻指导所业务组干部、江苏省丹阳扎花厂厂长、江苏省农林厅经济作物处技正。1953 年，失去工作，定居栖霞山。1963 年 9 月逝世。

1957 年 9 月，黄质夫（前排右二）与夫人、子女合影

---

① 南京市栖霞区地方志办公室等：《师之魂——黄质夫在南京栖霞》，中国文史出版社 2012 年版，第 207—208 页。

二、教育思想与实践

黄质夫先后担任江苏界首、南京栖霞、浙江湘湖和国立贵州师范四所乡村师范学校主任、校长，投身乡村师范教育事业长达 20 余年，成绩显赫。其师范教育思想与实践主要体现在以下几个方面。

（一）乡村教育观

1."改造乡村唯一的工具"的教育功能观

黄质夫把乡村教育看成是改造乡村社会的重要力量。早在 1924 年创办界首师范时他就极具远见地提出"改良农村，以学校为起点"，"乡村师范学校，应为乡村文化中心"①的观点。黄质夫在《中国乡村的现状和乡村师范生的责任》中指出："我们改造乡村唯一的工具，就是教育。"②他在《栖霞新村》发刊词中说，中国的民众，以乡村人民为最多数，而不识字的人，也是以乡村人民为最众。他认为，农民工人的性格十分朴实，勤劳刻苦，物质生活也非常简单，易于教化。如果把这部分人先教化好，提高他们的文化水平，就能促进农业的发展，相应也提高了他们的经济水平，也就进一步带动了国家轻重工业的发展，促进了城市的发展而达到国强民富。因此，教育必须面向全国人口占绝大多数的乡村，乡村师范应当成为改良乡村的中心。

黄质夫认为，中国教育的重点、难点是在农村，提高农村人口素质，提升民族精神，乡村教育是最直接的途径。改良乡村应"以学校为起点"，学校为社会机关之一，肩负改良农村组织，增进农民生活，普及农村教育，提高农民知识，提倡农村娱乐，培养农民道德的使命。

黄质夫认为，师范学校肩负培养改造国民的大责任，国家盛衰前途尽显其中，兴办乡村教育，是改革中国教育"最切病症之药石"③。他秉持教育救国的主张，矢志将毕生精力全部投入乡村师范教育事业，借助乡村教育体系，使每一所乡村师范都成为乡村文化的中心。他认为，乡村师范负有改进农民生活之责，将乡村师范对于农事推广上的责任分为：组织农事

---

① 杨秀明、安永新等：《黄质夫教育文选》，贵州教育出版社 2001 年版，第 86 页。
② 杨秀明、安永新等：《黄质夫教育文选》，贵州教育出版社 2001 年版，第 4 页。
③ 杨秀明、安永新等：《黄质夫教育文选》，贵州教育出版社 2001 年版，第 58 页。

调查团,组织农业演讲团,筹设农业展览会,设立种苗交换所,刊印农业改良浅说,印送农业改良图画,组织青年农业竞讲团,设立农事询问处,等等。①"还教育于民",最终实现乡村社会"野无旷土,村无游民,人无不学,事无不举"②的理想。

那么,怎样才能办好教育呢? 黄质夫一针见血地指出:由一流的人做校长,聘任一流的人当教师,创一流的乡村教育,培养出一流的乡村教师和献身国家民族的栋梁之材。四个"一流"抓住乡村教育的根本,也是真正解决教育问题的根本所在。

2."教师、导师、领袖"三位一体的教师观

黄质夫认为,良好国家公民的塑造需要良好的乡村学校,而良好的乡村学校需要良好的乡村师资。他主张,"教育者须由第一流人才充当",教师是乡村教育的关键,教师应由"才能胜任,德能感人"③之人担任。一流的乡村教师才能培育出一流的乡村人才,才能建设乡村的物质生活和精神生活。

正如黄质夫在《校歌》中所说,乡村教师肩负着"救百万村寨的穷,化万万农工的愚,争整个民族的脸"④的重要使命。关于乡村师范生的培养目标,他鲜明地做出自己的论断:"他们毕业后,一定是良好的乡村教师。但是我不仅希望他们做一个良好的乡村教师,还希望他们去做浇灌农民知识、改进农民生活的导师,发展乡村社会事业的领袖。"⑤这种集教师、导师、领袖三者为一体的乡村师范生,就是乡村真正的通才之士,就是乡村教育、乡村社会的灵魂。

在黄质夫看来,乡村教师需要全方面的素质,才能产生改造乡村巨大的影响力。他主持乡村师范时,将从事生产劳动和吃苦作为入学条件,厉行劳动建校,自力更生,勤俭办学,要求学生毕业后能去做灌输农民知识的教师,改进农民生活的导师,发展乡村事业,成为"教师、导师、领袖"三位一体的新型乡村教师,担当改造乡村、建设社会的重任。为此,教师必

① 杨秀明、安永新等:《黄质夫教育文选》,贵州教育出版社 2001 年版,第 33—34 页。
② 杨秀明、安永新等:《黄质夫教育文选》,贵州教育出版社 2001 年版,第 54 页。
③ 杨秀明、安永新等:《黄质夫教育文选》,贵州教育出版社 2001 年版,第 60 页。
④ 杨秀明、安永新等:《黄质夫教育文选》,贵州教育出版社 2001 年版,第 365 页。
⑤ 杨秀明、安永新等:《黄质夫教育文选》,贵州教育出版社 2001 年版,第 5 页。

须具有高尚的爱国思想、坚定的人生信条，富有民族意识和尚公精神，具有"科学的头脑"和能联系实际的学风。乡村教师不仅要传授知识、技能，而且要传播文化，进行道德教育。他坚持身教胜于言教，要求教师"应有严父之心管理学生，更应有慈母之心爱学生"，"以教人者教己，以育己者育人"。乡村教育家更应该是"冲坚毁锐的前线战士"，"移风易俗的社会教师"，"筚路蓝缕的开国先驱"，"继绝存亡的圣贤英杰"，[①]对于教育要有执着和终生无私奉献的精神。在 1927 年至 1930 年创办主持南京栖霞乡师时，黄质夫提出了乡村师范的培养目标[②]：

> 不仅是坐而言的人，还要是起而行的人。
>
> 对于各种基本知识应有充分的修养。
>
> 体格健全，能耐劳苦；品格高尚，堪做乡民的表率。
>
> 有各种应用的常识，且明白教育原理，及近代社会的趋势。
>
> 对于本身的职业，有浓厚的兴趣，肯认定他的职务为终身事业。
>
> 长于社交，能得各方面的助力。
>
> 了解乡村社会情形，熟知农民习性，安于乡村生活，视改造乡村为最有乐趣的事业。

可见，黄质夫竭力提倡教育者躬身实践，身体力行，为人师表，做学生的楷模。他的这一主张，对于改变当今教育界存在的重理论轻实践、重讲授轻动手、重书本轻生活等弊端具有重要的现实意义。

3."契合于中国之乡村"的课程观

对于中国几千年来之旧教育，黄质夫认为："旧教育之于人也，只读书，不劳动，四体不勤，五谷不分矣"；"农家子弟未入学，尚可助其父母耕作，及其入学也，西装革履，肩不能挑，手不能提，全是废人"。"前方要打仗，后方不生产，生之者寡，食之者众，岌岌乎殆哉！"[③]一句话，说明乡村教育严重脱离乡村实际。

---

① 杨蕴希、孙晓黎：《黄质夫在贵州民族地区的乡村教育活动及其现实意义》，《贵州民族学院学报》2009 年第 2 期。

② 杨秀明、安永新等：《黄质夫教育文选》，贵州教育出版社 2001 年版，第 5 页。

③ 杨秀明、安永新等：《黄质夫教育文选》，贵州教育出版社 2001 年版，第 274 页。

　　针对乡村教育脱离实际的现状,为求师范教育的"实际之功效",1932年,黄质夫在《服务乡教八年之自省》一文中指出:"吾人应不惜为过去制度之罪人,而供未来改革之牺牲。"①如果脱离乡村实际,则"人民诅咒教育,则加甚焉"。黄质夫力倡"生活教育",他强调乡村师范教育必须"契合于中国之乡村",唯有如此,才能实现"乡村学校化,学校乡村化"②,才能使学校所在地成为"野无旷土、村无游民、人无不学、事无不举"的理想社会。

　　那么,如何改变此种状况,黄质夫强调实施教育与生产劳动相结合的措施,即"树人树木,且耕且读"。他认为学习、生产、锻炼要结合在一起,不可偏废。他常对学生说:"中国几千年来教育的失败,就在于士大夫阶层读书人只会吃,不会做。"他还尖锐地指出:"有的农村孩子在入学前,还可以穿草鞋帮助父母打柴、种田,一旦进了学堂,就要穿皮鞋,梳亮头发,游手好闲。这是中国教育的失败。"③因此必须坚持教育与生产劳动相结合,彻底改变封建旧式的教育,培养一代乡村新人。

　　在课程设置上,黄质夫主张课程应服务乡村生活,实施生活教育,进行精神、体格、生产、特殊技能、社会服务的训练。除了基本文化课程和教育专业课程外,学校还特别增设农业常识、工艺常识、医卫常识、手工劳动、音乐、美术等课程,所有课程均严格考核。栖霞乡师规定学生须学会1～2种乐器,以养成艺术的趣味。因此,在栖霞乡师常常看到,毕业考试前出现秉烛夜弹、校园乐声悠扬的情景。学校还将课外活动视作"第二课程",引导学生开展绘画、音乐、读书、作文、冬泳、园艺、标本采集等活动,举行国语(普通话)演讲、书法、美术、歌咏、专题辩论等比赛活动,学生在丰富多彩、生动活泼的教育活动中发展能力,增长知识,陶冶情操。

　　黄质夫注重教育与生活的内在联系,不拘囿于科目与书本,主张学校课程应面向实际生活需求,走向广阔的社会生活。这种大教育观极大地扭转了长期以来的只读圣贤书的固陋现象,开创了教育与社会生活紧密联系的教育新风。

　　此外,黄质夫特别注重道德品质教育。他亲自抓训导工作(德育),制

---

　　①　杨秀明、安永新等:《黄质夫教育文选》,贵州教育出版社 2001 年版,第 58 页。
　　②　杨秀明、安永新等:《黄质夫教育文选》,贵州教育出版社 2001 年版,第 58 页。
　　③　杨蕴希、孙晓黎:《黄质夫在贵州民族地区的乡村教育活动及其现实意义》,《贵州民族学院学报》2009 年第 2 期。

定了各个年级训育的具体要求和实施方案,循序渐进,严格执行。训育内容包括爱国报国,求实苦干,献身乡村,文明礼貌等。抗战期间,他更是把爱国主义教育列为教育的首位,以强化学生的爱国精神。

4.“教、学、做合一”的教学观

在教学思想方面,黄质夫提出“专业训练与生产劳动训练并重”,主张“教、学、做合一”,即做什么,就学什么;学什么,就教什么。为用而学、为学而教、学以致用、教以致用。“做不完,学不厌,教不倦”①,教、学、做相辅相成,不可偏废,以摆脱死记硬背、脱离实际的旧的教学方法。他曾在一首歌词中写道:“要享乐,先流汗;教育即生活,生活要生产;春耕秋收仓廪满,弦歌一堂乐洋洋。衣食住行师生合作分工干,管教养卫我们同学都能担。”②在这一理论的指导下,国立贵州师范“教学做”独放异彩。

黄质夫服务教育界20余年,农林界6年,特别提倡生产劳动,不遗余力地实施实践的、行动的教育。1942年,黄质夫在《实践的师范教育》一文中指出:“今日教育已不能再事空谈,窃以今日师范教育努力之途径,当以实践为要务,一切高谈阔论,都应摒诸师范教育范畴之外。”③为探讨实践的师范教育,黄质夫在《中等学校劳动生产训练》中总结古今中外劳动教育的历史经验,提供了一整套具有独创性的构想。

为了实施行动的教育,黄质夫竭尽全力,开辟了实验农场,借助桑园、菜地、鱼池、藕塘,引导乡村学校师生有意识地将教、学、做统一起来。尔后,他在栖霞乡师期间,明确提出实施“生活教育”,将生产劳动、教育教学一体化,完善了“教、学、做合一”的教育思想。到他创办和主持贵州师范学校时,“教、学、做合一”思想彻底成熟,且取得了令人瞩目的成绩,“耕读一堂,树乡村文化新风”的教育理想初步实现,贵州师范堪称当时教育界的成功典范。

实践的教育观一改教育限于课堂、限于校内的狭隘风气,强化了教育改造社会、推动社会进步的功能。黄质夫身体力行、垂范于众,用自己的行动与实践诠释了“教育即生活、学校即社会”的教育理念。

---

① 杨秀明、安永新等:《黄质夫教育文选》,贵州教育出版社2001年版,第365页。
② 杨秀明、安永新等:《黄质夫教育文选》,贵州教育出版社2001年版,第368页。
③ 杨秀明、安永新等:《黄质夫教育文选》,贵州教育出版社2001年版,第109页。

(二)乡村教育实践

在黄质夫创办与主持的四所乡村师范中,南京栖霞乡村师范与贵阳乡村师范的探索尤为卓著。

在南京栖霞乡村师范,黄质夫全身心地投入学校的建设和教育工作,呕心沥血达八个春秋。任职伊始,正值军阀孙传芳军南犯,学校成为兵营战场,校内设施几近毁于战火。待战事平息,黄质夫立即组织师生,竭尽全力恢复学校建设,盖校舍,筑道路,植花木,辟园地,建工厂,一切活动皆身先士卒。接着,他精选良师,拟订教学计划,精心设置课程,改进教学方法,取得了巨大的成就。由于黄质夫办栖霞乡师的成绩卓异,声名很快远播海内,并不断引来当时主管教育的各级政府官员、教育界的名流学者,诸如陈立夫、陶行知、黄炎培、马寅初、梁漱溟、郭秉文等相继前来参观、考察、演讲。一些考察报告对栖霞乡师做出了充分肯定:"该校设备之整洁,工作之紧张,教学之认真,学风之纯朴,教职员精神之团结,有非他校所可及者","栖霞乡师在乡村教育上独树一帜,它的开拓创新精神和成果,是同类学校的佼佼者"。

2008 年 9 月,黄质夫后代与专家学者在南京栖霞中学

1939 年 9 月，黄质夫被任命为贵州省立贵阳乡村师范（原青岩乡村师范）学校校长，直至 1945 年 7 月。该校原来管理不善，秩序混乱，学生生活困苦，"餐餐牛皮菜，顿顿难吃饱"，不断爆发学生运动，先后换了三任校长。黄质夫受命于困难之时，上任后在恢复正常教学秩序的同时，他大胆提出迁校的设想。因为，乡村师范办在贵阳近郊不利于乡村的发展，他提出乡村师范应办到少数民族聚居的边远山区，为开发边疆、改变民族地区落后面貌服务。这一设想得到上级教育行政部门批准后，当年冬天就由一名苗族学生做向导，黄质夫跋涉黔东南山区十多个县，实地考察，最后选定榕江县为学校新址所在地。1940 年初，贵阳乡村师范迁到榕江。榕江靠近广西、湖南边界，为多民族聚居区，土地肥沃，农产品丰富，但交通闭塞，文化落后，县城仅有两所完小，任课教师中只有一个师范生。贵阳乡师的到来得到当地人士的热烈欢迎，当地政府将一批公房、庙产、荒山和土地拨给学校使用。这是我国第一个在少数民族地区创办的乡村师范。[1] 不久，更名为国立贵州师范学校，由教育部边疆教育司直接领导。

　　（学校）采取许多有力的措施。一是以学校为基地，培养农村有用的人才。他所办的学校有农场、林场和工场。农场有农事，主要种植水稻、小麦、杂粮、瓜豆、蔬菜；林场种植水果、桐油等农村经济作物；工场有木工、篾工、锻工、农具修理、纺织缝纫等。学校结合教学需要，经常组织学生参加劳动生产，通过生产实践，把学生培养成为博闻广见、多才多艺、能文能武的全面发展人才。二是把乡村师范办成农村的文化中心。他主张在乡村办农民夜校，把扫盲作为学校的任务，要求每个师范生到农民夜校教书，每个学生要教会每个夜校学员认识 800～1000 个字。同时要求师生要向农民宣传，提倡科学卫生，破除迷信；提倡植树造林、美化环境；提倡公开娱乐、劝诫赌博等。通过普及农村教育，提高农民素质，使他们热爱农村。三是以学校为试验基地，改良农村农业生产。他要求学校从外地引进农作物良种进行试种，成功后向农民进行推广，并向农民传授果木嫁接、推广良

---

[1]　该学校 1951 年并入榕江中学，1954 年师范部迁都匀与黔南师范学校合并。

种等农业技术知识,促进农村经济发展。①

在榕江的五年多时间里,黄质夫为建设学校、开拓边疆教育事业倾注了大量心力,取得了显著成绩。迁校前,贵阳乡师仅有 4 个年级、150 多名学生,迁校后,先后设立了师范部、简易师范部、耕读班(还在黎平县设有初中部),最多时有 16 个班级,近千名学生,成为贵州省规模最大的一所学校。学校招收包括苗族、侗族、布依族、水族、壮族等在内的少数民族子弟,不少来自沦陷区的青年也慕名前来就读。学校实行"德、智、体并重"的教学方针,培养有理想、有知识、能实干的人才。学校还开展生产劳动,培养生产技能,实现基本自给。迁校第一年即种植粮食 400 多亩,植树 3 万多株,创造价值 1.4 万多元,相当于学校全年经费的 59%。师生吃的蔬菜、荤食品基本上自给。同时,还办了工场,师生用的簿本、纸张、粉笔、劳动工具及穿的衣服、袜子大都是自己制作的。在黄质夫的主持下,教学质量迅速提高,学校在当时西南地区颇有名气。② 他的学生黔西南民族师范高等专科学校梅宗乔回忆说:

> 国立贵州师范学校实行半工半读制,提出"且耕且读,自给自足"之口号,上午上课,下午劳动。其课程设置,一如普通师范,外加社会调查,根据民族特色,自编乡土教材。每逢场期、假日,常组织学生到街头到农村唱歌演戏,以宣传抗日。其于劳动也,按建校生活学习之所需,设工厂、农场、林场。下分炊事、木工、理发、筑路、油漆、印刷、缝纫、饲养、园艺、蔬菜等组。一至劳动时间,但见师生捞裤、挽袖、扛锄头、背箩筐,奔赴劳动场所,做到荒山自开,田地自种,家畜自养,果树自栽。不数年间,便已牛羊成群,鸡豚满圈,瓜蔬满园矣。校园内道路纵横,绿树成荫,而校宇宿舍,亦修葺一新,房前房后,百花盛开,其空气之新鲜,景色之宜人,真乃学习之佳所。数百师生就读于其间,弦歌之声,响及林泉。校联云:"耕读一堂,得天下英才而教;弦歌

---

① 龙正荣:《乡村师范教育先驱——黄质夫》,《文史天地》2003 年第 11 期。

② 1993 年,当年的同事及学生会集榕江,探讨其办学精神及教育思想,辑录论文百篇,出版《国立贵州师范文集》。

四野,树黔南文化之基。"①诚学校盛况之写照也。先生施教,非特以传授知识,培养技能为目的,抑且重视教人以"做人"。应对进退之礼,则规定于学校礼仪中,晨起相见言"早!"托人办事言"请!"得人相助言"谢!"入人之室先叩门,行路遇师须立道旁敬礼。谈吐务须文明,举止尤须大方。饭时不可喧哗,粮食不可浪费。厅联云:"一粥一饭,当思来处不易;半丝半缕,恒念物力维艰!"②

2002年贵州榕江"黄质夫乡村教育思想研讨会"

(三) 乡村教育精神

1. 崇高的教育理想

黄质夫创办并主持江苏界首、南京栖霞、浙江湘湖和国立贵州师范等学校,投身乡村师范教育事业长达20余年。他一生怀抱"救百万村寨的

---

① 杨秀明、安永新等:《黄质夫教育文选》,贵州教育出版社2001年版,第211页。
② 梅宗乔:《贵州少数民族教育的开拓者——乡村教育先驱黄质夫先生》,《黔西南民族师专学报》2001年第1期。

穷,化万万农工的愚,争整个民族的脸"的崇高理想,决心培养大批"既有知识又能实干的乡村教师"。他在《致贵阳师范学校师生书》中说:"余自受命,到职月余,夙夜思忖,国难当头,教育兴邦,责任殊重。常思:乡村师范,宜在乡村。边疆师范,宜在边疆。且尤宜在土著国胞聚居之边远县,以培养大量人才,开发和建设山区之经济、文化,是为办学之宗旨。"①这是他在总结界首、湘湖、栖霞、青岩等乡村师范学校经验的基础上得出的结论。他倡导大教育观,他将教育融入当地社会,举办大教育,并寄希望于全国有志之士甘于此业,共同振兴乡村教育事业。他广纳贤才,壮大队伍,正如《中华乡村教育社筹备处征求社员启事》中所言:"以期集中全国人才,整齐步伐,共谋乡运之开展。"这是黄质夫留给当今教育改革的宝贵遗产,对于今天的"农科教统筹"、新农村建设亦具有积极的意义。

2. 脚踏实地的实干精神

黄质夫学识渊博,思想敏锐,性格刚强耿直,处处以身作则,办事雷厉风行。他求学时选择了师范专业农学系,大学毕业择业时选择了乡村师范,在乡村师范学校中又选择了边疆师范,又把位于省城郊区的边疆师范迁往边远山区(距省城400多公里)的少数民族聚居区。这位受过高等教育的农学家,淡泊名利,甘心到最艰苦的地区教育农民子弟,在贵州大力开发边疆少数民族教育,虽常处逆境,却始终不改初衷,难能可贵。作为校长,他经常赤脚下地干活,不离开学生,与广大师生一道参加校园建设,与一线教师一起担任教学任务。他爱校如家,事无巨细,必亲自检点。腊冬冰雪,鸡鸣而起,尝敲木梆于宿舍门前呼"起床!",且自笑曰:"天将以夫子为木铎,吾之梆,非木铎欤!"②黄质夫热爱乡教事业、艰苦创业,是教育工作者学习的榜样。

3. 勇于探索的革新精神

当时中国乡村极为落后,一穷二白,举办乡村教育没有可以依循的现成模式,需要探索、革新。黄质夫一毕业便被聘任为江苏省立第五师范学校界首分校主任。由于学校地处偏僻落后的乡村,办学条件极其艰苦,教

① 杨秀明、安永新等:《黄质夫教育文选》,贵州教育出版社2001年版,第102页。
② 梅宗乔:《追思黄质夫先生》,见杨秀明、安永新等:《黄质夫教育文选》,贵州教育出版社2001年版,第274页。

学设施十分简陋。黄质夫积极探索，艰难创业，一切亲自筹划，建置校舍，添置设备，延聘教师，招收新生，拟订教学计划，设计课程方案，还办起了实验农场，学校面貌很快焕然一新。在栖霞乡师、贵州师范，他创立了完善、有章可循、有方可依的乡村教育制度，诸如课程概要、招生简章、训育扩展计划等，制定出劳动生产训练的具体细则和实施办法。这种求实精神和细微谋划，显示了他勇于探索、不断创新的精神。

三、影响与评价

黄质夫力倡"生活教育"理论，提出"乡村学校化，学校乡村化"的主张，力图实现乡村社会"野无旷土、村无游民、人无不学、事无不举"的理想。他所办的乡村师范学校，教学、生产、劳作均有声有色，声名远播，不少官员、学者前往参观考察。黄质夫从教 20 余年，他主持的乡村师范造就出一批俊杰之士，其中一些学生如任中敏、鲍勤士、汪静之等成为中国著名学者、诗人，以及向零、张民、梅宗乔等大批有成就的学生。新中国成立前后，他有不少学生投身革命洪流，从军从政，有的已成为省级党政军机关的负责人，可谓桃李芬芳，遍及全国（包括台湾地区），甚至是美国、西班牙、东南亚等地，也有他的学生在那里为社会服务。[①] 黄质夫的乡村教育思想和实践探索，曾在中国教育发展史特别是中国乡村教育发展史上起到过积极的示范作用，对于今天的新农村建设与教育改革仍具有积极的指导价值。

黄质夫视成名、成家、升官、发财如粪土，将自己的一生献给中国的乡村师范教育。在贵州偏僻落后的榕江，黄质夫筚路蓝缕，创办乡村师范，教育农家子弟，为贵州边远地区培养了一大批人才，对贵州特别是榕江社会经济的发展，对榕江的教育事业做出了重要的贡献。他投身于乡村教育事业，并为之奋斗了一生。他创办了我国最早的乡村师范学校之一的界首师范，随后又创办了著名的南京栖霞师范和位于少数民族聚居的偏僻山区的贵州师范等学校。在办学中，他勇于开拓，坚持实干，为培养师资，开发乡村奋斗不已，做出了辉煌的业绩；他的学校社会化、社会学校化的教学实践，使栖霞乡师在当时取得了众所瞩目的办学成果，一些知名人

---

① 江君谟：《乡村教育先驱黄质夫》，《南京史志》1996 年 6 月。

士指出栖霞乡师是"乡村改造的先锋"、"乡村改造的开拓者",栖霞乡师和后来的贵州师范的实践为乡村教育事业开辟了新境界,谱写了现代教育史的新乐章。20世纪20年代在开创中国乡村教育事业的民间先知先行者中,黄质夫是杰出的代表之一。他与陶行知等乡村师范教育的先驱一样,是当年闪耀在乡村教育领域的明星。他不愧为我国乡村师范教育的先驱,他兴办乡村师范教育的功绩将会永远铭刻在我国教育事业的史册上。

黄质夫是我国乡村师范教育事业的开拓者之一。他不仅是一位乡村教育的理论家[①],更是一位实干家;他不仅在乡村教育理论上有很多创新,并且在创造性的实践中不断探索,创建了我国乡村师范学校应有的规模和设备,造就了大批合格的乡村教育师资。原国家教育部副部长韦钰指出:"黄质夫先生是近代最早提出乡村教育救国的人之一,他也是以一个学贯中西的农学家、教育家的身份,系统论述并用乡村师范教育切身经历讲话的第一人","他不仅是一位乡村教育的理论家,更重要的是一位实干家"。[②]

黄质夫身体力行,埋头苦干,又在实践中不断探索,在乡村教育理论上有很多创新,为乡村教育事业付出了很多,却一直被人遗忘。正如梁茂林在《黄质夫:被尘封的乡村教育家》中写道:"先生不幸的是把自己的一切献给了中国乡村教育事业,却几乎被教育史家忘记。幸运的是黔首草民记情记恩。先生对农民有感情,对苗侗乡民有感情,乡民们也对先生有感情,'文化大革命'结束后,先生的学生们一直为先生的不幸奔走叫屈。"可以说,被尘封的黄质夫乡村教育思想与实践终将被打开,历史将不会忘记黄质夫对中国乡村教育特别是乡村师范教育的贡献。

在教育大发展和建设新农村的今天,如何缩小中国城乡教育差距,培养怎样的新农村的师资,怎样培养新农村的师资及如何提高新农村教师队伍的质量,是我们正在探索的大课题。重温黄质夫的乡村教育特别是

---

① 黄质夫的许多著作在历次运动中多有遗失,在仅存的15万字的著作中,《中等学校劳动生产训练》1944年由正中书局出版发行,1945年再版。黄质夫在总结古今中外历史经验的基础上,提出一整套具有独创性的乡村教育理论和实施办法。这是我国第一部系统论述中等学校教育与劳动生产训练相结合的著作。见梁茂林:《出版是"寻找"的过程——以寻找乡村教育家黄质夫先生为例》,《编辑学刊》2004年第5期。

② 韦钰:《树乡村文化新风的后辈学人之师》,见肖云慧:《黄质夫乡村教育思想研究》,贵州民族出版社2003年版。

乡村教师教育的思想，挖掘黄质夫的乡村教育经验，对于今天克服农村教育（包括农村教师教育）脱离农村实际，远离农民需要，游离农业发展等问题，无不具有特别的现实意义。

"黄质夫先生乡村施教，有教无类。"

——陈立夫

"耕读一堂，树乡村文化新风；奋斗终生，为后辈学人之师。"

——韦钰

"乡师先驱黄质夫。"

——管文蔚

1944 年 10 月，国立贵州师范学校部分师生欢送黄质夫（中）校长赴重庆述职

孙蔚民：扬州师范教育的奠基人

他追求真理，献身教育，创建了新中国苏北地区第一所高等师范学校，为苏北地区输送了大批师资。先后创办十所学校，为苏皖教育事业做出了重要贡献。

一、生平小传

孙蔚民（1896—1968），字斌，1896 年出生，扬州人。他出身寒微，自幼苦学，1913 年考取江苏省立第五师范学校，1918 年以优异的成绩毕业。

孙蔚民思想进步，倾向革命。1919 年 5 月 4 日，爆发了五四爱国运动，孙蔚民参加了抵制日货等爱国活动，经历了第一次革命的洗礼。他曾在《时报》上连续发表《扬州十三日记》，揭露军阀孙传芳溃退扬州 13 天的罪行。此外，他还参与领导了 1927 年至 1930 年江都县小学教育界的"索欠"、"加薪"运动，先后推倒了四任教育局局长，经历了一场持久的人生"苦斗"。[①] 20 世纪 30 年代，孙蔚民在扬州生活学校、平民学校与江都郭村小学[②]等校任教。

1940 年，孙蔚民经他的大女儿孙锋介绍加入了中国共产党。同年 7

[①] 孙家琰、孙家璐、孙家珑：《略论孙蔚民的教育思想及其教育实践》（打印稿），孙蔚民先生教学思想座谈会论文，扬州大学，2012 年 5 月。

[②] 郭村小学为当年新四军挺进纵队教导大队驻地和陈毅对全体官兵发表谈话的纪念地。当年郭村小学儿童团为新四军站岗放哨，校长孙蔚民带领师生参加了著名的郭村保卫战。电影《东进序曲》描绘了发生在郭村大地上的一幕。江都市郭村中心小学现塑有孙蔚民铜像与郭村保卫纪念碑。见周晗、秦如生：《郭村保卫战：奏响"东进序曲"》，《扬州日报》2011 年 6 月 14 日。

月,孙蔚民在抗日烽火中告别即将临产的妻子和五个尚未成年的儿女,前往新四军驻地,投身革命,从事文化教育工作。他一度忙于政权建设,但大部分时间仍然从事革命教育工作。孙蔚民曾任苏中二分区台北县(今兴化县)县长、苏皖专署教育处处长等职,先后参与创建和领导台北县盐垦中学、苏中苏皖四分区专门学校、苏皖二分区专门学校、联合中学、工农兵干校等,为人民解放事业和新中国建设输送了大批人才。

1949年扬州解放后,孙蔚民先后被任命为副市长、市长。但他心系教育,很快回到教育岗位,大力推进他所热爱的教育事业,相继任苏北行署文教处副处长、苏北建设学校副校长、苏北工农速成中学校长、苏北师范专科学校校长、扬州师范学院院长,并当选为江苏省第一至四届人民代表大会代表。1956年9月,孙蔚民作为代表前往北京参加了中国共产党第八次全国代表大会。1960年,他出席江苏省文教工作群英会。

20世纪60年代,花甲之年的孙蔚民仍坚持工作,还致力于家乡历史文化的研究,关注扬州文化建设,出版了《扬州大明寺考》、《鉴真和尚东渡记》等具有真知灼见的论文和著作,为繁荣扬州文化和推动对外文化交流做出了贡献。其中,因《鉴真和尚东渡记》一书,他被日本友人称之为"研究鉴真的专家"。此外,他还撰写了《扬州的一条马路》、《扬剧的兴衰》、《历代文人笔下的扬州》、《我对扬州的剖视》、《大明寺和鉴真和尚》、《清代的扬州八怪》、《扬州人民的英勇斗争》等文章,对宣传扬州起到了重要作用。[①]

1968年,孙蔚民病逝,享年72岁。

二、教育实践与思想

孙蔚民从事教育工作50年,先后创办、主持了十所院校,致力于中小学教育与师范教育的理论与实践,对扬州文化也颇有研究,为党的教育事业发展做出了宝贵的贡献。

1. 民众教育

孙蔚民十分重视民众教育。他勤奋好学,善于写作,先后编写了《新三字经》(《抗日民主三字经》)、《农民须知》、《四书精华》、《国民必读》、《民

---

① 《著名教育家孙蔚民》,《扬州晚报》2012年1月7日。

主建设讲话》、《扬州名胜》等，传播新思想、新文化。孙蔚民创作时新小调演唱剧《天下大事》等文艺作品，在新老解放区城乡干部和群众中产生过积极影响。他编写的语文课本，以通俗浅白的韵文宣传革命道理，推广识字教育，提高普通民众的知识文化水平。孙蔚民积极进行教育改革，对工农速成中学教育进行文理分科设置的尝试，得到教育部的肯定和支持，并在全国推广。

2. 抗战教育

1942 年底，苏中公署委派孙蔚民到台北县（今兴化县）创办盐垦中学。孙蔚民四处动员，聘请当地各界人士成立校董事会，筹措办学经费。1943 年春，学校开学。学校注重对学生进行抗战形势教育，组织学生参加抗日活动，建立了地下党组织，发展学生党员。学校为抗战而教学，为抗战培养人才。1944 年冬，日本侵略军向我抗日根据地发动"清乡"、"扫荡"，盐垦中学引起敌人的注意。学校得到日寇将袭击盐垦中学的情报，孙蔚民连夜部署，经请示上级领导同意，学校迅速从敌人据点附近迁移至黄海之滨新四军根据地。学校南迁后，师生增至几百人。教学改为"抗大"式游击教学，师生三五人一组，分散居住在老百姓家里，除保留必要的文化课程外，主要任务转变为开展群众性抗日宣传活动，帮助地方举办"乡学"，教农民识字，动员农民参军，为抗日战争的大反攻、大决战做准备。部分男女同学参加了新四军抗战。孙家琮、孙家玲等女学生成为中华民族抗日战线上勇敢的新四军女战士。[①] 1945 年日寇投降，盐垦中学完成了历史使命，宣布结束。孙蔚民在特定的历史环境下，担负特殊使命而创办的一所学校，为新四军抗日前线输送了许多有知识、有理想、有朝气的热血青年。

1944 年 6 月苏中二分区领导机关住在台北县小海区的丁家尖。当时，全国抗战已处在战略反攻的前夜，苏中地区的抗日斗争亦已进

---

① 孙家玲是孙家琮的二姐，其他同学有路洛、张罗、张立、舒巧等。1944 年暑假，孙家琮和她二姐一同参加了学校举办的夏令营，在聆听了地委领导做的抗战时事报告，阅读了树立革命人生观的《新人生观》一书后，伴随着夏令营诗歌朗诵、歌舞戏剧和游泳等丰富多彩的节目，孙家琮与许多女同学受到鼓舞教育。夏令营结束后，孙家琮联合并动员许多女同学，跟随许多男同学，毅然参加了新四军抗战。见谢顺铨（王苏凌的笔名）：《从盐垦中学出发》，《新民晚报》2012 年 11 月 9 日。亦可参见 http://www.docin.com/p-523424072.html。

入局部反攻阶段。二分区主力部队同地方部队武装，紧密配合四分区发起的夏季攻势，于 7 月间主动出击日伪，取得了一连串的胜利。有一天，分区陈时夫政委找我去，开门见山地对我说："为了目前抗战形势发展的需要，分区决定从专属举办的中学生夏令营中招收一些学生，成立文工团。"他接着又说，"你曾在师文工团工作过，这事就交你去办，也由你兼任团长。"我一共挑选了 26 个人（其中女的 6 人），他们之中年龄最小的只有 15 岁，最大的也不超过 20 岁，大多数是初中生，高中生占少数。这 26 人中，有 6 名是共产党员。纪成昊、蔡炜、于绪根、施克治、孙家玚、孙家琮，其中孙家玚、孙家琮是亲姐妹，是盐垦中学校长孙蔚民同志的女儿；她俩是在夏令营发展的新党员。他们都是青年，按党章规定，还不够入党的年龄，如孙家琮只有 16 岁。当天晚上皓月当空，禾稻飘香，这 26 个青年人，一个个身背背包，告别了夏令营，告别了亲爱的老师、同学，远离家乡、父母、亲人，参加了新四军，开始了新的革命生涯！[①]

在抗日战争中，为了动员群众、宣传抗日，面对落后闭塞、居住分散的老百姓，孙蔚民除了主持学校的教学和做师生的思想政治工作外，还四处拜访民间艺人，收集苏中地区流行的各种民歌小调、鼓词说唱，采用喜闻乐见的形式如民间流传的小调说唱等，把教识字和讲道理结合起来，寓教于乐。经过一个冬天的艰辛劳动，孙蔚民共收集整理了苏中地区较为流行的民歌、说唱等 66 首，选择其中群众熟悉的 16 首配上新词，这些小调初则一唱众和，久则广为流传，达到了宣传抗日、组织群众的目的。其中，孙蔚民创作的一出对口唱白的新小调剧《天下大事》被广为传唱，曾经对宣传群众、教育群众发挥过积极的作用。

《天下大事》的剧情梗概是：农民李老爹一家，他本人和儿子、女儿、媳妇常出去走动，到乡里去上"乡学"，学识字，学时事，对国家大事知道得多些；李奶奶很少出门，对外面的事就不大明白，但她质朴好问，从家里人的闲谈和子女们的解释中终于知道了自九一八事变日本鬼子打沈阳，蒋介

---

① 孙海云：《闪光的历程——记苏中二分区文工团》，见《大丰党史资料》第八辑，1992年版。

石下令不抵抗,何应钦私通日本,到共产党提出抗日好主张,以至抗战到底依靠什么人,等等。她明白了这些道理,就毫不迟疑地让儿子去参军。

小调剧的序幕是从姑嫂俩上"乡学"、学识字说起的,其中有这样的唱词:

乡下百姓真苦恼,从小忙到老,
读书机会太稀少,土头又土脑。
如今世界不同了,换了新门道,
穷人也能受教育,个个变灵巧。
样样事情在于人,没有做不成,
只要功夫下得深,铁棒磨成针。
一天学会一个字,一年三百几,
学会做事讲道理,真正了不起。
……

整个小调剧把1931年九一八事变以来发生的重大历史事件连缀成串,激发老百姓对日本侵略中国的仇恨。

剧中前三首小调《日本鬼子打沈阳》、《蒋介石居心不抵抗》、《何应钦私通日本》,唱词真实形象,曲调纯朴深沉。

接着,小调剧把1937年卢沟桥事变、国共二次合作直到1943年底前后七年时间内国共双方的所作所为,以《躲在大后方做坏事》与《天下闻名的共产党》进行比较……

为了解除军人和军人家属的后顾之忧,接下来的剧情是:李家大儿子决心报名参军,但又顾虑父母、妻儿阻拦,便请"农抗会"、"优抗会"领导帮忙,于是便有下面的唱词。

农抗会长的唱词是《农抗会帮忙》:

尊一声李老爹,再尊一声李大妈:
你家儿子参军去,人人都会尊敬他,莫愁人少难做活,派人帮你种庄稼。
门前田里种蔬菜,种些萝卜种些茄,葱蒜韭菜种一块,再种几棵大西瓜。

两边地里种杂粮，中间抽行种棉花，河边岸坎种蚕豆，田头屋角种葵花。

要耕先替你家耕，要耙先替你家耙，抗属理应人尊敬，大家帮助你一家。

你说这样好不好，我的李老爹，快把主意拿定吧！

优抗会主任的唱词是《优抗会安家》：

你家情形，我们知道，几亩熟地，养活老小，丰年刚够，荒年糟糕，几碗薄粥，半饥半饱。

三间草屋，壁塌墙倒，茅厕破败，粪都流掉，小小猪圈，风吹就倒，这些困难，不必心焦。

优抗会上，代你理料，拨田十亩，种粮长稻，运些砖头，砌个大灶，茅厕修好，猪圈搭高。

为的是参军救国救同胞，抗日家属的事情，理应大家来效劳。

……

尾声是妻子的唱词《送郎》，抒情开朗，反映了青年男女的爱国志气和情怀。演唱的形式灵活，可以边走边唱，可以轮唱，也可以合唱，最后一段唱词是：

送郎送到四里庄，庄子前面大广场，队队健儿排成行，个个手里拿钢枪，好威风啊！你快快把战场上，打走了鬼子光荣回家乡。

孙蔚民创作的这出小调剧《天下大事》，在编写过程中就由盐垦中学的学生在驻地周边的乡村演出过，受到了广大农民群众的热烈欢迎。每次演出，广场上都挤满了人，有的农民甚至步行几十里路赶来看戏，这对当地的抗日宣传，动员农民参军的运动，起到了很好的推动作用。1945年1月，孙蔚民调任苏中四分区专门学校校长。《天下大事》由苏中四分区真理书店出版发行，作为苏中一、四分区的"乡学"和"冬学"的通用教材，直至解放战争的后期仍在流行。提起《天下大事》,至今在苏北东台、大丰等地的农村,一些 70 岁左右的老人中,还有人能唱上几段,这是难能可贵的。①

3. 艺术教育

孙蔚民早年从事艺术教育工作,是一位爱好文史、擅长美术和音乐、追求进步的新文化人士和爱国知识分子。1933 年他在上海大众书局出版著作《中西图案画法》,后来多次再版重印。

孙蔚民潜心研究中小学艺术教育,曾编写了《小学音乐集》、《中小学课外音乐集》、《结绳图说》等教材,以通俗浅白的韵文宣传革命道理、推广识字教育。其中,《小学音乐集》成为当时中小学校广泛选用的教学参考书。此外,他特别注重革命传统教育,晚年还搜集整理了图文并茂的《列宁画传》,该画传近年由孙蔚民子女整理出版。

> 江苏省体育局退休干部孙家珑兄送我一本印制精美、图文并茂的新书《列宁画传》。此画传是由他父亲、我省老教育家、扬州师范学院创建人孙蔚民晚年病中所编著。1964 年初到 1966 年春历时两年,老人悉心整理多年搜集到的有关革命导师列宁生平图像资料,从中挑选出 204 幅历史照片和绘画、雕塑作品图,又挥笔撰写三万多字传记长文,亲手编成厚厚两册书稿,准备向 1970 年列宁百年诞辰献礼。没想到接踵而来的竟是“十年动乱”,在经历了“文化大革命”初期的抄家、批判等劫难后,孙家兄弟姐妹们自费刊印这部尘封 40 多年,保存了珍贵史料和先人手泽的《列宁画传》。这部自费刊行只印了 200 本的彩色图文集,正跨越时空,诠释着一则“家祭无忘告乃翁”的新世纪佳话。对所有了解这位江苏教育史上知名教育家事迹的读者来说,经历了世事沧桑的《列宁画传》也不失其认识历史、启迪人生的价值和意义。②

孙蔚民教学有方,采用直观教具,深入浅出。1927 年,北伐战争节节

---

① 孙家琰:《孙蔚民和他创作的小调剧〈天下大事〉》,《中华魂》2005 年第 8 期。

② 见 http://dangshi.people.com.cn/GB/85040/11402963.html。

胜利，孙蔚民欢欣鼓舞，他在课堂上用三笔画"Ⅺ"向学生揭示帝国主义同军阀们的关系：一竖是墙的拐角，一挑是一把刺刀尖，一弯钩是一条狗尾巴。拿刀的就是帝国主义，牵着狗的就是军阀。他别开生面地把帝国主义和新老军阀走狗联系到一起，他们相互勾结，祸国殃民。在上手工课时，他有时采用熟豌豆和细篾秆做教具，让学生把豆作为"点"，以秆作为"线"，联结成正方形、正四面体等几何图形，既通俗易懂，又简便易行，深受学生喜爱。

4. 师范教育

孙蔚民认为，苏北地区经济落后，源于教育的落后，而教育的落后又源于师资的匮乏。1952年由他起草的《关于在扬州创办师范专科学校和办理计划》，经华东教育部同意后，获中央教育部批准拨款筹建。1953年4月，教育部批复任命他为兴建中的苏北师范专科学校校长兼党委书记。同年秋天，在风景优美的瘦西湖畔，一座由他精心规划设计、亲手绘图布局，遍植四时花木的新式园林化校舍——苏北地区第一所培养师资的高等学府诞生了，填补了历史的空白，从此他将全部心血倾注于师范教育。1959年苏北师专与扬州师专合并，改建为扬州师范学院，孙蔚民担任首任院长。他对师范教育倾注了全部心血。他建立的师范学校对于改善苏北地区的教育状况，促进苏北地区经济和社会的发展，产生了不可估量的作用。

作为一位学者型的革命家，孙蔚民坚持全面发展教育，把育人看成第一位，强调德、智、体、美的教育理念。他重视德育，倡导美育，认为美育连接德育，主张把美学思想渗透到教学之中，把美化环境与教书育人有机地结合起来，让学生在和谐的环境和氛围中茁壮成长。孙蔚民特别重视青年教师的培养，教学任务再紧，也要把年轻教师送到名校再深造，从而为扬州师院日后的发展夯实了基础，并使之迅速成为苏北地区最受欢迎的师范院校，为苏北地区输送了大批师资。

在教育思想上，孙蔚民早年接受了法国教育家、启蒙思想家卢梭的儿童自主、自然发展的思想，以及夸美纽斯的"若是不教育他，无论谁也不能成为一个人"的主张，立志要做一名教师，传播真理的火种。同时，他深受黄炎培的职业教育、晏阳初的平民教育和陶行知的乡村教育的影响。据孙蔚民女儿孙家琰回忆，对孙蔚民教育思想影响最大的一本书，是杨贤江的《新教育大纲》。杨贤江以马克思主义的立场、观点和方法，阐述了教育与经济、政治的关系，揭露了阶级社会特别是资本主义社会教育的反动本质，批判了当时中国教育界极为流行的反动教育思潮，强调教育是革命斗争的武器，教育必须服从革命的总任务。孙蔚民的思想为之震动，走上革命道路。[①] 他反对贵族教育，主张平民受教育的公平权利。反对精英教育，主张因材施教，为我们留下了一份珍贵的教育遗产。

5. 扬州文化研究

孙蔚民热爱中华民族悠久的历史文化，是一位热忱的中华文化的守卫者。1941 年他任台北县县长时，在极其艰难的战争岁月里，不忘对兴化施桥的中国四大奇书之一《水浒传》作者施耐庵的墓冢进行维修和保护。

20 世纪 30 年代，有一个叫易君左的人写了一本书，叫《扬州闲话》，这本书竭力丑话扬州和扬州人，引起了扬州人的极大愤怒。扬州解放后，孙蔚民继任扬州市市长，在繁忙的工作中，写下了第一篇关于扬州的文章，题名是"历代文人笔下的扬州"，开始为扬州和扬州人"恢复名誉"。后来，他连续写了多篇文章，特别是《我对扬州的剖视》[②]一文全面科学地评说了扬州，对易氏文章做了客观公正的回答。

孙蔚民在办学的同时，坚持为繁荣地方文化服务，他撰写了《可爱的扬州》、《大名寺考》、《鉴真和尚东渡记》、《历代文人笔下的扬州》等多篇论文，为建设扬州、繁荣扬州文化，提供了第一手资料。他是第一个研究鉴真和尚的中国学者，为推动中日文化邦交贡献了力量。今天鉴真的事迹已家喻户晓，但当时去研究一个佛教僧徒的事迹，不能不算是一大难题。他坚持历史唯物主义的观点，把宗教和宗教文化区别开来，正确地处理了这个难题。他的论文发表在 20 世纪 50 年代的《江海学刊》上，20 世纪 60 年代日本作家井上靖来华拜访他，称他为鉴真研究专家，并将自己的作品《太平之甍》赠送于他，增进了中日两国文化民间交流的友谊。他撰写的《扬州大明寺考》一文刊载在《现代佛学》上，为扬州平山堂更名、恢复扬州唐代古大明寺提供了史实根据。他对唐代栖灵塔进行了考证，为栖灵塔的重建提供了依据。他考证"二十四桥"，认为既非二十四位美人，又非实

---

① 孙家琰、孙家瑢、孙家珑：《略论孙蔚民的教育思想及其教育实践》（打印稿），孙蔚民先生教学思想座谈会论文，扬州大学，2012 年 5 月。

② 孙蔚民：《我对扬州的剖视》，《扬州师范学院学报》1959 年第 1 期。

有二十四座桥，而是指"众多"的意思；"众多"的景象为人们提供了丰富的想象空间，正体现了诗人创造的无限丰富美丽的意境。可以说，他的这种解释是今天我们对杜牧诗意的最好解释。[①]

1956 年 6 月，孙蔚民
与朱白吾[②]合影于苏
北师专

1960 年 5 月，孙蔚民与校友欢聚一堂

三、影响与评价

孙蔚民早年是江淮一带的知名教师，对历史、文学、绘画、音乐以及体育都有较深的造诣，著有《中小学音乐集》、《中小学课外音乐集》、《结绳图说》、《中西图案画法》等。自 1942 年起，他先后主持、创办盐垦中学、四专署建设专门学校、二专署建设专门学校、苏皖二分区联合学校、苏北师专和扬州师范学校等十所学校，为苏皖教育事业做出了重大贡献。

孙蔚民追求真知、献身教育、教书育人、待人平易，体现了一位智慧长者的风范。为了肯定孙蔚民办学育人的业绩，表达对孙蔚民的尊崇之心，弘扬孙蔚民的办学理念和师范教育精神，扬州大学在瘦西湖校区为他树起一尊铜像，永志纪念，并把小学教育 1101 班授牌为"蔚民班"，扬州大学教育科学学院建立了"蔚民论坛"，定期开展教育学术研讨。

---

① 杜牧诗云："青山隐隐水迢迢，秋尽江南草未凋。二十四桥明月夜，玉人何处教吹箫。"今天瘦西湖熙春台广场上竖有一块由毛泽东草书该诗的碑刻。

② 朱白吾(1896—1980)，字增壁，宝应氾水镇人，生物教育家。1916 年毕业于江苏省立第八中学。1949 年 5 月至 1952 年 9 月，任扬州师范学校校长。1952 年 10 月，任苏北师范专科学校副校长兼总务长，后任扬州师范学院副院长。(见附录 1)

"他躬耕教育五十年,为革命和建设创办过十所学校。他创办的苏北师专,是当时苏北地区唯一的一所高等师范学校,对解决苏北师资的匮乏,发挥了不可估量的作用。他是江苏高等师范教育的三位奠基人之一,江苏高校唯一的中共八大代表、革命教育家。"①

孙蔚民一生追求真理、献身理想、奉献社会。"旧社会他也是一方名师,每月可以拿150块大洋的薪金,保证一大家人可以衣食无忧。然而他依然痛恨旧社会的黑暗,为了让贫苦的学子减轻负担,他曾经多次组织学潮,赶走了四任教育局局长,但却赶不去旧的教育制度。他奋斗,他挫折,他百折不挠,最后还是寻到了马克思主义,在他44岁的时候,毅然选择参加共产党,抛弃了也算是小康的生活,带着一大家人走上了朝不保夕的革命道路。这是需要何等的勇气和决心。新中国成立后,他又放弃了做官,不愿出任江苏省教育厅厅长一职,一心要为改变苏北地区贫穷、落后,缺乏文化的现状出力。他在扬州西门的乱坟岗上,创建了新中国苏北地区第一所师范高等院校。当时学校的布局构图是他一手构绘,园林的建筑风格至今还让师院的后人们津津乐道。孙蔚民的一生是淡泊名利的一生,是踏踏实实做学问的一生,是甘为孺子牛的一生。他用毕生的心血,奉献了无私的精神,换来的却是文化繁荣的满园春色。"②

原扬州师范学院大门

2012年5月,孙蔚民子女在孙蔚民先生的塑像前合影

---

① 孙家琰、孙家瑢、孙家珑:《略论孙蔚民的教育思想及其教育实践》(打印稿),孙蔚民先生教学思想座谈会论文,扬州大学,2012年5月。

② 顾小仲:《一尊铜像、一座丰碑》。见 http://blog.163.com/gu_xiaozhong/blog/static/179444275201242010234388/。

朱东润:我国现代传记文学的拓荒者

他出生在扬州地区;在70余年的执教生涯中,将文史方面的开创性研究与教育教学、人才培养、学科建设完美地结合在一起。

一、生平小传

朱东润(1896—1988),原名世溙,江苏泰兴(原属扬州地区)人,当代著名传记文学家、文艺批评家、文学史家、教育家、书法家。朱东润不仅是中国文学批评史学科的奠基者之一,也是我国现代传记文学的拓荒者。

朱东润自幼失怙,1907年受族人资助,考入南洋公学附小读书。因成绩优异、刻苦勤奋,1910年得上海南洋公学监督唐文治资助升入中学。此后却因家境贫困、资助中断而辍学。时值辛亥革命,朱东润的三哥因参加反对清朝的武装起义而被清军杀害。三哥的就义,对朱东润触动很大,终其一生,他都抱爱国爱民、反对专制、追求民主之旨不移。1913年秋,朱东润入留英俭学会,赴英留学,次年进入伦敦西南学院读书,课余从事翻译,以济学费。1916年初,朱东润放弃学业,毅然回国参加反对袁世凯复辟称帝的斗争。1917年秋朱东润应聘赴广西省立第二中学任教,开始了他长达70余年的教学生涯。1919年朱东润回到江南,任南通师范学校教师。1920年与同邑邹莲舫女士结婚。1927年大革命爆发,他应邀赴南京任国民党中央政治会议处秘书,因不满官场和当局的屠杀政策,旋即辞职,从此与政坛绝缘。1929年他出任武汉大学特约讲师,受闻一多先生委托开设“中国文学批评史”课程。1931年朱东润将《中国文学批评史大纲》在武汉大学《文哲季刊》上陆续发表,正式获得大学教授资格,在学术界崭露头角。

1933 年他又完成力作《读诗四论》。抗战爆发后，他奔赴四川乐山，继续任教于武汉大学并转向传记文学的研究。1941 年秋起他着手创作《张居正大传》，1943 年完成并于 1945 年由开明书店出版发行。《张居正大传》是中国首部新型传记文学巨著，充分体现了他的爱国主义思想和安邦治国的宏图大愿，奠定了他在文学、史学界的地位，并开创了中国传记文学的新局面。1942 年 8 月他任重庆中央大学教授，1947 年夏，至无锡国学专科任教，后又任江南大学教授。1951 年春任齐鲁大学教授，同年秋，改任沪江大学教授。

1952 年全国高等院校院系调整时，朱东润调入复旦大学中文系任教授，1957 年起任复旦大学中文系主任。1959 年他完成对陆游的系统研究，先后出版《陆游传》、《陆游研究》、《陆游选集》三部著作，传记文学创作达到自《张居正大传》以来的又一个高峰，赢得了广泛的国际声誉。他后又主编大学文科基本教材《中国历代文学作品选》，于 1963 年完成对梅尧臣的系统研究，撰成《梅尧臣传》、《梅尧臣集选注》、《梅尧臣集编年校注》等著作。复旦大学中文系在他的主持下蒸蒸日上，水平、声誉均跃居全国综合性高校中文系的最前列。

"文化大革命"中，朱东润受到残酷迫害，1968 年夫人邹莲舫女士含冤去世。他铮铮铁骨，对世道光明之期望弥坚，环境稍为宽松，又开始了对杜甫的系统研究。1978 年他复任复旦大学中文系主任；次年以 83 岁高龄加入中国共产党，将《梅尧臣传》、《梅尧臣诗选》、《梅尧臣集编年校注》付样出版。1981 年，他改任复旦大学中文系名誉主任，赴京参加国务院学位委员会首次会议，被确定为国家第一批文科博士生导师，后又陆续出版《杜甫叙论》、《陈子龙及其时代》、《中国文学论集》，完成《元好问传》、《李方舟传》、《我的八十年》等一大批著作。1982 年，他将家乡旧居"师友琅琊馆"房屋 24 间、藏书 4000 余册捐赠给泰兴县政府开办图书馆。其间，他还历任国务院学位委员会第一届学科评议组成员，国务院古籍整理规划小组成员，中国作家协会理事，上海古典文学学会名誉会长，国际笔会上海中心理事，《中华文史论丛》主编等职。

1987 年冬，朱东润身患重病，仍坚持工作至 12 月 18 日，完成主持博士生论文答辩；20 日，住入上海长海医院。1988 年 2 月 10 日，因病抢救无效，与世长辞，享年 92 岁。

二、教育思想与实践

1. 在中国文学批评史与传记文学方面的教学科研工作

朱东润从事教育工作超过 70 年,始终将自己在文史方面的开创性研究与教育教学、人才培养、学科建设完美地结合在一起。他在大学开设讲授的第一门课程是"中国文学批评史"。由于中国古来只有政治史一类著作,而无分门别类的学术史出现。近代兴起的中国文学史与文学专题通史是在西洋学术的影响下产生的。其中,中国文学批评史这一门类发展较为滞后,20世纪 20 年代始有第一部著作出现,其取材大都出自诗文评类著作与历代文苑传序,还未能汲取西洋学术的新观念而多方取材,构建起新的学术体系。时任武汉大学文学院院长的闻一多先生正是考虑到这门学科在过去的学术传统中少有依傍,若有深谙西洋学术而又了解中国文化的人出来创辟,无疑会取得更好的成绩,因而从当时在任英语教师的人中商请朱东润出来任职。果然,朱东润不负众望,筚路蓝缕,展开了有关中国文学批评史卓有成效的研究,并把教学讲义整理成《中国文学批评史大纲》一书。

这一研究的特色主要有:一是参照西洋学术而对我国古代文论进行阐述,观点更见明确。例如,朱东润在研究司空图的诗论时,引咯利斯(H. G. Giles)所著《中国文学史》(*A History of Chinese Literature*)中的论点分析其思想,并进行考辨;又如他在论述唐人诗论之作时,将殷璠、高仲武、司空图等归为"为艺术而艺术"类,元结、白居易、元稹等归为"为人生而艺术"类。这正如朱自清所指出的:"教我们能以靠了文学批评这把明镜,照清楚诗文评的面目。诗文评里有一部分与文学批评无干,得清算出去;这是将文学批评还给文学批评,是第一步。还得将中国还给中国,一时代还给一时代。按这方向走,才能将我们的材料跟那外来意念打成一片,才能处处抓住要领;抓住要领之后,才值得详细探索起去。"[①]二是提出了近详远略的原则。中国是个早熟的国家,古代文化极为发达,儒家信而好古,后人言学术者也无不喜谈春秋战国诸子百家的学说。但学术是发展的,溯源固然重要,而各种学说如何迂回曲折并能泽及后世,浸润后人,却是更为重要的课题。作为一部史书,就得原原本本,寻求学术发展的规

---

① 朱自清:《语文零拾》序言,岳麓书社 2011 年版。

律,以便从中汲取教训,获得启示。如果一偏于古,鄙薄近代学术不论,那就正如王充所讥弹的"知古而不知今,谓之陆沉"。从《中国文学批评史大纲》(以下简称《大纲》)中的章节安排来看,宋代以后的人物大增,占了全部篇幅的大部分,如纪昀、章学诚、阮元、曾国藩等。他们在学术史上曾有重大影响,作为学术领域中的一角,他们的见解和著述在古代文论领域中也曾发生过影响,在《大纲》中占据一定篇幅,看来还是可取的。作者遴选这些人物入史,体现了重视近代的新趋势。三是对写著作的文论名家——做了专题研究,故能保证全书具有很高的学术水准。总之,朱东润心无旁骛,努力运用新观点,为建设新的中国文学批评发展史而奋斗,让我国的传统文化也跻身于世界之林。其奠基之功,备受后人称颂。

朱东润教学及科研极为勤奋,他每开一门新课,总要在备课的基础上写成一部著作。由于他讲授《史记》,也就产生《史记考索》一书。此书的写法还比较传统,重点放在辨析重要著作的义例,以及考证、辑佚等方面。作者继此而作《汉书考索》、《后汉书考索》,在研读过程中,也就更为注意政局对文坛的影响了。例如他对刘宋时期政治与文学的分析,就很精辟。

抗战爆发后,朱东润继续任教于武汉大学并转向对传记文学的研究。因为他在史学上下过很大功夫,而他在英国留学时,又深受彼邦风行的传记文学的影响,这就激发了他在本国建立传记文学这一新学科的热忱。为此,他从理论上加以阐发,写了好几篇有关传记文学的论文,留下了一系列传记文学的著作。

朱东润的传记文学创作的特色主要有:一是他所挑选的一些传主,在中国历史上都有其代表意义。这些传主集中在宋、明两代。他们身处积弱之世,在思想上有很多苦闷,于是以文学为武器,抒写爱国热忱。《元好问传》的情况与之相近,《杜甫叙论》则以杜诗的发展为例,阐述作家应该如何顺应时代的演变而做出史诗般的记录。二是在难点上下功夫。他写的每一位传主,生平中总有一些事件曾经引起过不同评价,例如陆游,创作上的成就和爱国精神一直照耀史册,无人非议,但他为韩侂胄作《南园记》、《古阅泉记》之事,不但见讥于当代,而且史书上也有微词。朱东润对当时几种有代表性的记录做了精密的考证,指出其不合事实处,并从当时的政治背景方面进行分析,说明陆游已年近八旬,为什么还会应韩侂胄之请而撰文,陆文内容到底反映了什么情绪,这些都在"在一致对外的基础上和韩侂胄接近了"一章中有充分的阐述。朱东润对每一位传主所经历的历史事件，既不刻意维护，也不深文罗织，平实公允，令人信服。三是运用中国传统史学的褒贬笔法。西洋史学强调客观记录，认为搜集好资料之后，应该原原本本地叙述好事情的原委与人物的活动，从中寻找事物演变的规律。对于这些，朱东润都做到了。但他毕竟是一个中国的知识分子，受传统史学的陶冶甚深，以史为鉴的观念和史家褒贬的笔法，仍然强烈地表现出来。例如，他的第一部传记文学著作《张居正大传》，就着眼于在明代混乱的政局中，一位革新者如何利用复杂的形势建功立业，但也正由于本身的问题，留下了很多后患。他在写作《陈子龙及其时代》和《元好问传》时，无不有感于身处衰亡之世的文士的自处之道，如何用笔反映其时代，投身到挽救故国的运动中去。显然，这些都与朱东润的心境密切相关。

在朱东润的努力下，传记文学建立了博士点，培养出了全国第一位传记文学的博士生。可以说，他在传记文学这一新的学科门类的建设中做出了巨大贡献。

2."教师终于讲席"的职业操守

朱东润视教学研究工作为一生的志业。他晚年身体日衰，屡次住院，依然工作不懈，以"教师终于讲席"自励。1987年12月，先生在月初完成了《元好问传》，18日完成博士生李祥年的答辩，20日最后一次因病住院，在医院与探视的学生谈话，仍然以学者要勇于承担责任来勖勉，可谓工作到了生命的最后一刻。

从1957年初担任复旦大学中文系主任，到1981年去职，朱东润在这个职位工作时间长达24年（"文化大革命"时期除外）。他为中文系的学生教育和师资培养倾注了许多心血。中文系许多教师都记得，朱东润生命的最后十年，凡是中文系的会议，他大多准时参加，每每登台讲话，无不高瞻远瞩，语重心长，经常是以相信我们这个系总会一直向前来作结，给大家以很大鼓舞。他对学生的关怀也是无微不至。现任中文系主任陈思和曾回忆，他做学生的时候，就遇到朱东润晚上独自打着手电筒，到学生宿舍来探视，了解学生的学习情况。当学生们得知眼前的老人己经80多岁，无不为之动容。

朱东润身为一名教师，也对自己的学生倾注了无数心血，总是满腔热忱地伸出慈爱温暖的双手去帮助他们。

"文化大革命"前,中文系有一名男同学,因恋爱纠纷与另一男生进行了一场"决斗"。事发后,学校准备开除这个学生。朱东润当时作为系主任兼系务委员会成员,在系务委员会上力主给以留校察看的处分即可,认为学校本来就是教育人、造就人的地方,学生有了错误,当本着爱护和教育的原则予以挽救。会议表决时,因仅朱东润一人投了否决票,这个学生最终还是被开除了。此事竟成了朱东润先生一生的心结,总觉得自己未能尽到一个教师应尽的责任。多年后,该学生辗转调回上海,特地前来看望,感谢朱先生当年的爱护。说起那次会议上的表决,朱先生有些不满,似乎有批评其中一二位的意思,但终了也只是叹了一句:"也难啊……"

1962年,复旦大学中文系录取了一名年仅15岁的学生。朱东润先生知道后亲自调阅了该生的高考试卷,既为其崭露的聪颖与才华而欣喜,又担心他能否适应紧张的大学生活。开学后,他特地请那位少年大学生和他的班主任到家里来做客,亲切地与该生聊家常,并语重心长地举了明代张居正当主考官时的例子给他听。当时有个少年举子的文章写得很好,但张居正却并未录取他,而是让他过三年后再来考。张居正这样做,正是为了让他多些磨炼,多些成熟。朱东润对少年英才的关怀之情,正与几百年前的张居正一样。

朱东润待人宽厚,律己严格,在许多生活细节方面都很有讲究。他无论上课或参加会议,既不早到,也不迟到,每次都踩着点进门,他认为早到是浪费自己的时间,晚到是浪费别人的时间,都不妥当。他的作息和写作都有严格规定,生活有规律,每天限定写作字数,也曾传为美谈。他一直保持传统士人的道德风操,平等待人,礼数待客,不屑权势,同情弱者。复旦大学中文系许多普通教师都曾记得,当自己遇到苦闷不快时,是可以向老主任倾诉的。他对于来访的客人,区分远近亲疏,礼貌相待,初次来访或远道来访者,则常送到舍外。本系曾有某教授一度暴红,先生颇不以为意,但后来该教授受到批判时,朱东润则大讲该教授的优点,且拒绝参与批判。正是这些细节,成就了他人格的伟岸,也给同事和学生树立了良好的道德楷模。

朱东润晚年担任了许多学术兼职或顾问,其中最重要的是担任国务院学位委员会第一届中文学科组成员。据说当时江苏的两位学者钱仲联、任中敏申报硕士生导师，朱东润认为他们的水平足以担任博士生导师，最后获得通过。他晚年指导研究生，始终坚持亲自授课，每次都讲足两个小时，为学生传授读书方法，让学生开阔眼界，还亲自为学生批改作业。他第一次授课，就讲读书首先要读通读懂，但仅仅读通读懂还远远不够，一定要读透，要读出文献里面蕴含的内容，才算会读书。朱东润的许多学生都卓然有成，与他的指引是分不开的。

三、影响与评价

朱东润的品德和学问深受人们景仰和赞许。首先，他的崇高品格使曾经与他有过接触、受到他教诲的人们难以忘怀。早在 1913 年，他就曾参与国民党机关报《公论报》（由吴稚晖、蔡元培等主持）的工作；1916 年，他放弃了在英国的学业，回国参加反对袁世凯称帝的斗争；1937 年，抗日战争全面爆发，朱东润毅然抛下家庭，冒着遍地烽火远走万里，绕道香港地区、越南，奔赴大后方。在"文化大革命"中，朱东润受到严重打击，但他始终不肯屈服，不肯"低头认罪"，甚至敢于同按他头的人扭打起来，他的铮铮铁骨闻名于全复旦。朱东润的一生经历了无数波澜，他始终把个人的命运和民族的命运紧密联系在一起，在漫长的教育与学术生涯中，他始终致力于中国新文化的建设，张扬努力奋发的民族精神。而无论遭遇怎样的厄运、面临怎样的艰难，他从不灰心丧志，从不放弃自己的努力，相信只要人们坚持奋斗，这个民族总会获得光明的前途。

其次，朱东润在学问上取得的辉煌成就，得到人们的普遍认可。著名学者钱锺书先生在一次写给复旦大学王水照教授的信中说："郭朱二老，当代耆硕，学问笃实，亦京华冠盖中所无也。"①他说的"郭朱二老"，就是指朱东润和复旦大学中文系另一位大学者郭绍虞。朱东润是一位有多方面学术成就的大家。他是我国现代传记文学的开拓者之一，善于从中西传记文学的比较、交融中力辟新径。他以《中国文学批评史大纲》等名著，与郭绍虞、罗根泽先生一起，成为开创当今中国古代文学理论批评史研究的"华岳三峰"。他的《中国文学批评史大纲》自成体系，独具一格：一是不以

---

① 王水照：《朱东润先生的精神与境界》，《教师博览》2012 年第 9 期。

时代、流派为纲,而以人为目,并将各家对于各种文体的批评论述归于一篇,以见批评家主张之全貌;二是"远略近详",对宋以后的论述尤为充分;三是重视对小说、戏曲方面的批评史材料,更具有开拓之功。凡此都是饶有新意的。朱东润在中国古代文学和上古史籍研究方面,也有杰出的成就。他的两个"三",即在陆游的研究中,他有《陆游传》、《陆游研究》、《陆游选集》三书;在梅尧臣研究方面,他有《梅尧臣传》、《梅尧臣集编年校注》、《梅尧臣诗选》三书。这种研究的整体性和系列化,把作家传记、作品解读与整理、理论分析等有机地结合起来,真正体现出所谓"多角度、多层面、立体化",在古代文学研究的方法论上也有重要的启迪作用。

朱东润取得的辉煌的学术成就是与其永不满足、充满生命活力的进取精神分不开的。从他早年登上学术之坛起,直至晚年,除了因外力所迫搁笔以外,他几乎没有一天停止过前进的脚步。特别是他90多岁高龄犹能撰写几十万言的《元好问传》,这在中国现代学术史上是罕见的。

朱东润之所以能保持这种数十年一贯的学术热情和进取精神,取决于他对传统文化具有一种十分深刻的历史感,又有十分清醒的时代意识。他把认真吸取、勇于借鉴和对民族传统文化的深刻反思与勇于批判很好地结合起来。他的著作既有着广阔的历史视野,又充满浓厚的生活气息。他写了近十部传记著作,为中国新型的传记文学的建立和发展,指明了道路和方向。《张居正大传》从1943年问世以来,直到现在仍不断再版。他的传记理论研究,如《中国传记文学之进展》、《传记文学之前途》、《传记文学与人格》、《八代传叙文学述论》等,也为有中国特色的中国传记文学学科的建立奠定了基础。

《张居正大传》　　　　《中国历代文学作品选》

任中敏：词曲学、唐艺学的开创者

他除学术研究外，还投身教育事业与人才培养。抗战期间创办汉民中学，艰苦卓绝；84岁高龄创建扬州师范学院古代文学博士点，呕心沥血。

一、生平小传

任中敏（1897—1991），名讷，字中敏，别号二北、半塘。江苏扬州人。中国著名词曲学家、戏曲理论家、敦煌学家。任中敏毕生从事教育和学术研究，著述达500多万言。其学术成就主要在词曲和唐代音乐文艺的研究方面，厘清了汉乐府、敦煌歌辞、声诗、词、散曲的音乐线索，并横向梳理了唐代与音乐有关的各门类艺术，创建了相关理论。

1897年6月，任中敏出生，其名其字取自《论语》"讷于言而敏于行"之意。任氏祖籍安徽，世居扬州。父任恭，时在淮安业盐，所以任中敏的诞生地是淮安县城。母顾竹筠，亦是扬州人。兄妹十人，中敏行六。长兄任诚，字孟闲，曾任江苏省立第五师范校长、江苏省教育厅督学。1909年，任家举家迁回扬州，居扬州毓贤街牛录巷，与一代名儒阮元的故宅为邻。

1912年，任中敏与七弟任闓同赴常州，考入江苏第五中学。同班同学有瞿秋白、张太雷、李子宽等人。其时民国刚建立，青年学生的思想都非常活跃。五中成立学生会，任中敏为理事。五中的军训教官是前清行伍出身。学生不满于他的旧式教育，便常与之发生争吵，1915年演变为学潮。但在那个时代，学生当然不可能取胜。复课后校方不肯善罢甘休，要学生交出为首者，并扬言如果不交出来就全班解散。担任学生会理事的任中敏与李子宽、钱乃安挺身而出，承担责任，情愿接受开除学籍的处分，从而保全了全班同学(李子宽后来成了《大公报》创始人)。任中敏在五中的学潮中表现出过人的胆识和义气，后来在中国新文化运动的风口浪尖上得到进一步体现。

19岁的任中敏被开除后回到扬州，于1917年春转入江苏省立第八中学。暑假，在八中毕业，与他的老同学张太雷一齐考入北洋大学预科。任中敏酷好文史而疏于理工。1918年夏，学期考试几何学不及格。他不愿再读，便弃工学文，考入北京大学文学院国文系。与他一同考入的，有他的同乡好友朱自清，以及罗常培、张煦等。朱自清读哲学，但与任中敏同住一舍。他们的至好学友还有匡互生。

北大精英荟萃。在校长蔡元培主持之下，胡适、李大钊等知名学者皆来任教。文科学长陈独秀后来被毛泽东称为"五四运动总司令"。国文系另一位教授刘师培乃扬州学派之殿军。① 刘师培参与培养任中敏，使扬州学派"博通诸科，经世致用"的传统在任中敏身上得到弘扬。

任中敏在北大第三学期分专业时，受到词曲主讲教授、曲学大师吴梅的赏识。吴梅是20世纪初戏曲理论研究的最高权威，对他一生的学术取向产生了极大的影响。

1919年初，"巴黎和会"的消息传到国内，首先激起北京大学生的无比愤怒。5月3日晚，北京大学学生会主席许德珩召开临时紧急大会，任中敏作为学生会理事之一参加了会议，会议决定次日举行爱国示威游行。5月4日，北京13所院校的3000多名学生到新华门、天安门前集会，高呼"外争国权，内惩国贼"等口号，震撼了北京城。会后，开始游行示威，走到东交民巷西口，遭到帝国主义巡捕和反动军警拦阻。学生们更加激愤，直奔东单赵家楼。曹汝霖见势不妙，躲进夹墙。学生们激愤已极，以为曹汝霖逃跑了，就呼喊："走得了和尚走不了庙，烧掉这贼巢!"匡互生取出随身携带的火柴，准备放火烧掉这卖国贼的巢穴。有的同学担心："这会引起什么后果?"任中敏说："严惩国贼，还顾什么后果!"于是，接过火柴，燃起了赵家楼的熊熊烈火。傍晚，游行队伍逐渐散去，但还有同学余怒未消，

---

① 扬州学派是代表清代高水平的学术派别之一，共计37人，延续100余年，到刘师培这一代宣告结束。

坚持请愿。北洋政府下令抓人，军警共抓了 32 人。其中北京大学 20 人，其他学校 10 人，围观群众 2 人，任中敏也在其中。5 月 5 日，北京全市学生总罢课，强烈抗议反动政府抓人。陈独秀、李大钊等教授四处呼吁，蔡元培校长亲自出面，与当局交涉，要求放人。5 月 6 日，北京中等以上学校的学生组成联合会，发出通电，要求放人。当局不得不把 32 人全部放出。

1920 年夏，23 岁的任中敏从北大毕业，先后执教于江苏省立第一中学、江苏省立第五师范、江苏省立第八中学、广东大学中文系。1923 年寄寓苏州吴梅先生宅，尽读吴氏"奢摩他室"词曲珍本，并得吴师耳提面命，从而在词曲学方面大有进益，并写出学习心得，整理成《读曲概录》一稿。1924 年初，任中敏离开吴家到南京龙蟠里江南图书馆读书。年底，他回到扬州毓贤街旧居，用 3000 元银币广搜图书。他题写了一副横幅"从此读书写字"挂在书斋壁上，以示潜心学问。

1925 年，任中敏加入国民党，任国民党中央宣传部宣传出版科科长。当时宣传部部长为胡汉民。

1927 年，任中敏编成《元曲三百首》和《荡气回肠曲》，由上海民智书局出版。前者署"二北"，后者署"王悠然辑"，并以"二北"之名加序。"二北"是任中敏首次使用的笔名，也作为他的别号。此寓意北宋词和金、元散曲，金、元散曲又称北曲，他决心终身研究北词、北曲，故称"二北"。"王悠然"是任中敏后来的夫人王志渊的笔名，她是上海美专高才生，琴、棋、书、画皆能，此时与任中敏相识，并产生感情。次年王志渊毕业，与任中敏结婚。任中敏把他的处女之作的著作权奉献给他的未婚夫人，从此 70 年伴侣生涯形影不离。《元曲三百首》与《荡气回肠曲》标志着任中敏从此走上中国的学术舞台。朱自清在他的《读书笔记》一文中专门介绍了两本书的特色，并连带谈到对词与曲的看法。

1928 年，胡汉民任立法院院长，聘任中敏、王镜吾为秘书。任中敏在胡府任职期间发表言论抨击官场黑暗，常常使胡汉民在政治上处于被动。胡汉民对任中敏说："你性格耿直，不宜服务政界，不若弃政从文。"于是，任中敏从 1930 年起脱离政界，任镇江中学校长。

数年以后，结合在上海大学、南方大学、复旦大学、广东大学等校教授词曲的经验，35 岁的任中敏以系列学术著作：《词曲通义》、《散曲丛刊》、《曲谱》、《词学研究法》、《新曲苑》等向学术界宣告"任氏散曲学"的建立。

被传统士大夫视为"厥品颇卑"、"蔽精神于无用"(《四库全书总目·词曲类》语)的散曲,从此系统地进入了学术视野,在此后的大半个世纪中,任中敏的著作成了散曲研究者必读的经典。可以说,迄今海内外的散曲研究著作,几乎都在不同的层面上,以不同的方式显示了任氏散曲学的延续。

新中国成立后,任中敏受聘为四川大学中文系教授。这时他正酝酿着学术生命中的一次飞跃,确定了一个崭新的学术工程:唐艺研究(今天学术界称为唐艺学)。这是任中敏创建的一门新学科。这里的"唐艺",特指与文学相联系的"艺",尤其是音乐文艺。其研究对象包括唐代的"戏弄"(唐代的戏剧)、"声诗"(配合歌唱的齐言诗歌辞)、"杂言歌辞"(民间的及文人借鉴民间形式所作的"长短句"歌辞)、"大曲"(较大型的歌舞及与之相配合的歌辞)、"著辞"(酒宴中的歌、舞与之相为一体的歌辞)、"说唱"(说、唱结合以述故事)等。他对一些传统的命题,如词的起源,古代戏剧的发生、发展的段落形态等,发表了一些全新的看法,打破了学术界长期以来单一的作家文学和文本主义的研究倾向。

任中敏的学术成就是在极其困难的环境中获得的。在1980年以前的近30年里,由于政治的原因,他几乎没有上过讲台。他居住在成都焦家巷、壁环村或水井街的一处阴暗狭小的房间里;白天背着装有热水瓶、旧日历纸片的背篓到图书馆读书,晚上整理所抄录的资料,凌晨时伏案写作。在中国的学术史上,这是一个相对萧条的时期,但性格刚强的任中敏却使它成为其学术生涯的黄金时期。1955年,在接受"肃反"运动隔离审查之前,任中敏完成并出版了《敦煌曲校录》和《敦煌曲初探》两部著作。1962年前,任中敏撰就了《唐戏弄》、《教坊记笺订》、《唐声诗》、《优语集》四部书稿,并出版了前面两部。"文化大革命"毁掉了他的全部手稿,包括篇幅达数百万字的《唐宋燕乐集成》,但他利用劳动改造的余暇发愤编著了《敦煌歌辞总编》。此书后来伴随他做了两次远途迁徙:1978年,在旅居北京任中国社会科学院兼职研究人员之时,他借助北京图书馆的缩微胶卷对全书资料做了校订和补充;1980年回到故乡任扬州师院教授后,他续加补订,在90岁那年终于看到了这部作为毕生学术之总结的巨著问世。以上七部著作,300多万字,以曲艺、戏剧、音乐之三足,支撑起了一个系统的唐代文艺学。

1981年，已是84岁高龄的任中敏，通过扬州师院向国家申报硕士生导师资格，而被国务院批准为首批博士生导师。1991年，他获得国务院颁发的"为发展高等教育事业做出突出贡献"奖，享受政府特殊津贴。他一共指导了三位博士生，其中有两位已在他们就读过的博士点上继承老师的事业，担任博士生导师。

《唐声诗》

1991年12月13日，任中敏病逝于扬州，享年94岁。

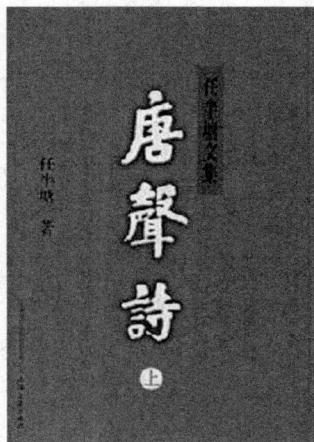

二、教育实践

1. 抗战期间艰苦卓绝办教育

任中敏在担任镇江中学校长后不久的1931年发生了九一八事变。任中敏颁发新的校训"一切为民族"，对学生进行民族主义教育。他还亲自撰制了校歌：

> 时日曷丧，时日曷丧，予及汝偕亡！
> 还我河山，还我河山，永固我金汤！
> 一息尚存，此仇必报，铁血撼扶桑！
> 时日曷丧，时日曷丧，予及汝偕亡！[①]

校歌慷慨悲壮，催人泪下。每日清晨，任中敏率领全校师生，高呼校训，高唱校歌，跑步出操，声震三山，镇江市民无不为之感动。他的学生蒋南翔、戴步瀛等数百人走上街头，游行请愿，查封日货。任中敏旗帜鲜明地予以支持，还撰写了《革命与反革命》一文，痛斥汉奸卖国贼行为。

其时镇江为江苏省省会，省教育厅驻镇江，厅长为大汉奸周佛海。周佛海勾结地方警察当局抓人，任中敏把学生领袖蒋南翔等藏在校园予以

---

① 黄偲成：《任中敏传》，见王锡九等：《从二北到半塘——文史学家任中敏》，南京大学出版社2003年版，第8页。

保护。后来蒋南翔到北平，参加领导"一二·九"以及一系列学生运动，被北平当局逮捕。任中敏认为保护学生是老师的天职，支持抗日更是义不容辞，就到南京面见蒋介石，力保蒋南翔出狱。任中敏用他的智慧，保护了一批又一批的青年学生。蒋南翔后来成了我国第一代马克思主义教育家，新中国成立后长期担任高教部部长兼清华大学校长，培养出数代国家栋梁之材。

1936年初，国民党上层人士为纪念胡汉民，发起筹建汉民学院，在立法院内设立董事会，由孙科任董事长，任中敏任执行董事。为筹措经费，任中敏想了一计，先对媒体发表谈话，说首先向蒋介石、宋子文募捐。蒋介石本与胡汉民属不同派系，对任中敏此举更为恼火，但碍于情面，不得不与宋子文各捐资一万元以示支持。七七事变后，中国进入全民抗日时期，募捐办学之事暂停，不得不缓办学院，先办汉民中学，由王漱芳任校长，任中敏任教导主任，校址设在栖霞山。

汉民中学开学仅一周，上海失陷，日寇进逼。任中敏率师生西撤，跋涉苏、皖、赣、鄂、湘、黔、桂七省，行程8000余里，备尝艰辛，到达广西桂林。新地有址无校，他们就在穿山脚下筑舍建校，又增设小学部。校舍建成，任中敏正式出任校长。1941年，汉民中学改为国立，直属教育部。

汉民中学在大西南很有名望，培养出一批又一批的爱国志士和专家学者。任中敏作为一校之长，主张从严治校。他明确要求全校学生：

> 聪明正直，至大至刚。
> 严格考试，严正做人。
> 清白鲜明，临难不苟，刻苦耐劳，牺牲奋斗。
> 永怀斡地排天志，各要千锤百炼身。

一次大雪过后，体育教师要学生脱下长袍做操，有人抖抖瑟瑟，唯恐衣领裹得不紧。任中敏见状，十分生气，对体育教师说："让我说几句话。"他在凛冽的寒风中向学生训道："抗日将士在冰天雪地里浴血奋战，可你们连长袍都怕脱，不感到羞耻吗？我先脱给你们看！"说着，任中敏除去马褂，脱下长袍，脱去绒衣，只留衬衫，带头跑步。学生们跟着校长训练起来。

在抗战期间，汉民中学每天只开两餐。任中敏说："艰苦抗战，灭此朝食！"用这种方式体现艰苦抗战的意志。他还发誓："抗战不胜利，不吃白米饭。"每天同学生一起用餐，糙米饭、青菜汤，从不特殊，直至抗战胜利。他非常关心学生的生活，遇有困难者一定设法帮助解决。校园里出现若干进步团体，他态度开明，妥善处置，允许他们进行抗日活动和民主宣传。1944年9月，日寇进逼桂林，任中敏率全校师生西渡榕江，入黔东暂避。时值洪水泛滥，瘟疫流行。五百师生，齐心合力，抗洪水，战病魔，顶饥寒，课业不辍，经年而还，无一伤亡。可这时汉民中学又成一片废墟。任中敏意志如钢，锐意恢复。经三年努力，校园扩至400余亩，建教室、宿舍28座，并辟有体育场、图书馆、大礼堂，购置图书五万余册及各种仪器设备。因汉民中学办学有方，靠白手起家，成为西南之冠，国民政府奖励任中敏3000元，任中敏全部交公做办学之资。

总之，在国难当头的境况中，任中敏怀着教育救国的理念，通过艰苦卓绝的努力把汉民中学办成了西南地区的名校。对此，朱自清先生在他的著名散文《我是扬州人》中说："我的朋友任中敏二北先生，办了这么多年汉民中学，不管人家理会不理会，难道还不够'憨'的！"因有了这股"憨"气，任中敏才能一往无前，有所作为，培养了数代杰出人才。

2. 84岁高龄亲手创建博士点

高考制度恢复后，硕士、博士层次教育也提到议事日程上来。扬州师范学院接到通知后，试报中国古代文学硕士点，并报任中敏为硕士生导师。蒋南翔主持国务院学位委员会开会讨论时，复旦大学朱东润教授在会上说："扬州任老不当博导，我们不好意思当博导。"北京大学余冠英教授说："我也有同感。"扬州师院没有报博士点，结果批准下来的却是中国古代文学博士点。84岁的任中敏成为中国首批文科博士生导师。

建设中国古代文学博士点，在中国教育史上是第一次。任中敏非常重视，以全部身心投入。他徒手起家，没有经验可循，加上任中敏憨直的脾气，就难免同周围人发生各种误会。他克服人事上、物质上的重重困难，艰苦建设，逐步完善，影响日臻。一些琐事辑录如下：

琐事一：博士点批下来后，师院中文系主任、知名现代文学专家曾华鹏教授找任中敏商讨招生事宜，他竟不予理睬，派保姆送一字条给曾华鹏："有关我的指导博士研究生等事，关系院内院外，省内省外。要院长与书记亲自来和我协定,方能见诸实践,或在某种会议上见面协定,不是系级人员所能专办了事……报上广告要待院长或书记和我协定后才能实践,勿谓我言之不预。"表面看来,任中敏似乎对系主任不够尊重,实际上却体现了他对博士点工作的高度重视。

琐事二:第一届博士生王小盾招进来后,任老对他说:"你跟我学习,一天要读书12小时;一年365天,只放春节三天假。你做得到吗?做不到现在还可以回去。"他还手书一纸,命王小盾贴在墙上:"博士研究生到毕业时,必须遵守部颁标准,能拿出学术研究上的某一种创造性的成果。"有一次,王小盾的爱人来了,他似乎良心大发,说:"允许你明天推迟一个小时,8点钟来上课。"第二天,他在家等到7点半,王小盾还没有来,他就拄着拐杖,到王小盾的宿舍前敲窗户,叫道:"莫道君王不早朝!"

琐事三:博士生的住处一时难以落实,他写信责备有关行政主管:"行政工作无准备,无交代,无组织,无纪律,让复旦来的青年齿冷,我替扬州的文明难受。"经过中文系与总务处协调,王小盾的宿舍终于落实了。总务处要收房费,他就说:"你们不给我教室,还要收房钱?"他就在房间上贴三个纸条:

(1)隋唐歌辞研究室;

(2)博士生指导小组工作室;

(3)博士生工作和活动室。

这样可以一箭双雕:一是工作室,就不必收房钱了。二是博士生住在里面必须把研究、读书和工作放在第一位。

三、影响与评价

任中敏取得了极其辉煌的学术成就,充分地体现出他独特的个性。五四时期,他已在研究工作中刻下了作为批判者、作为旧传统的叛逆的印记。他质疑圣人和经典,瞩目于通俗文学。他崇尚"蒸不烂、煮不熟、捶不扁、炒不爆、响当当"的"铜豌豆"性格,于是弘扬具有豪放本色的北宋词和元代北曲,其后又把主要精力扑在前人重视得还很不够的唐代音乐文艺的研究上。他不盲目崇拜各种各样的正统和权威,面对戏曲和戏曲研究的贵族化倾向,他提出了饱含民间色彩的"戏弄"的概念。他的代表作之一《唐戏弄》"宏罗博涉,精核详考",把歌舞戏曲、音乐演技的始末,几乎全部囊括。其成就超越前人，独树一帜。出版后，蜚声中外，对研究中国戏曲的形成与发展，做出了重大的贡献，在国内外的影响是很深广的。20 世纪 80 年代初期，中国音乐家代表团访问日本时，日本学者岸边成雄曾评论说："中华人民共和国自成立以来，它最优秀的文化人类学著作是任半塘的《唐戏弄》。"

任中敏研究唐代音乐文艺的总系列称作"唐艺发微"丛著八种。在国内，能有这样浩大的编著系列的学者，实属凤毛麟角。这一编著系列的学术价值正如他的学生王小盾、李昌集所说："早在 20 世纪 30 年代，先生致力于词曲的研究，《散曲丛刊》、《新曲苑》的编著开辟了近代散曲学的里程；20 世纪 50 年代，先生以'唐艺发微'的系统工程，开创了'唐代音乐文艺学'的崭新领域。"

任中敏先生的学术研究都是具有开拓性、创造性的，《教坊记笺订》以精湛的考证启动了唐艺研究框架的建立，对研究唐代音乐、伎艺"颇开门径，不啻锁钥"①。《唐戏弄》、《唐声诗》、《敦煌曲校录》、《敦煌歌辞总编》、《隋唐五代燕乐杂言歌辞集》等一系列洋洋巨著，将唐代音乐文艺做了科学的、严谨的研究和整理，展现了唐代音乐文艺生动、立体的历史面貌。而先生开创的系统的"音乐文艺学"学科，则对整个中国文学史的研究有着极其深远的影响，先生在研究中立足事实，全面占有资料，不囿于成见的科学创造精神，则永远是后学治学的表率。

任中敏始终不渝地倡导严肃的争鸣。20 世纪 60 年代中期，作为一个古稀老人，他曾就敦煌曲子辞的校勘问题和创作年代问题，发起一场由潘重规、饶宗颐、波多野太郎等知名学者参加的国际大讨论。在他和几位最亲密的朋友的往来书信中，均贯穿了激烈的学术争论。他对自己的博士生说："要敢于争鸣——枪对枪、刀对刀，两刀相撞，铿然有声。"这样才能"震撼读者的意志和心灵"！

有学者概括任中敏先生的学术价值主要有三点：一是打破文学研究中的等级观念，把以主观评论为中心的"研究"转变为以客观解释为中心的研究；二是在散曲学、中国戏剧史学、中国音乐文学等学术领域，留下了一批足以作为学科基础的史料学和分类学成果；三是在中国文学艺术领

---

① 任半塘：《教坊记笺订·唐代音乐文艺研究发凡》。

域,首创了一种足以作为新史学方向的断代的历史形态研究法,并提供了以当代原始资料治当代史的研究范例。

接触过任中敏先生或者风闻过任中敏先生性格特征、行为轶事的人大概都知道,他是一个很有个性并且可称为"奇人"的人,一个"大写的人"。王小盾、李昌集在《任中敏先生和他所建立的散曲学、唐代文艺学》(载《文学遗产》1996 年第 6 期)一文中认为:"在近代中国,任中敏是一个不多见的现象。"他曾经长期从事政治活动和教育活动,弃政从教后先后在上海大学、南方大学、复旦大学、广东大学(今中山大学)、四川大学和扬州师范学院任过教。他到 35 岁才正式选定作为学者的道路,以学术研究作为自己生命意义最好的实现方式,由此改写了学术史上的某种记录:让创作高峰出现在耳顺之年到耄耋之年之间,并使学术创造力延续到 90 岁之后。

任中敏去世后不久,在汉民中学校友会和任中敏先生亲属的大力协助支持下,扬州师范学院设立了"任中敏学术奖励基金",旨在激励青年学人,发扬任中敏先生的学术精神,刻苦治学,为祖国文化事业做出贡献。

1997 年农历五月初七是任中敏先生的百年诞辰之际,扬州大学隆重举行了纪念会,扬州大学中国文化研究所编辑专刊对他的学术业绩加以记述。扬州大学师范学院内,任中敏先生旧居旁的一个小湖,也被命名为"半塘"并加以改造。与此同时,桂林的汉民中学校友会也举行了一系列活动,以缅怀这位作为教育家的老校长。

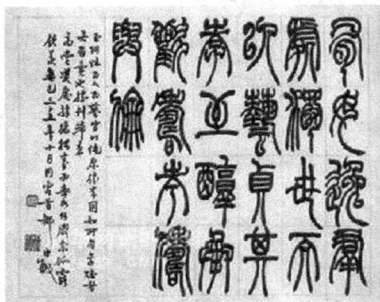

任中敏 1946 年的题词

扬州大学师范学院内的任中敏塑像

朱自清：著名作家、教育家

从中学到大学的执教生涯，播撒着他一以贯之的教育希望和教育理想；从童年到少年的成长旅途，编织了他对扬州一生不舍的故土情结。

一、生平小传

朱自清（1898—1948），近代著名散文家、诗人、学者、教育家、民主战士。原名自华，字佩弦，号秋实。祖籍浙江绍兴，1903 年随父定居扬州，在这里度过了他的童年时期和少年时期。他对扬州充满感情，故自称扬州人。朱自清幼年在家由父母启蒙课读，后来在私塾读经书、古文、诗词等。由于他聪明好学，所以很快就学通了国文，又在旅扬公学学习英文。1916年，他从江苏省立第八中学毕业后，考入北京大学预科。1918 年，他又考入了北京大学哲学系。在北京大学就学期间，正值古老的中国社会发展大变革的时代。他在新思潮的鼓舞下，参加了五四运动，并与著名的共产党人邓中夏建立了友谊。他参加了《新潮》杂志的编辑工作，不断在学生办的周刊上发表新诗，翻译外国文学作品，提倡新文化运动。新思想点燃了他心中的火，诗的激情在他心中翻腾，他以满腔热情投入了新文化运动。同时，他发奋攻读，三年内修完四年的课程，于 1920 年提前毕业。

毕业后，朱自清先后到杭州第一师范、吴淞中国公学、江苏省立第八中学、中国公学、浙江省立第六师范、浙江省立第十中学、温州十中、白马湖春晖中学、宁波四中任教。他治学严谨，授课认真，深受学生尊敬。1921 年，他加入文学研究会，成为"为人生"的代表作家。1922 年，与叶圣陶等创办了我国新文学史上第一个诗刊——《诗》月刊,倡导新诗。次年,他发表长诗《毁灭》,引起当时诗坛的广泛注意,继而写《桨声灯影里的秦淮河》,被誉为"百花美术文的模范"。1924 年,诗文集《踪迹》出版。1925年,朱自清经俞平伯推荐,到清华大学教授中国文学。这时,他的创作由诗歌转向散文,同时致力于古典文学研究。1928 年,他出版了散文集《背影》,成为当时负有盛名的散文作家。其中的两篇散文《背影》和《荷塘月色》,被选为中学国文教材。1930 年,他代理清华大学中国文学系主任。次年,朱自清留学英国,并漫游欧洲数国,著有《欧游杂记》、《伦敦杂记》。1932 年归国,继任清华大学中文系教授兼系主任。抗日战争爆发后,他随校南迁,任西南联合大学教授。其间,生活的困苦和极不安定并没有阻滞朱自清的学术研究和文学创作,他将多年的研究心得加以整理并取得丰硕成果。20 世纪 40 年代初,他写完了《诗言志辨》一书。这是他多年来研究我国古代诗歌的结晶,其中对有关古代诗歌的一些基本概念做出了新的、正确的解释,廓清了过去许多错误的观念。同时,朱自清将他多年来研究我国古代典籍的心得加以综合整理,写成了《经典常谈》一书。这是概括而又比较系统地介绍我国传统文化的一个尝试,它力求选择新的观点,又力求通俗化,为青年和一般读者了解我国传统文化提供了便利。他又与老友叶圣陶合作,将他们多年从事中国语文教学的经验加以整理,写成了《精读指导举隅》、《略读指导举隅》和《国文教学》三本书。1941 年以后,他重新研究新诗,1944 年又写成了《新诗杂话》一书。

在致力于教学、创作和学术研究的同时,朱自清的政治理想、爱国精神一直激励着、支撑着他对强权的抗争。"三一八"惨案后,他撰写了《执政府大屠杀记》等文章,声讨军阀政府暴行。"一二·九"爱国运动中,他同学生一道上街游行。1946 年,他养病于成都,闻李公朴、闻一多遇害,随即冒着生命危险参加追悼会并演讲。同年 10 月返北平,受校方委托主编《闻一多全集》,并积极参加各项民主活动。他在呼吁和平宣言上签名,并亲访各院校征求签名,后又领衔发表抗议国民党当局任意逮捕人民书,并参加起草"反饥饿、反内战、反迫害"的罢课宣言。后又在《抗议美国扶日政策并拒绝领取美援面粉宣言》上签字,并在胃病加剧,体重仅 45 公斤的情况下,告诫家人无论如何不买政府所售的美国面粉。1948 年 8 月,他在贫病中逝去。他一生著作 20 余种(含书信、日记),约 200 万字,大都收入

《朱自清全集》。

二、教育实践与思想

（一）教育实践

1920 年至 1925 年期间，朱自清曾先后在杭州第一师范、吴淞中国公学、江苏省立第八中学、中国公学、浙江省立第六师范、浙江省立第十中学、温州十中、白马湖春晖中学、宁波四中任教。他的教学工作十分繁忙，有时奔波于两校兼课。他对教学十分认真严肃，从不迟到早退。他在课堂上总是滔滔不绝地讲课，甚至满头大汗。他对学生管教很严，但与学生关系却很融洽。他经常鼓励学生多读多写白话文，学生也常到他的住所和他交谈。

在江苏省立第八中学教学期间，有一次，当朱自清诵读一段古文的时候，坐在前排的一位瘦小的学生把头微微摇了两摇，被他一眼瞥见了。他随即中止了诵读，走到这位学生的跟前，以一种谦和的态度俯身问道："您有不同的'句读'法吗？"这位学生当即站了起来，朗声说道："朱先生，我以为您刚才有两句'断'错了……"朱自清凝眉沉吟片刻，觉得对方言之有理，便随即予以褒奖："此生断句精当，匡正了我的谬误。古人云'弟子不必不如师，师不必贤于弟子'……"接着又询问道，"您叫什么名字？"学生回答："余冠英。"朱自清微笑着说："希望您将来名副其实，成为'群英之冠'。"这一番亦庄亦谐、奖掖后进的话语，使课堂气氛顿时活跃起来，师生之间的距离一下子缩短了。在这之后，朱自清与余冠英的接触便逐渐多了起来，师生常在一起切磋学问。"名师出高徒。"在朱自清的悉心指导下，余冠英学业猛晋，终于在学术上有了很高的造诣。余冠英不忘师恩，有一次他在大学讲坛上讲学，带着深情说道："我的恩师朱自清先生就像屈原一样，道德和文章都是第一流的。如果没有朱自清先生对我的教育培养，我是不会有今天的成就的……"[①]

朱自清在宁波四中担任国文教员期间，不用部颁教科书，而是自编教材，将鲁迅的《阿 Q 正传》《风波》等编列进去，他教学一贯严谨，备课充分，讲究方法，循循善诱，深受学生的欢迎。学生们常去他的住处求教，他

---

① 见 http://www.xtpo.cn/space/logDetail.do? id=134707&users=69606。

每问必答,绝不敷衍了事,因为来访的人多,索性在屋中放一张桌子,让学生环桌而坐,他不厌其烦地解答他们的问题,或释疑语义,或阐明语源,或传授方法,往往长达数小时。

在温州时,朱自清把新文艺的火种带到了那里,温州中学各年级的学生都争着要求他教课,他要求学生交作业不许误期或敷衍,甚至对学生作业格式都有具体的规定:作业本第一页要空下来,把一学期的作文题目依次写下,并注明起讫页数,以便查阅。而他自己则不仅认真及时地批改作业,还细心热情地批改学生们在课外所写的大量的不成熟的作品。

1925 年起朱自清到清华大学任教一直到去世。其间,他教学极为认真,对学生作业精批细改,连一个标点也不肯放过。他的课堂纪律很严,每次都要点名。有没来上课的,第二天他在走廊里见到,立即能喊出姓名,问其为何缺课,使得对方面红耳赤,连忙道歉。他教的课,常要学生默写和背诵,错了就要扣分,以致有些学生不敢选修他的课。

初到清华时,朱自清讲授李杜诗和国文基础课;以后,他每隔两三年甚至每年都要开设新的课程。1929 年他开设了"中国新文学研究"和"中国歌谣"两门崭新的课程,"在当时保守的中国文学系课程表上,很显得突出而新鲜,引起学生浓厚的兴趣"[①]。后又陆续开设了"古今诗选"、"陶诗"、"李贺诗"、"中国文学批评"、"宋诗"、"文辞研究"、"谢灵运诗"等许多新课。"文辞研究"这门课是 1942 年开设的,当时听课的只有两位学生,但朱自清仍按时上讲堂,在黑板上认真写笔记,如同对着许多听众一样,使学生深为感动。

记得 1946 年,朱自清先生从昆明西南联大回北平清华大学继续任教,那两年,正好我也在清华大学读书。在文学系里,我选了朱先生的课,大约是"中国文学史"、"文学史专题研究"和"历代诗选"等课吧!先生一丝不苟、认真负责的教学精神,深深打动了我们这批青年学生。当时朱先生因八年抗战中长时间颠沛流离的艰苦生活,胃病时而发作,身体已经大不如前了。但每次上课,他仍然认真备课写讲义,课堂上板书一笔一画从不潦草。朱先生不仅在课堂认真讲学,课

---

① 浦江清:《朱自清文集》题跋。

下，还同我们青年学生一起探讨问题。他总是那么谦虚，对我们既循循善诱，又非常尊重我们的意见。甚至先生自己写了文章，也常常要倾听同学们的意见。学生写了读书报告或学术论文，朱先生总是认真仔细地加以批改指导，甚至一句话，一个标点，他都从不放过。至今，我还保留着朱先生用铅笔为我修改过的一篇学术论文。①

（二）教育思想

1. 教育目的论

朱自清特别强调教育要培养学生健全的人格。他坚决否定现实生活中那种"将教育看作一种手段，而不看作目的"的教育——在这种教育中，"校长教师们既将教育看作权势和金钱的阶梯；学生们自然也将教育看作取得资格的阶梯"，因而，"教育的价值却也丝毫不存"。不仅如此，他还对那些号称贤明的校长教师，那种以"课功、任法、尚严"为特征的教育提出了批评。他认为"他们太重功利"，"教育被压在沉重的功利下面，不免有了偏枯的颜色"。"'为学'与'做人'，应当并重，如人的两足应当一样长一般。现在一般号称贤明的教育者，却因为求功利的缘故，太重视学业这一面了，便忽略了那一面；于是便成了跛的教育了。跛的教育不能行远的，正如跛的人不能行远一样。功利是好的，但是我们总该还有超乎功利以上的事，这便是要做一个堂堂的人！"②

为了培养学生健全的人格，朱自清认为关键是教育者行"不言之教"、作"不言之诲"。这就要求"教育者先须有健全的人格，而且对于教育，须有坚贞的信仰，如宗教信仰一般"，"教育者有了这样的信仰，有了这样的人格，自然便能潜移默化，'如时雨化之'了"。他还具体阐述了教育者须有对学生深广的爱："能爱学生，才能真的注意学生，才能得学生的信仰；得了学生的信仰，就是为学生所爱。那时真如父子兄弟一家人，没有说不通的事；感化于是乎可言。但这样的爱是须有大力量、大气度的。正如母亲抚育子女一般，无论怎样琐屑，都要不辞劳苦地去做，无论怎样哭闹，都

---

① 柏生：《永远怀念朱自清老师》，《人民日报》1998 年 9 月 11 日。

② 朱自清：《教育的信仰》，见《朱自清语文教学经验》，教育科学出版社 2007 年版，第 180 页。

要能够原谅,这样,才有坚韧的爱;教育者也要能够如此任劳任怨才行!"①

2. 中学语文教学思想

朱自清对中学语文教学的目标、内容、方法等做了比较深入具体的探讨。这些思想源自他自身的语文教学实践以及语文阅读、文学创作实践,不乏真知灼见。

在语文教学目标上,朱自清认为须言明的无非两条:一条是养成读书思想和表现的习惯或能力;另一条是发展思想,涵育情感。这两者之间,"后者是与他科相共的,前者才是国文科所特有的;而在分科的原则上说,前者是主要的;换句话说,我们在实施时,这两个目的是不应分离的,且不应分轻重的,但在论理上,我们须认前者为主要的"②。这就是说,朱自清已经明确区分了语文教学的本体目标与一般化的思想情感教育目标;且强调两者实践中统一而理论上本体目标优先的辩证关系。不仅如此,他还进一步指出,发展思想,涵育情感的目标,在初中宜侧重文学趣味、人生、国性、现代思潮等方面,在高中则可再加世界文学思潮、本国古代学术思想两方面。这些思想对以后的语文教学思想和实践均产生了积极影响。

在语文教学内容上,朱自清认为语文教材以文选为佳,因为"所选各文含有各种重要的思想、各种动人的情感和各种重要的体式,非专读一二书,习惯于一隅者可比","也可免了单调的弊病,常能引起新的兴味"。在选文标准上,他认为初中"宜以内容为经,体式为纬",高中"宜以时代为经,内容为纬"。此外,他还赞同除白话文以外,可以教授一些文言文,以使学生懂得一点本国古代的思潮,更能从文言中获得一些语言素材,有益于阅读和写作。

在语文教学方法上,朱自清特别强调诵读法(或朗读法)。他首先将诵读与古代诗文的吟读、吟唱区分开来。"吟和唱都将文章音乐化,而朗读和诵读却注重意义,音乐化可以将意义埋起来,或使意义滑过去","现

---

① 朱自清:《教育的信仰》,见《朱自清语文教学经验》,教育科学出版社 2007 年版,第 183 页。

② 朱自清:《中等学校国文教学的几个问题》,见《朱自清语文教学经验》,教育科学出版社 2007 年版,第 3 页。

在我们注重意义，所以不要音乐化"，因而诵读要"用说话的调子"。① 诵读教学可以"培养学生的了解和写作的能力"；可以"加速'文学的国语'的成长"。"如果从小学到初高中一直注重诵读，教师时常范读，学生时常练习，习惯自然，就会觉得白话文并不难上口。这班青年学生到了那时候就不但会接受新的白话文在笔下，并将接受新的白话到口头了。他们更将散布影响到一般社会里，这样会加速国语的成长，也会加速'文学的国语'的造成。"②显然，朱自清是站在促进白话文发展的高度来认识诵读教学的价值，其观点深刻，富有启发性。此外，针对作文教学训练，朱自清提出要拿报纸上和一般杂志上的文字做切近的目标，以提高学生作文的兴趣。他认为这些文字表述恰当，兼有各种文体，能适合不同读者。"这种目标可以替代创作的目标，它一样可以鼓起学生的兴趣，教他们觉得写作是有所为的而努力做去。"③

三、影响与评价

朱自清在近代文学史上占有重要地位。作为诗人，他写下了现代文学史上第一首抒情诗《毁灭》，在文坛奠定了新诗人的地位。他与人合作创办了文学史上第一个诗刊；编选了《中国新文学大系·诗集》，并为其撰写导言，第一次对新诗创作进行了历史性的总结。作为一位散文大家，他创造了具有中国民族特色的散文体式和风格。他的散文具有极高的艺术价值，被公认为白话美文的典范。诸多名篇被选入大、中学的语文教材，为培养文学青年和繁荣散文创作提供了宝贵的艺术经验。

同时，朱自清又是一位学者，在古典文学方面的研究尤为突出。《经典常谈》是朱自清系统地评述《诗经》、《楚辞》、《史记》、《汉书》等古籍的论文结集，是深入浅出地引导年轻人研究古典文学的入门书。《诗言志辨》是他功力最深的著作，对"诗言志"、"诗教"、"比兴"、"正变"四个方向的诗论，做了精深的研究，既厘清了它们的演变史迹，又纠正了谬论。他还先

---

① 朱自清：《论诵读》，见《朱自清语文教学经验》，教育科学出版社 2007 年版，第 53 页。

② 朱自清：《诵读教学与"文学的国语"》，见《朱自清语文教学经验》，教育科学出版社 2007 年版，第 51 页。

③ 朱自清：《论教本与写作》，见《朱自清语文教学经验》，教育科学出版社 2007 年版，第 27 页。

后对《古诗十九首》、乐府、唐宋诗做了深入研究,著有《十四家诗钞》、《宋五家诗钞》;对陶渊明、李贺做了认真的考证,撰写了《陶渊明年谱中之问题》、《李贺年谱》等著作。

朱自清还是近代著名的语文教育家。他做过中学、大学教师,治学严谨,思维敏捷。他发表了大量的语文教育方面的论文,对语文教育的方方面面都做出了精辟论述。他与叶圣陶共同编著《精读指导举隅》、《略读指导举隅》和《国文教学》,与叶圣陶、吕叔湘合编《开明新编高级国文读本》和《开明文言读本》。他的语文教育思想以及编著的语文教材在当时、后世均产生了很好的反响。今天,在他曾经任教的扬州中学还塑有朱自清的半身铜像。铜像由胡乔木题字,戈挥题诗:"当年在此唤春风,今日喜迎桃李红。莫道文人风雅度,一身铁骨气如虹。"

最后,朱自清更是一位民主主义战士,一位爱国志士。毛泽东曾赞扬他"一身重病,宁可饿死,不领美国的救济粮","表现了我们民族的英雄气概"。他的爱国主义精神和民族气节激励了后世无数的中华儿女。

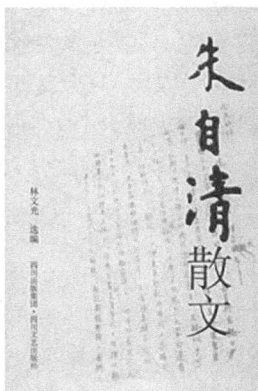

朱自清作品　　　　扬州朱自清故居　　　　扬州中学校园内的
　　　　　　　　　　　　　　　　　　　　朱自清半身铜像

周厚枢:献身教育,尽瘁糖业

他在扬州中学十年任内,罗致良师,严谨治校,制度健全,设备精良,文理工并重,扬州中学成为一所真正意义上的综合中学,闻名遐迩。赴台以后,从事糖业,业绩斐然。

一、生平小传

周厚枢(1899—1967),字星北,1899年生,扬州江都县人。自幼聪颖好学,1916年毕业于江苏省立第八中学,1920年毕业于国立南京高等师范学校数理化科。后考取南洋兄弟烟草公司奖金留学美国,初进路易斯安那州立大学,攻读制糖工程;继入麻省理工学院化工科,获硕士学位。回国后,他历任广东大学、中州大学、东南大学教授,扬州中学、国立中央技艺专科学校、四川中学校长,国民党中央设计局设计委员。其间,1927年6月,周厚枢奉命来扬州中学接管校务,担任校长。他担任扬州中学校长整整十年,治校谨严,讲究实效,人事精简,职责分明,工作效率较高。周厚枢懂教育,亦懂科学,他处理校务教务,必先审查需要,然后制订计划,一点一滴实验、改进。他督率下属办事,绝对授权,只问成果,不问细节,这一作风一直延续到周厚枢赴台担任台糖厂厂长。1937年,抗战爆发,扬州濒临沦陷,他率部分师生入川,在四川创办国立四川中学,后改称国立第二中学,安置苏、皖、浙、京、沪等省市入川员生数千人,边教边学。尔后在嘉定创办国立中央技艺专科学校,培育众多技术人才。

抗战胜利,台湾地区光复,周厚枢以制糖专家的身份被派往台湾地区经营糖厂。在他20余年任职期间,有极多建树,如在台中时,倡议开发大

肚山;在虎尾时,推行农场加倍增产。其中,推行农场加倍增产,建立奖励制度,颇具独创性。他用人唯贤唯才,任事负责,力图精进,为台湾地区制糖业的发展做出了巨大贡献。

1967年周厚枢病逝于虎尾寓所。台湾地区校友会编辑《周厚枢星北先生纪念集》,并筹集周厚枢奖学金,以资纪念。

二、教育思想与实践

(一)重视师资,罗致良师

周厚枢办学特别重视师资,以罗致良师为第一要义,要求教师德才兼备,为人师表。

教师是学校发展的第一资源,教师的质量决定了办学的质量。周厚枢常说,学校求良师,常较国家求才尤难。他为礼聘良师,常多次与礼聘教师函电商洽,或亲往访晤。周厚枢在聘请教师时经常发挥其锲而不舍的精神。他求才若渴,数、理、化、文、史、地等科,凡有专门修养、教学声绩卓著者,不惜千方百计而罗致之,高其薪俸,安其寓所,且礼遇有加。只要听说某一处有出色的教学人才,他便会跑遍大江南北,一定要将其聘请到扬中来。

周厚枢不仅能聘请到好教师,而且也能留住好教师。当时,扬中在教师的任用方面已经采用了聘任制,一年一聘,合则留,不合则去。即便如此,扬中教师的流动性甚小,众多教师都能专心教学,久于其任。这与同仁间和谐合作,学术研究风气浓厚,教师乐教,学生乐学有密切关系。周厚枢经常保持与教师的接触,亲密犹如一家人。有一次,周厚枢受邀出席一项会议,有人请教他办好一所中学的经验,在那次会议席上,他没有发表皇皇高论,仅仅说了一些非常风趣的小事:他在任扬州中学校长时,每隔一两天,花一块大洋,买几样蔬菜,由夫人亲自下厨(其夫人有一手好手艺,做菜十分美味),做出狮子头、鱼圆汤、煮干丝、炒虾仁等家常便饭,轮流邀请三五位教师来到家中小聚,浅斟慢酌,边品尝美味,边畅聊关于学校教学、训导、课外活动各方面应兴应革之事,常常聊到深夜也兴致勃勃,毫无倦意。这些不仅增进了校长与教师之间的人际关系,也为他们在教学上的研究与发展和具体教学活动的展开奠定了基础。

抗战爆发后,扬州中学解散,许多名师均被后方各大学争聘为教授、副教授，也有的在其他学校担任校长或重要职位，他们以各种方式坚持在教育一线。下表是抗战爆发后教师去向的统计。[①]

表 1 抗战爆发后江苏省立扬州中学部分教师去向一览表

扬州中学名师	抗战爆发后的去向
薛天游（物理与大代数教师）	在松江应用化学学校任校长
叶长青（英语教师）	先留学法国，新中国成立后长期在北京外国语学院教书
周厚福（物理教师）	任浙江大学化学系主任
汪静斋（数学教师）	在国立第二中学任教
张煦侯（国文教师）	后任徐州江苏学院副教授，上海复旦大学教授，安徽合肥师范学院中文函授教研室主任等
黄泰（数学教师）	在上海南京路慈淑大楼筹办扬州中学上海分校

（二）健全规章，科学管理

有效的管理依赖科学，科学的管理方能有效。周厚枢在省立扬中任校长期间，学校章程十分完备。抗战时期他主持国立二中时就制定了《本校组织大纲》、《本校教导方针》、《各部处办事细则》、《经费稽核委员会简章》、《本校教学研究会章程》、《训育小组会议简章》、《学科成绩考核办法》、《学生生活规约》，乃至《图书管理办法》等章程共 41 件。其中，《本校组织大纲》共 27 条，分工细致，各司其职。《本校教导方针》具体分总纲、总目标、总信条、分部目标，《各部处办事细则》共 6 章 24 条，等等。如此科学、细致的规章制度，完善的组织机构，明确的职务细则，为学校改革与发展提供了制度保障，工作效率自不待言。

在学校管理上，周厚枢总是以自己的学养、品德与自身的努力，自然地发挥领导全校之作用。在对教师的管理上，周厚枢严格采用聘用制，既重视资历，更重视实际教学效果。一般新教师，仅聘用一个学期至一年，期满后，视情况再决定长期聘用或不再续聘。他坚决要求教师，一要"教书育人"，二要开展科研。他督促教师阅读新书、新杂志，时刻关注各自教学领域的学术动态，更新教学内容。对于学校教师，无论是国内一流名师，还是大学刚毕业、无教学经验的新教师，他都一视同仁，以礼相待。对待名师，周厚枢敬重万分，使得他们乐于传道、授业、解惑，进行学术研究。

---

① 沈丹：《周厚枢与扬州中学》，扬州大学本科学位论文，2011 年。指导老师：朱煜教授。

对待新教师,周厚枢保持与他们经常接触,了解他们的思想动态、教学情况,鼓励他们与学识丰富的老教师进行交流,并勤加辅导,使他们获得进步。

严师出高徒,周厚枢对学生的管理非常严格。不管是在学习上,还是在生活上,他都对学生管理很严。扬中实行严格的训育制度、班主任责任制、名牌制,首创导师制、复习考试制度。"母校初中的特点是生活管理严。所有课堂、早操、课间操及晚自习,都由任课老师或值班老师点名,将缺席名单送至教务处,由专人负责统计,学校事先公布各种情况的扣分标准,并规定每人总分200,扣分累计,总分扣完除名。"[①]在对学生的管理上,扬中还有一点难能可贵的,就是一视同仁、公平公正,谁犯错,谁就必须为自己的行为负责任,在权贵面前也依然如此。"当时有一位省领导的儿子,在路上抽烟,被老师发现,立即开除,毫不迁就。"[②]周厚枢在1938年扬州中学校庆日发表演讲,提出三点:(1)自治以治事,藏修息游,必依定时,言语动作,必循定轨,书籍器皿,必置定所,洒扫洗涤,必按定规。(2)自养以养人。(3)自卫以卫国。

同时,周厚枢秉性仁爱,待学生如子弟,视学生为友人。一位学生在1956年染患肺疾,生命垂危,失业失医,周厚枢第一次捐2000元,第二次又捐1000元,于是其他同学争先恐后地捐献,使该生能在松山医院接受手术治疗,并痊愈出院。"记得民国三十一年冬,我不幸跌伤了头部,卧病医院,数月不省人事,每日靠注射来维持生命,情况非常严重。校长吩咐请医院最好的医师,用最好的药来替我医治,感谢上帝的恩典,我终于在好医生和贵重药物的医治下获得了痊愈,及今思之,仿若隔世,而校长对我的爱护和关切,我是永远不会忘记的。"[③]

有一年,台北市扬州中学校友开联欢大会,会中济济一堂,有文

---

① 田寿恒:《青出于蓝而胜于蓝》,见扬州中学:《江苏省扬州中学建校九十周年纪念册(1902—1992)》,第74页。

② 唐之准:《扬州中学求学记》,见扬州中学:《江苏省扬州中学建校九十周年纪念册(1902—1992)》,第77页。

③ 陈绍庆:《怀念国立中央技专的周故校长星北先生》,见《周厚枢星北先生纪念集》,1967年版,第98页。

学家（耿修业）、工程家（方开启）、实业家（赵耀东）、水泥专家（周庚森）……青出于蓝，而胜于蓝。但是他们都毕恭毕敬地喊"老师"，"老师"！周校长笑嘻嘻地喝了一杯酒说："大家都在社会上做事，总是朋友。我们握握手好了，不必客气！"对于学生，他是以礼相待的，如同朋友一般。①

（三）革新课程，崇尚实际

周厚枢反对纸上谈兵，主张求真务实。他曾说："教育事业应随时代之需求而谋其进步，然世之从事教育者，每多为研究报告，作文字之夸耀，仅为纸上空谈而已。本校则埋头实做，不尚宣传。"②

20世纪30年代，根据教育部颁布的课程标准，结合扬州中学的历史经验和学生的实际水平，扬州中学在课程安排上十分灵活。学校当时实行分科制，在文理分科的基础上，又有必修课、选修课和课外活动。还增设土木工程、机电工科、德文班等，为学生开辟多种发展途径。但无论必修、选修，教学程度均超出教育部颁布的课程标准，教学进度也比教育厅制定的"教学进度"快些。扬中的生源好，学生的学习能力和钻研能力均高出同等的其他学校。因此，在课程设置上，比其他学校提前一个学期。举例来说，当时一般中学是初二上学期开代数课，扬中初一下学期就开了；一般中学是初三上学期开平面几何课，扬中初二下学期就开了。这样两年半就学完了三年的课程，学生们在最后一学期就可以学到更高深的知识，在同类中学中居于领先地位。其他科目，如高中的化学课，也都本着实事求是的态度，一年级有必修"化学"，二年级有必修"化学复习"，高三的时候选修"高等化学"，补充有机化学及化学运用的知识。这样的安排，避免了强制性的注入式教学，适应学生的升学需要。

为了增强学生对所学知识的理解，学校还设置了各种研究会，开展研究活动，这在当时也是一种制度创新。算学、物理、化学、生物、史地等学科均有各自的研究活动，在活动中，学生之间相互讨论，相互切磋，或者是学生与教师相互探讨，最后将讨论形成书面报告。这种学习方式，类似于

① 瞿恩宏：《悼吾师周校长星北》，见《周厚枢星北先生纪念集》，1967年版，第74页。
② 李祖寿：《怀念周星北先生》，见《周厚枢星北先生纪念集》，1967年版，第45页。

今天基础教育课程改革倡导的研究性学习课程,扬州中学已在 80 年前就开始实施了。

学成归来的周厚枢十分重视科学教育。他在扬中十年期间,特别重视数理化教学,因此扬中的数理化在全国都是有名的。当时扬中虽以理科著称,但对文科也毫不懈怠,同样十分重视。"当时扬州中学重视理科课程,也重视文科课程。在理科方面,除数理化是重头外,还单独开设植物学、动物学、矿物学和生理卫生四门课,使我们获得相当丰富的科学知识。在文科方面,除国文、英语是重头外,中外历史和地理也得到重视,所用教材都很充实。"①学校对体育、艺术、音乐亦不偏废。设置多种多样的课外活动,如田径、球类(网球、篮球)、自由组合、书法、绘画、唱歌、摄影等,学生根据个人爱好,自由选择参加,以此陶冶学生情操,发挥其特长。学校还非常重视学生的军事训练,初中以童子军为中心,高中以军训为中心。

教材与时俱进,注重实践创新。教材是教师教学的主要依据,教材的选择和编写是十分重要的。扬中对于各科教材的选择极为慎重,体现了与时俱进的原则。比如,当时许多先进人士认为中国落后于西方的根源在于文化,因此,在教材的选择上,数理化教材均采用英美同等学制英语原本或影印本。高一以上的数理化大多用英美大学原文教本。以物理课本为例,就有 Millikan, Gale and Edwards：*First Course in Physics for College*；Black and Davis：*Practical Physics*；Kimlall：*Physics for College*；Duff：*Physics*。当然,也有少数的汉译课本或本国知名教师编的课本(倪尚达：《高中物理学》)。采用英文教材,可以提高学生直接阅读外文的能力,培养踏实的英文基础,并且也有利于学生对其他外文的掌握,这无疑对学生一生钻研科学技术创造了条件。扬中在教材的选择上,基于实际情况,灵活变通,以高中物理课本为例,普通科、师范科、土木工程科的教材都是不一样的。学校还鼓励教师根据教学经验、教学实际,自己编写讲义、补充教材及习题等,在扬中每年一次的成绩展览会上,还会将此展出,然后进行分析、比较,最后由周厚枢校长进行集中点评。仅以数学一门,十年中,教师编写的讲义,早已积高盈尺了。有许多讲义教材,经

---

① 朱九思：《回忆与怀念》,见扬州中学：《江苏省扬州中学建校九十周年纪念册(1902—1992)》,第 60 页。

过多次试用后,已经编著成书,成为学校长期使用的数学课本。以下就是扬中数学教师根据自己的教学经验和研究成果编写的教材:

表 2　江苏省立扬州中学的初中算学课本①

学程	书名	著者	出版社
算术	初中算术	汪桂荣、余信符	正中书局
代数	初中代数学	黄泰、戴维清	正中书局
实验几何	初中实验几何学	汪桂荣	正中书局
理解几何	初中理解几何学	万颐祥	正中书局
数值三角	初中数值三角	汪桂荣	正中书局

创新教学制度,提高教学质量。周厚枢大胆探索,试验革新,1929 年,他首创"导师制",将学生分成若干组,每组 20 人左右,然后由学生选自己所崇拜的教师,与之朝夕相处。导师在与学生相处中,摸索其个性,因材施教,做潜移默化的工作。在教师与学生的共同努力下,导师制的实行取得了非凡的效果。学生与良师多年相处下来,在志趣、求学、做人、治事方面耳濡目染,均有很大的进步。而教师的谆谆教导、言传身教,也使学生更加敬重他们。他在《台糖通讯》第八卷第十八期《工员生活指导办法的尝试》一文中说:"回忆从前办学校的时候,虽然自己临深履薄,但是对着千余学生总觉得有无限的隔阂和无限的遗憾,因为学生的需要与痛苦,往往都是隔靴搔痒,不能确实了解……到了民国十八年的时候,我就想出了一种导师制的方法,就像我们现在时候指导的办法一样,把学生分成若干小组,每组约二三十人,自选一位素所崇拜的老师。这位老师一方面以身作则与学生共同生活,在藏修息游之中做潜移默化的功夫;另一方面探索各生的个性,觅取因材施教的途径。每星期举行一次导师集体的会议。这样一来全校师生的感情日趋浓厚,任何方式的教育也都可以实施在这个基础上……"周厚枢在扬中还注意男女教育机会均等,为了提倡妇女教育,于 1928 年创设了师范科女生班,培植女教师。

完善复习考试。除月考、段考、期考按时举行外,还有复习考试的设置。对于国、英、数、理、化、史、地等科目,规定学生必须利用寒暑假,将过去一学期或一学年所学习的教材,在家复习透彻甚至由任课教师指定假

① 《江苏省扬州中学》,人民教育出版社 1997 年版,第 87 页。

期读物,并印发假期作业题材,责令下学期或下学年来校注册时交卷查验,然后于上课两周后举行各班各科复习考试,并登记其成绩,作为下学期或下学年该科总成绩的一部分,像这样循环往复,则勤可补拙熟能生巧,而可精益求精矣。平日学生课业,除有导师辅导外,周厚枢还亲自督查,譬如月考及期终考试,他常常检查各教室,如有犯规的学生,当场予以揭穿,毫不宽假,以是全校无有敢作弊者。民国二十一年、民国二十二年间,扬州中学普通科某班集体报名参加中央大学入学试验,全班 50 人,竟录取 46 名。[1]

组织成绩展览会。每年组织一次成绩展览会。学生各科作业如英文作文、各科笔记与习作、数学演草、生物理化实验报告、读书笔记、绘制图表、工艺品等,以及教师所自编的讲义、补充教材及习题等,均须展出,并由学校呈请教育厅厅长、督学,省、市、县私立中等学校校长教师,本校教职员,学生家长及地方人士前来参观批评。相互观摩,彼此激励。周厚枢对各项展出仔细阅览,或分析,或比较,展览完毕,做综合性讲评。该种展览颇具创新,极具砥砺作用。[2]

加强生活教育。受杜威"教育即生活"理论的影响,周厚枢认为,教育若与生活脱节,即会失去其本身的意义。在课程实施中,注重生活教育,除了理论的讲解外,他还特别注重习作和实践;充实图书馆设备、实习器材;指导学生参考研究,实践体验。开辟农场、畜牧场,供学生实地从事蔬菜、花果之培植,牛羊鸡兔之繁殖,诸如园艺方面之播籽、锄草、施肥、杀虫以及畜养方面之配种、挤乳、剪毛、防疫等工作,均由学生分组练习。在女子生活部,对女生进行家事训练,除一般课程外,重点培训烹饪、裁缝、育婴、护理、簿记及家庭管理。女生宿舍种有松、竹、梅三盆,完全家庭化。设托儿所,为实习婴儿保育之所;设中西厨房及餐厅,为实习烹调及礼仪做法之所;设缝纫中心,为实习裁制中西服装之所;设卫生指导室,为实习家庭护理之所。学校事务大多由学生自主管理。所有扫除、烹洗、写印及事务管理诸端,悉由学生分工自任。宿舍中分每十人为一家,互举家长,

---

① 李曰刚:《周星北先生与扬州中学》,见《周厚枢星北先生纪念集》,1967 年版,第 32 页。
② 李祖寿:《周厚枢校长与扬州中学》,见《周厚枢星北先生纪念集》,1967 年版,第 55—56 页。

操持经济，指挥诸务。每晨早操一小时，习舞蹈、舞剑、拳术，别无体育课。这样的生活教育，不仅锻炼了学生的劳动能力，而且提高了其生产兴趣，还可以使其在实际工作中获得真切的知识。将教育与生活融为一体，一扫过去旧式教育之下士大夫四体不勤、五谷（稻、黍、稷、麦、豆）不分的迂腐现象。周厚枢倡导的这种新型教育，在当时引起了轰动，众多教育团体人士为参观这种教育方式纷至沓来，国内其他各校起而效法者比比皆是。江苏省教育月刊还出版《生活教育专号》，以倡导这种新型的教育，其中还有专文报道扬中生产教育及女子生活部实况等。

周厚枢对提倡体育不遗余力。高初中均有大体育场及室内健身馆，馆内置各种器械设备及篮球场，学校规定学生每日必须运动一小时，无论风雨寒暑。每学期末对学生的体格与运动能力进行严格测验。周厚枢喜欢游泳，长于仰泳，大虹桥、五亭桥一带时见其踪影。他提倡游泳，当时扬州尚无游泳池的设备，他特在瘦西湖上择地布置，于熊园右侧，设置扬州中学学生游艇及游泳更衣处，邀约社会人士参加表演，他自己也亲自下水示范，这件事在当时的扬州可算开风气之先。

　　周校长提出要对青年学生进行体格训练、生产劳动训练。当时学校条件差，生活非常艰苦，但学校千方百计地鼓励学生加强体格锻炼。学校活动场所小、设备差，但规定每天下午第二节课后必须到操场参加课外活动，同学们到操场打球、踢毽子、跳绳、玩双杠，自由参加各种活动。记得1941年刚进初一学习，女生部举行长跑比赛，从塔耳门外大操场起跑，一直到男高中部的濮岩寺，我们班上任瑞雪同学拿到第一名，我们初十一班拿到了团体冠军，优胜红旗挂在班级的黑板上方。学校经常举行班级球赛，有时也召开全校运动会，男女生都参加，在校外的大操场举办。春秋季举行远足，到当地的名胜地如铜梁洞、钓鱼城去旅游，我们都是徒步往返，这样既丰富了生活，又锻炼了身体。

　　学校开设劳作课，老师根据当时条件，教我们制作小手工艺品，用树叶、蚕丝做书签，绣小手帕。男生部种菜施肥，老师教他们自己制作二胡，当时在国立二中国乐是非常盛行的，由于同学们经济条件差,所以自己用竹子蛇皮制作二胡,是个好办法。[1]

(四) 改善设施,充实设备

周厚枢常说:"学校之物质设备与精神训练,如车之两轮,鸟之两翼,相需为用,相辅相成。"[2]在这种理念下,除了加强科学陶冶、军事训练、实验研究、人格感化和体育锻炼等精神训练,还应不断改进学校的设施和设备,使学生有充足的条件来实验、钻研。十年之中,在他的领导下,扬中先后兴建科学馆(树人堂)、工程馆、风雨操场(体育馆)、女子生活部校舍及可容千人的自修室和学生宿舍等众多建筑,从而保证了学生能够研求科学、锻炼体格。图书馆实验仪器及其他一切教学用具,无不力求充实,有些直接购自美国与德国。周厚枢坚持物质建设的原则有:一是节省日常办公费用,以购置设备;二是所购设备以坚实使用为宜,不尚浮华。

树人堂有"百年树人"之意,堂之上系五楼,为教室及实验室;堂后为礼堂,由美术教师吴仁文先生作雕饰之壁饰,可容数千人。图书馆实验仪器及其他一切教学用具,也力求充实。

当时扬中的科学设备是相当完善的,在中等教育界是罕有的。在教学设备方面,物理、化学两科每2～3人都可分为一个小组自己进行实验(这在当时全国还是不多的);在工科教学实习方面,测量具有全套仪器,如经纬仪、水平仪、平板仪,都可进行实习。此外,还新建了工程馆,购置了万能试验机,可以进行材料试验。所有这些实验、实习,对增加学生感性知识、培养验证推理能力等,都起到了很好的作用。

扬中图书馆藏书也很丰富,师生可以查阅各科目的书籍及各种工具书,方便学习研究。师生对科学研究的兴趣与日俱增,这对学校整体科研素质的提升起到了积极的促进作用。当时,安徽教育界的程天放到扬中参观时,对全校的师生演讲,称赞扬中教师的水平之高,教训之切实,图书仪器体育设备之丰富,恐为安徽及上海一般大学所不及。

---

[1] 见 http://www.jsscszx.com/show.asp? id=457。
[2] 扬州中学:《江苏省扬州中学》,人民教育出版社 1997 年版,第 57 页。

三、影响与评价

周厚枢在扬中任校长期间（1927—1937年），治校严谨，管理科学，课程多样，制度健全，设备精良，为扬中的辉煌注入了无限生机。在周厚枢的主持下，扬州中学成为一所真正意义上的综合中学。高中部采纳综合中学做法，有普通科、师范科与工科。普通科是准备升学的，师范科是培养小学师资的，工科是培养中级工程技术人员的。此外，初中部设有女子生活部，招收小学毕业生，训练三年，专门培养家庭妇女所需的生活技能及品德，兼及家庭副业与初中毕业女生可能从事的职业训练。扬中当时汇聚了著名的学者、各大学教员，他们不仅学问好，而且品格高尚；学生刻苦努力，学习成绩卓著。在周厚枢校长的主持下，扬州中学校风淳朴，学风纯良，名师辈出，为国家培养了一大批各个领域的优秀人才，成为我国著名的中学。

周厚枢既是一位教育家，又是一位实业家。他"非但桃李门墙满天下，办学成绩全国闻名，而且被誉为'教育家'；同时，任职台糖公司，振兴糖业，谋致增产，业绩斐然，也是一位'企业家'"。他"在前半生从事教育，春风化雨，作育人才。后半生从事企业，学以致用，功在糖业"[1]。

扬州中学树人堂（1）　扬州中学树人堂（2）　　　国立第二中学校门

---

① 镇天锡：《教育家和企业家》，见《周厚枢星北先生纪念集》，1967年版，第8—9页。

朱物华：我国电子学科与
水声学科的先驱

他出生扬州，留学美国。归国后，60 余年如一日，潜心研究，辛勤耕耘，对我国科学事业、教育事业的发展贡献卓著。

一、生平小传

朱物华（1902—1998），又名佩韦，原籍浙江绍兴，出生于江苏扬州邵伯镇。我国电子学科与水声学科奠基人之一，中国科学院院士、电子学家、教育家。曾任哈尔滨工业大学副校长、上海交通大学校长等职。

5 岁时，朱物华被父亲送进私塾，学习经籍、古文。1909 年转入扬州第一小学就读。他天资聪颖、酷爱读书，除学完学校规定课程外，还补习英文和数学。1915 年，他考取扬州第八中学，其数学才能逐渐显露出来。数学老师陈怀书因此对他特别"照顾"，经常给他个别讲授，并不断增加课程难度，以培养他攻克难题的兴趣和能力。此后，董宪老师来校，他用英语教学生三角、物理、化学，使朱物华综合运用知识的能力又得到进一步提高，各门成绩始终在学校内名列前茅。

1919 年中学毕业后，朱物华报考南京高等师范学校和上海交通大学，均被录取。当时，父亲由于事业不顺、赋闲在家，家境颇显窘困，希望他能进全部免费的师范就读，以减轻家庭经济负担。但是，朱物华最大的志愿是学理工科，他很想进交大深造。在这个父子举棋未定的关键时刻，在杭州第一师范学校任教不久回家度假的朱自清认为，弟弟的"兴趣很重要，考上交通大学不容易，还是上交通大学好"，并向父亲表示愿意承担朱物华的学习费用,尽力支持弟弟上学。终于取得了父亲的同意,朱物华选择了交大。后来,朱物华深怀感激地说:"在这人生道路的十字路口,正是大哥的支持,使我终于进入交通大学电机系学习。"①在上海交通大学电机系的四年中,朱物华勤奋学习,他生活十分简朴,晚上在油灯下做作业,总是被黑烟熏得满脸灰黑。节假日他就坐在图书馆阅读或抄写买不起的书籍。在生活上他克勤克俭,被子破了也不添置,数九寒天,棉被太短,盖不到脚就用旧报纸裹脚入睡。大学毕业的1923年,朱物华报考了清华"美庚款"赴美留学。当时,除清华毕业生外,全国录取名额仅十名,男女各一半,竞争激烈,朱物华以第一名的成绩被录取,与谢冰心等清华学生一起乘船赴美,开始了留学生涯。

1923年,朱物华进入麻省理工学院电机系,次年获得硕士学位。1924年9月考入哈佛大学。经过一年的学习研究,他获得哈佛大学电机系硕士学位,继而攻读博士学位,1926年6月获得哈佛大学博士学位。其论文《滤波器的瞬流》在当时是属于电子学科领域中有待解决的重要课题,研究内容引起了美国、日本科技界的重视。三年中,他没有受到美国繁华世界的引诱,没有旅游过一次,把全部精力用在了学业之中。他的优秀赢得了老师和同学们的称赞:"前途无量。"老师、同学和友人都劝他留在美国工作,然而他表示:"看到中国的贫穷落后,我要尽个人的能力对国家有所贡献,我决定回国。"②朱物华获得博士学位后的一年时间里,先后到英国、比利时、法国、瑞士、意大利、奥地利、德国、匈牙利、捷克九个国家考察访问,参观了一系列先进的实验室和工厂,大大开阔了眼界。

1927年8月,朱物华取道马赛回国。他先受聘于中山大学任物理学教授。1930年转到唐山交通大学任电工与物理学教授。1933年,朱物华就任北京大学物理系教授。1937年7月,抗日战争爆发,北京大学被迫南迁,朱物华随校迁至昆明,在西南联合大学任教授。他先在二学院电机系教"电信网络"等课,后又在理学院开设"无线电原理"课程。1945年8月抗战胜利后,朱物华受聘到上海交通大学电机系执教。

新中国成立后,朱物华先后被任命为交通大学工学院院长、副教务

---

① 《大哥朱自清助他读书,初露锋芒》,上海交通大学校史网,http://jdx.aoshi.sjtu.edu.cn/xsrw_view.jsp? id＝155。

② 《大哥朱自清助他读书,初露锋芒》,上海交通大学校史网,http://jdxiaoshi.sjtu.edu.cn/xsrw_view.jsp? id＝155。

长。1955年至1961年,朱物华北上哈尔滨担任哈尔滨工业大学教务长、副校长。1955年中国科学院选聘他为学部委员(后改称为中国科学院院士)。"文化大革命"中,朱物华被作为"反动学术权威"受到审查批判。但是他对真理坚信不疑,对事业执着追求,埋头翻译了国外最新科技论文300余篇,并亲赴水声专业工厂义务为工程技术人员讲授专业课程。

1978年,朱物华担任上海交通大学校长,在全校范围内开展了以管理体制改革为中心内容的全面改革,激发了广大教职员工的奋发进取精神,促进了教学质量和科研水平的提高,揭开了上海交大发展史上的崭新一页。1980年后任交大顾问。

朱物华任教期间,曾受聘担任国务院科学规划委员会委员,国家科学技术委员会电子专业组委员、声学专业组委员等职,曾担任中国电子学会副理事长,上海电子学会理事长,中国声学学会理事。

1998年在上海逝世。

二、教育活动与主张

朱物华1927年学成回国后,数十年如一日呕心沥血,辛勤耕耘在大学教学第一线,先后在中山大学、唐山交通大学、北京大学、西南联合大学、上海交通大学、哈尔滨工业大学六所著名院校任教。他为这些学校开设并主讲的课程有:高等物理、应用电学、电信网络、无线电原理、电工学、电力系统自动化、输配电工程、电视学、电力系统中高频技术、无线电技术基础、微波技术、飞行器中变速恒频电气设备、飞行器中电源设备可靠度的概率顺序分析、电力系统的自动装置、电力系统远动技术、电力系统自动监视和控制、声全息、水声工程原理、信息论等。这些课程不仅跨越了众多学科,而且有许多是开当时国内先河的前沿课程。他一生重视基础理论教学,重视实验研究,在人才培养和教材编著上,以及某些前沿课题的研究探索上,都做出了重要贡献。[①]

1. 开创中国电子学科与水声工程学科

在我国,20世纪20年代,作为一门独立学科的电子学是从物理学中分离出来的。1938年,学成归国的朱物华在十分简陋的实验条件下,创造性地拍摄了直流与交流场合下的瞬流图,他所写论文《滤波器的瞬流》,对

① 娄国忠:《我国电子学科与水声学科的奠基人之一朱物华》,《绍兴县报》2012年1月1日。

我国开创中国现代电子学的研究有重要价值。美国权威杂志发表了这篇论文。从此,朱物华在该领域奠定了应有的地位。40 年代,朱物华指导研究生完成了"电枪式磁控管分析和设计"课题,解决了阴极烧毁的科学难题,在理论上把电源与电磁(EM)作用空间分开,由此开辟了新的方向。50 年代他对苏联在电力线路上使用的设计参数,提出了新的设计方法,这种电路可以提高滤波器的性能。①

从 20 世纪 60 年代起,已从事电子学教学和研究工作 30 多年的朱物华,为了国防事业的需要,转而从事水声工程的教学和研究。当有人问他:"朱老,您这么大岁数了,为什么还要另起炉灶?"他的回答是:"国家有需要我就转行。"从此,在这一新的领域再次显示了他的卓越才能。② 为了加速该校已建立的水声专业的建设与成长,1961 年,作为上海交通大学副校长的朱物华毅然兼任集水声工程教学与科学研究的组织领导工作。他一方面组织分头编写教材,编写出了诸如《水声接收设备》《水声发送设备》《水声换能器和基础》《水声信号传播及抗干扰》等专业课程讲义,还亲自编著了《信息论》,并主讲了当时尚属前沿的这门课程。另一方面,他加速了水声实验室和供基础研究用的诸种声学实验室的建设,为科研单位、工厂和部队输送了大量合格的本科毕业生。1964 年,朱物华在全国率先招收水声学科硕士研究生,以后又培养博士研究生。这批学生如今均已成为全国水声行业的各个领域的专家。

在任上海交大副校长、校长乃至顾问期间,朱物华对建设和发展我国水声学科做出了杰出贡献。在他的带领下,上海交大还承接了为国家重点工程配套的水声设备研究任务。正式样机在海上实验成功,该成果获得 1978 年全国科技大会奖。此后,他还带领教师参加协作,研究成功综合声呐,样机的指标达到 20 世纪 70 年代初的国际水平,具有综合性强、功能齐全的特点,获得国防工业办公室授予的科技进步奖。朱物华重视水声学科的基础理论研究,他与助手们一起,进行船舶螺旋桨空化噪声预报的研究,这是我国首次对相似律做出的理论与实验研究,提出了新的预

---

① 《传播电子科学的先驱》,上海交通大学校史网,http://jdxiaoshi.sjtu.edu.cn/xsrw_view.jsp? id=154。

② 《水声工程的教学和研究享誉中外》,上海交通大学校史网,http://jdxiaoshi.sjtu.edu.cn/xsrw_view.jsp? id=156。

报公式,预报实例证实有效精准的预报效果。他还提出有关声辐射计算,比国外"A.FSTYBERT 公式法"具有更高的计算精度。经过若干年的刻苦钻研,朱物华精通了这门学科的全部理论,成为我国第一代水声工程专家。

2. 编著我国第一套电子学科教科书

南京国民政府时期,我国通信和电子学科高等教育十分落后,没有自己的教材。为了改变这一状况,早在 20 世纪 30 年代初期,朱物华就编写了内容包括发电机和电动机原理、构造与设计方法的《应用电学》。1930年,他编著的《无线电原理》由于讲授传输线理论、放大和振荡电路原理、检波和调制电路、调频及噪声,以及电波特性等内容,在当时以取材新颖著称。他在西南联大任教时,编写的《电信网络》,不仅内容充实,体系完整,还不断地把通过当时美国军邮获得的外国最新的理论与实践成果充实进去,使学生获得最新的科学知识。当年在西南联大选读此课的学生曾誉朱物华为开拓"电信网络"这门新分支学科的先驱,堪与当时的泰斗考尔(Cauer)和吉尔曼(Guillemin)等齐名。朱物华还在这一时期依据当时所能收集到的国外最新书刊和资料,编写了电视原理与知识的教科书,并首次开设了"电视学"、"电传真"课程。这是一个创举,因为在当时就是国外培养研究生的课程也未见此类的任何书面计划。①

新中国成立之后,我国不少高等院校为了适应有计划地发展我国电子与通信工业生产和科学研究的需要,设置了许多关于无线电与电子学科方面的新专业。当时的教材只能从苏联版的教材翻译入手。已届知天命之年的朱物华率先从繁重的教学领导工作中挤出时间,以最大的毅力,不避酷暑严寒,攻读从未接触过的俄文,仅用两年时间就熟练地掌握了俄语,达到读、听、写、说的水平,先后翻译出版了我国第一套《动力系统自动化》、《动力系统中的频率自动调整》、《电力网习题集》等参考书。这些教材曾对发展我国电力与电子学科的生产技术与教学起到了促进作用。

在翻译出版急需的俄文教材的同时,朱物华一刻也不放松自编切合我国国情的教材。为了使电力线路兼能传输载波信号,提高电力系统运行的可靠性与经济性,他编著了《电力系统中的高频技术》一书,并在国内

---

① 《今日哈工大》,见 http://today.hit.edu.cn/articles/2005/06－25/06085247.htm。

首次开设这门课程。他还先后编著了《输配电工程》、《电力系统中频率及有功功率自动调整及经济分配》、《无线电技术基础》、《微波技术》等教材。朱物华是有史可鉴的我国电子学科高等教育的奠基者。

3. 致力于课程与教学工作

1933 年朱物华在北京大学任物理学教授,自编教材,内容先进、充实,条理清晰,重点突出,深受校内外学生与教师的欢迎。20 世纪 50 年代他在开设的天线课程中,依据火箭技术和厘米波、毫米波技术的发展,融入了当时出现不久的超高频天线的特点和发展趋势等内容。60 年代初期,声全息技术的优点开始为人们所了解,世界各国相继对声全息技术进行研究,朱物华根据国际上发展的新动态,讲授声全息系统、声全息技术的用途与可能的发展等新颖的知识。

朱物华十分重视学科基础理论的教学。他说:"从事基础和应用基础研究,没有扎实的基础理论是不行的。"他讲授的天线课不仅介绍各种天线的结构与应用及其参数的计算方法,还重点介绍电磁能量辐射理论的基本方程和天线回波技术的理论。朱物华在他开设的"信息论"课中,重视讲授信息论的基本理论。

朱物华在教学活动中十分重视基本功,认为从事科学技术的青年必须打好扎实基础,要练好几套基本功。即一要练好绘图功,培养画各种图形的能力,要求把实在的物体形象描绘出来,不能走样;二要练好实验功,培养检验某种理论或假说的能力,要求亲自动手操作,不能眼高手低;三要练好运算功,培养按公式或原理计算的能力,要求迅速、准确、没有差错;此外就是外语功,他说:"掌握一门外语等于拿到一把进入科学殿堂的钥匙,如果缺少外文基础,也难以进行国际交流。"[①]这些都是他多年来宝贵经验的总结。

朱物华在中国教育界有着深远的影响,他受到学生的崇敬与热爱。他与学生的师生情,至今还流传着许多佳话。

朱物华是江泽民在交大读书时的老师。大学时,江泽民曾听过

---

① 《一位资深的教育家》,上海交通大学校史网,http://jdxiaoshi.sjtu.edu.cn/xsrw-view.jsp? id=157。

朱物华讲授的"电力传送"课程。他渊博的知识和严谨的学风,给江泽民留下了很深的印象。他的讲课,有自己的体系,深入浅出,条理清晰,不管多么长的复杂公式,他从来不看讲稿就能一字不差地写出来。几十年以后,江泽民还记得朱物华上课的情景。更巧的是,朱家与江家在扬州有世交。江泽民的七叔江树峰曾有诗云:"散文背影重人伦,三代交谊可细论。我见圣陶前辈议,犹思广陵才气人。"讲的就是江家与朱家几代人的友谊。正是因为有这层关系,江泽民日后也常称呼朱物华为"二叔"。

1983年,朱物华应邀赴美国休斯敦参加一个国际学术会议,但经费还有短缺,时任电子工业部部长的江泽民,对老师的这次行程十分关心,考虑到朱物华曾任全国电子学会副理事长,就决定由电子部承担他的部分费用。而朱物华也深知学生的一番苦心,非常感激。在美国期间,他一切从简,将省下来的经费,如数归还电子部。这令江泽民又平添了一份对朱物华崇高品格的敬重之情。

1996年4月6日,中共中央总书记、国家主席江泽民以学生的身份回到母校,在参观校史展览时,看见陈列着的朱物华当年用的那本教材,感慨油然而生,在面对朱物华等教授讲话时,他说:"人呢,不管怎么样,不管做到什么位子,他不能不回忆起曾经培养过他的母校和曾经培育过他的老师,他不可能忘掉她!"最后,江泽民还特地躬身问候94岁高龄的朱物华,并俯身对他说:"朱老,代我问二婶好啊!"①

朱物华在教学中十分重视理论与实验的有机结合。早在20世纪30年代早期,他就强调实验课在传授理论知识中的重要地位与作用,认为这是使学生巩固所学知识和接受科学研究方法的重要环节。1934年,他在北京大学讲授"应用电学"和"无线电原理"期间,每周的实验课总是亲自安排,让学生通过实验,学习相应的测量技术、操作技巧和演算方法,使他们在验证实验结果数据与理论计算的符合程度中思考问题,加深对有关原理的理解。

---

① 《一位资深的教育家》,上海交通大学校史网,http://jdxiaoshi-sjtu. edu-cn/xsrw-view. jsp? id＝157。

朱物华治学严谨。20世纪70年代他为研究开设的"水声工程原理"课,教材中的声压单位原先用的是微巴（μbar）,而当时国际上最新资料中,声学单位已采用帕（Pa）为单元（1 Pa＝10 μbar）。为使教材中有关的物理表述符合国际标准,朱物华不厌其烦地将10多万字的教材仔细检查,修改了105处,重新计算了11个例子,增加了7个图表,使教材更加准确完善。他在对研究生的日常教学中尽力为学生解惑的精神,更是屡屡为人所称道。有一次,同学们对书上计算有点疑问,朱物华晚饭不吃,立即验算,把来龙去脉写成补充讲义,印发给学生。此时的朱物华已是一位年逾古稀的老翁,其严谨精神,令人肃然起敬。

> 朱老师的课讲得很精彩。他对课程的各个环节,分析得丝丝入扣,对问题的解答,清楚明白。他对学生的要求很严格。记得当年一次期末考试,考了三道题。有一个学生考得很好,对第一题做得特别满意,自己估计可以得90分,但是,朱物华只给60多分。学生去问他,朱物华指出,第一题在计算中,有一个正（＋）负（－）符号写颠倒了。朱物华语重心长地说:"你们将来是要成为工程师的,现在连最起码的正负符号都搞错,如果将来用在工程上,就会出大问题。"接着他举例说,美国某桥梁设计师的设计书,忽略了小数点后的三位数,结果引发事故,被判了刑,所以他说:"现在,我明知你题目有错仍给分数,实际上是害了你。"他的这番话,说得学生心服口服。[①]

4. 推进学校教学制度改革

1978年,朱物华出任上海交通大学校长后,积极主张教学改革。在他的推动下,学校恢复了教学研究科,成立了教学法委员会,推行贯彻因材施教的原则,抓点带面试行导师制、选修制和分学制,推动全校开展课堂教学、考试方法、实验教学、毕业设计（论文）等方面改革。这些主张和措施调动了教与学两个方面的积极性,教学质量较之前明显提高。朱物华又与党委一起遵循"基础厚、专业面宽、适应性强"的指导思想,打破"文化

---

① 《一位资深的教育家》,上海交通大学校史网,http://jdxiaoshi.sjtu.edu.cn/xsrw-view.jsp? id＝157。

大革命"中按产品设置专业的狭隘性,按共同的学科基础合并相近专业,改造老专业,加强、充实新专业,实施"以工养理、以理促工、理工结合"的目标,逐步重建、新建了应用数学系、应用物理系、应用化学系、工程力学系、工业管理系。确立了学校理、工、管相结合的办学方向,为上海交大未来的发展奠定了良好的基础。

此外,朱物华还具有极强的爱国精神。1927 年 8 月,朱物华受聘赴广东中山大学任教,走上了教育岗位。他说:"我看到欧美教育、科学技术如此发达,感到一个国家要改变落后面貌,必须培养大批人才。"这成了他毕生为之奋斗的事业。朱物华从年轻时候起,就像他的长兄朱自清一样,具有强烈的爱国热情和正义感。1931 年南京国民政府教育部部长朱家骅,邀请他任中央大学工学院院长,他不满当时统治阶级腐败无能,辞而不就。1933 年,一批汉奸在河北冀东地区搞所谓"自治运动",建立伪政权,朱物华愤而离开唐山交大。而在新中国成立后,他始终把国家利益放在第一位。1955 年苏联撤走专家,哈尔滨工业大学需要他去工作,当领导调他前往支援时,他虽已年过半百,却不计较气候寒冷、生活不习惯等不利条件,一口答应,欣然前往。从 1927 年归国后,朱物华 60 多年如一日,呕心沥血,辛勤耕耘在教育第一线,先后在六所著名院校任教,讲授过 22 门课程。他的学术论文、著作和译文等身,即使在"文化大革命"期间,他还翻译了 300 多篇国外科技文献资料。

三、影响与评价

朱物华从事教育和培养人才工作达 70 年之久,学问渊博,服从国家需要,先后主讲过"电信网络"、"电力系统自动化"、"电视学"、"水声工程原理"等 22 门课程。他强调基础理论,重视实验研究。从第一次登上讲台起,他就坚持自编教材,用英语授课。在电子学领域,他总是把世界上最新的知识传授给学生。1936 年,英、德、美等国家相继开办了广播电视,电视机渐渐地被民间广泛接受。为使中国能紧跟这一科技潮流,早在1946 年,他就在交大首先开设了"电视学"、"电传真"课程,讲授天线、发送、接收、显示设备等理论和技术问题。此后,在这批学生中,有很多人都成为中国电子科学和工程领域的专家。

1982 年,朱物华被中国物理学会授予"工作五十周年"荣誉证书。

1983年2月朱物华赴美参加第二届国际离岸力学与极区工程学术讨论会，被得克萨斯州政府授予"荣誉公民"称号。1984年至1986年，朱物华出任交通大学校友总会第一任会长，并于1985年再次赴美参加美洲校友联谊会会议。1988年10月，中国科学院授予他荣誉证书，次年11月授予他荣誉奖章。1990年12月，国家教育委员会授予他荣誉证书及奖牌。1992年2月他荣获中国电工技术学会"元老"奖。

1992年，是朱物华执教65周年，也是他90华诞，上海交大与有关部门为他隆重举行了庆祝大会。时任中共中央总书记的江泽民作为他的学生发来了专函，赞扬朱物华"为我国的教育事业，辛勤耕耘几十年如一日，为科学事业的发展做出了卓越的贡献"。时任中共中央政治局委员兼国家教委主任李铁映题词称赞朱物华"严谨治学，桃李芬芳"，国家教委的贺电称赞他"严谨治学，辛勤育人，不愧为一代师范"。65年来，朱物华以严谨的治学精神，生动而深刻的课堂教学，颇具特色的教材，理论联系实际的学风，精心培养了一代又一代的科学技术人才。他的许多学生，如江泽民、杨振宁、朱光亚、邓稼先、马大猷、严恺、刘恢先、张维等都是国内外知名的专家、学者和栋梁之材，在教育界享有很高声望。在我国的声学发展中，朱物华不顾年事已高，率先招收水声学科硕士、博士研究生，培养该领域的高端人才。

"治学严谨，一代师范"，"春深老树雯芳菲，一代宗师世所稀。教泽流长遍中外，无言桃李自成蹊"，这是朱物华的学生，在北京等地工作的25位专家、教授，于1992年联名庆贺他们的恩师朱物华教授执教65周年纪念会的颂诗。

晚年的朱物华　　　　　　上海交通大学校门

黄泰:扬州数学名师的代表

扬州数学界"三黄"之首。他编写数学教材十余部,其中两本成为国定教科书。他的学生中有十多人后来成为中国科学院、中国工程院院士。

一、生平小传

黄泰(1904—1979),字阶平,扬州人。1904年12月出生于古城扬州。幼年时代的黄泰勤奋好学,成绩优异,曾就读于江苏省立第八中学,得到任孟闲校长的赏识。1927年,毕业于国立东南大学,23岁时考取公费赴美留学,但由于要分担家中十多人的生活重任,未能成行。时值扬州中学建校,校长周厚枢邀请他回校任教。抗日战争爆发,1937年冬,扬州沦陷,黄泰带领部分扬中师生到上海建立扬州中学(沪校),并担任代理校长。淞沪会战失败后,不少学生参加新四军。汉奸周佛海、陈公博等人下令学校复课,对不复课学校的校长进行迫害,无奈,黄泰不得不到瑞士大使馆避难。由于压力太大,他大病一场,后在多方帮助下回到扬州。在日伪占领期间,他坚决不替日伪办学,隐居在家,撰写从初中一年级到高中三年级的全套数学教材(约70余万字)。1945年,抗战胜利,黄泰担任江都(即现在的扬州市区)县中校长,并兼任扬州中学、同仁中学数学教师。后来因政府要员(江都县县长)的儿子在校不守校规,考试作弊,他不畏强权,将其开除,数月后即被解聘。尔后,他去中央大学附中(后改称为南京大学附中,1952年又改为南京师范学院附中)任教,并任数学科学会议主席。①

1949年4月南京解放后,黄泰被选为南京大学附中工会主席,并于

---

① 郭晓凤:《一个与党心连心的老园丁——怀念老教师黄泰》,2010年。

1951 年受中国自然科学会邀请,去北京参加中国数学会成立大会,回南京后担任南京市数学会副主席。1952 年他奉命参加扬州的苏北师范专科学校筹建工作,任数学科主任,后任扬州师院数学系副主任。其间,他仍孜孜不倦,先后完成了《微积分学》、《中等数学教学法》、《高等代数》和《初等几何》等教材的编制,并应邀在江苏省电台开设过四次数学教学法讲座,被誉为数学教育界扬州"三黄"(黄泰、黄应韶、黄久征)之首。黄泰从事数学教育数十年,培养了很多人才,其中不少成为国内外知名的专家、学者。①

1979 年病逝,享年 75 岁。

二、教育实践与主张

1. 教学认真,特色鲜明

黄泰一贯教学认真,上课思路清晰,语言精练,形象生动·板书工整,文字流畅,深得学生喜爱。他画圆准确,线条规范,数十年来为学生所公认。他上课从来不擦黑板,黑板写满时正好下课。作为数学教师的他,能徒手画出精准的圆,学生无不佩服。在讲三角函数四个象限函数正负号的时候,为了将枯燥乏味、难于记忆的数学问题讲得生动、风趣,使学生印象深刻,容易记忆,他发明了一种叫作"郑玄吃鱼"的特殊记法。20 世纪 90 年代,台湾地区的扬州中学老校友在一本文集中称他为扬中的"数学泰斗",扬州中学百年校庆的万人大会上有人说,他是百年来扬州中学的"数学名师"。黄泰一贯教学认真。有一次,高鸿院士来他家看他时说:"我到现在还没有学会你那上课不擦黑板的本领。从前上课时见到你把黑板写满了,就知道即将下课。"90 岁的吴征镒院士说他"数学精,打麻将也精"。80 多岁的航空专家吴大观,还记得他上课时空手画圆非常规范的情形。

单庆朝：黄老师的黑板功②

黄老的板画,更令人赞叹,他很少携带圆规直尺进课堂,随手作图,画出的图形,线笔直,角的准,圆滚滚……

凡是上了岁数的人,都知道在扬州教育界的"三黄",他们是数学

---

① 扬州市教育委员会:《扬州市教育志》,新华出版社 2000 年版,第 210 页。

② 黄叔怀:《他的门下走出 11 位院士》,《扬州日报》2012 年 4 月 12 日。

名师黄泰、黄应韶、黄久征。三位前辈早已退休,有的已不在人世了,但他们留下的宝贵教学经验却让后人受益。1960年,黄泰老师教"线性代数"。黄老的课,扣人心弦,启人心智,其精湛的教学技艺和独特的教学风格,这里暂不多言,就说黄老的黑板功,就足以让人感叹。有人说,教大学生,只要重视逻辑思维,形象思维的培养是中学的事,黄老却不以为然,他把黑板看成是课堂教学的窗口,充分发挥黑板上每一个字、每一句话、每一道公式的效应。他的板书纵成列、横成行、斜成线,好像正在接受检阅的士兵,方阵待命,在这个基础上,他讲述运算法则和规律,俨然是画龙点睛,一目了然,学生们都说,听黄老的课岂止是求知受益,还是一种美的享受。黄老的板画,更令人赞叹,他很少携带圆规直尺进课堂,随手作图,画出的图形,线笔直,角的准,圆滚滚。至于等分线段、平分角度、截取弧度等,那是一边说、一边手势比画、一边准确画图,如果要用工具校验的话,不是"十不离八"而是"无懈可击"。最叫人佩服的是黄老师画圆有一手绝招,称为"双手开工,一点成"。即用双手持粉笔,从一处出发,各画半个圆,汇集在一处,最后用粉笔点上圆心,所画的圆,与圆规作圆,相差无几。黄老教课,在黑板上不多写一个字,也不少写一个字,四块升降黑板,写得满满的,教课中他从来不用黑板擦,写什么,在哪儿写,都精心策划得好好的。当他教完课程,进入总结时,便拿起黑板擦,一边复述内容,一边擦去黑板上相应的板书,课讲完了,黑板也擦干净了,下课铃也同时响了。教室里的黑板,对黄老来说,是"干净地来,干净地去!"

2. 认真钻研编写教材,两本教材成为国定教科书

在扬州中学期间,黄泰除了从事教学,还研究教学,编写教材。当时,除高中代数用英文版《范氏大代数》外,其他所教数学课程教材,全部由他自己翻译或编写出版。大学毕业后数年间,除发表多篇论文外,他还出版了《初中代数》(上下册)、《黄氏初中几何》(上下册)、《高中解析几何》、《高中立体几何》、《高中复习数学》、《抛物线、椭圆双曲线的几何讨论》和《几何学分类习题》七部教材。其中《初中代数》(上下册)更是在1934年被当时的教育部审定为国定教科书,《高中复习数学》成为学生报考上海交大、清华大学的复习指导用书,在国内产生了较大影响。1931年出版的《高中解析几何》为我国第一本由中国人编写的中学教材,被东南亚国家的华侨

学校使用，1935年被当时的教育部审定为全国新课程标准用书，影响较大。1937年扬州中学庆祝建校十周年时，黄泰做了数学专业十年来教学经验总结报告，并全文在校庆专刊上发表。后来，2004年，我国教育部组织编印的全国名校著作《扬州中学建校百年》中的数学教学经验总结，用的还是黄泰1937年写的那篇教学经验总结，足见其价值与影响。

1958年，扬州师院将他在抗日战争期间编写的70多万字数学教材手稿，在校内公开展览，展出后受到部分学校关注，江苏实验中学借走部分教材作为该校数学教材。

3. 爱国惜家，关心学生

黄泰为人正直，是一位有着强烈爱国思想的知识分子。抗日战争爆发后，黄泰在上海扬州中学（沪校）担任代理校长，他除了亲自担任教学工作外，还重视对学生进行爱国思想教育，积极支持学生支援十九路军抗战，受到学生的好评。淞沪会战失败后，他支持学生参加新四军，面对汉奸对不复课学校的校长的迫害，他毫无畏惧，避难瑞士大使馆，回扬州后，他坚决不替日伪办学，甘愿失业在家。三年多的时间里，他闭门钻研，写了代数、几何、三角、解析几何等从高一到高三的数学教材手稿，共五册，约70多万字，打算抗战胜利后使用。

除了教学，黄泰还非常关心学生，即使是已经毕业的学生，当得知其生活艰苦，他仍不忘托人捎去衣物，令学生十分感动。有一次，黄泰听说学生付家琪（化名符洪）早年参加新四军抗日，条件相当艰苦，就通过他夫人认识的杨小姐[①]带去一些急需物品，数月后，杨小姐告知已收到，他很欣慰。1948年底扬州解放后他才得知：符洪于1947年在一次战斗中牺牲，时任行动大队政委。

据黄泰之子、原扬州师范学院体育系主任黄叔怀回忆，在兄弟五人中，黄泰排行老五，在长兄去世后的数十年时间里黄泰一直承担了家族十多人的生活重担，特别是两位寡嫂，一直奉养到寿终安葬。新中国成立后，黄泰把家中六间住房让给地区办社会福利事业，地方领导几次建议他收房租，他说"我是共产党员，不能收"，而每年的房产税却仍然由他交付。

4. 三条家训，教子有方

黄泰教子有方，他曾对子女立下三条家训："一是儿子30岁前不允许

---

① 杨小姐原名叫杨祖彤，中共地下党员，曾动员付家琪夫人出来工作，付家琪夫人后来被选为扬州市城西区人民政府委员，杨祖彤本人后来任扬州市第三任市长。

结婚,为的是立业;二是子女必须要读大学;三是子女结婚,家里不赠任何财产。"黄泰认为父母不应留财产给子女,否则会造成子女的懒惰,或是造成矛盾的根源,但一定要培养子女成才,能自立,能成为对国家有用的人才。这三条他都坚持做到了,在他经济最困难的时候,始终坚持让子女上学,把六个子女都培养到大学毕业,成为保卫祖国、建设祖国的共产党员,成为原子能、弹道导弹、飞机制造、电子通讯、运动医学等领域的高级科技人员、大学教师,以及从事省统战工作的国家干部,在不同的岗位上为新中国的建设贡献力量。

黄泰注重培养子女的独立精神。大女儿黄尔怀 1954 年考上福建医学院,他没有亲自送女儿前往,而是鼓励女儿自己前往学校。由于路途不熟,加之语言不通,只能返回扬州。第二年黄尔怀又参加考试,考到南京的江苏教育学院化学专业。①

5. 呕尽心血,培育英才

黄泰曾说:"教师最大的乐趣,是上课成了学生的一种享受;教师最大的幸福,是学生成了杰出的人才。"他身体力行,培养了一批批杰出的人才,在他的学生中,有 100 多人成为国内外知名的专家、教授、学者、社会名流,走出 11 位(还有一说是 12 位②)中科院和工程院院士,还有好几位党和国家的高级干部。他们是:原中共中央政治局委员、中国社科院院长胡乔木,原国家科委副主任、中科院院士武衡,原化工部副部长李苏,国家最高科学技术奖获得者、中科院院士吴征镒,国家最高科学技术奖获得者、中科院院士袁隆平,我国航空事业创始人、感动中国的"双百"人物之一的吴大观,美国宾夕法尼亚大学教授杨祃德,北京大学教授谢义炳,中科院研究员许国志院士,南京大学教授高鸿,复旦大学教授吴征铠,我国著名的地质学家常印佛院士,导弹专家黄纬禄院士,石油工程专家童宪章院士,电子信息工程专家童志鹏院士,以及原华中工学院党委书记朱九思,原北京邮电大学副校长、著名电讯专家蔡长年教授,以数理专长的著名经济专家武汉大学李崇淮教授,金属切削专家、北京市科技顾问、北京理工大学于启勋教授等。1978 年 3 月,全国科学大会在北京召开,扬州

① 毕业后,黄尔怀被分配到如皋师范做教师,一年后,被任命为如皋新团初级中学校长,后来调到江苏省统战部工作。

② 《黄泰:十二位院士的老师》,见 http://www.xici.net/d181377337.htm。

"吴氏四杰"中的三位兄弟吴征鉴（寄生虫病、昆虫学家）、吴征铠（物理学家、化学家）、吴征镒（植物学家）一起参加了这次会议，并合影留念，其中吴征铠、吴征镒两位院士均是黄泰的学生（"吴氏四杰"中的另一位为戏曲学家、学者吴征铸，又名吴白匋，见本书附录一）。

吴征鉴、吴征铠、吴征镒兄弟出席全国科学大会合影

1959 年，黄泰被发展入党，成为一名光荣的共产党员。"文化大革命"期间，在党和国家遭受危难之时，他和扬州师院陈超书记被关在同一间"牛棚"里，受尽了磨难。当病情恶化时，他还要人把他扶到书房里，用那颤抖的手指，一页一页地翻阅他编写和翻译的书稿……

三、影响与评价

黄泰一生学高为师，身正为范，刻苦钻研，诲人不倦，孜孜以求、勤勤恳恳地在三尺讲台上传道授业数十年，为新中国数学教育事业做出了贡献，取得了丰硕的教学和研究成果。工作 20 多年，他从未加过工资，无怨无悔，辛勤耕耘，努力工作，先后完成了《微积分学》的手稿和《数学教学法》、《高等代数》、《初等几何》等教材的编写，为人才培养奉献终生。他获得扬州中学授予的"扬州中学百年数学名师"、南京师范大学附中授予的"南京师范大学附中抗战胜利后数学名师"等称号。

在黄泰的追悼会上，扬州师院领导致悼词说他是"富有正义感的知识分子"，"体现了中国人民的爱国主义精神"。一些挽联写道："数学泰斗，著作等身、沧海明珠光浩月；师恩雨露，英才辈出、国中桃李哭先生"；"教学五旬，呕尽毕生心血；弟子三千，痛失一代良师"；"学比黄山富，品与泰岱齐；年高不自馁，熏风死难靡"。他去世时，美国宾夕法尼亚大学杨祚德教授专程回国悼念，胡乔木、武衡、谢义炳、许志国、高鸿、李崇淮、朱九思、蔡长年、宋家泰、于启勋等学生还特地送了花圈，原扬州师范学院书记陈超从外地赶来扬州参加追悼会。

　　"他是蜡烛，用一生引燃了三千'桃李'的精彩人生；他是启明星，用微光点亮了 11 位院士的生命光环。"①这是黄泰的真实写照。

黄泰出版的教材(1)

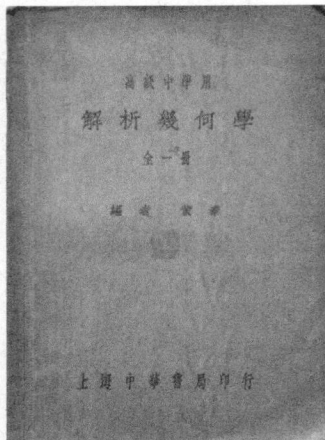

黄泰出版的教材(2)

黄泰在辅导学生

美国宾夕法尼亚大学教授杨祚德回国探望恩师黄泰（前），同在瘦西湖合影

---

　　①　黄叔怀：《他的门下走出 11 位院士》，《扬州日报》2012 年 4 月 12 日。

余冠英：淳儒硕学，润物无声

《文学遗产》主编。他潜心学术，严谨求实。诗歌选本与注释，简洁准确，通俗生动，受到普遍好评和欢迎。弥留之际，他念念不忘的还是扬州那让人眷恋的绿杨情。

一、生平小传

余冠英（1906—1995），学名冠英，字绍生，1906 年 5 月生于江苏省松江府。冠英之上的两个姐姐都过早夭折，所以这个男儿的出生对家庭来说就尤为金贵。小名"松寿"是望他健康长寿，大名"冠英"就是切盼他日后成为"群英之冠"。父母把全部希望都寄托在小冠英身上，他 3 岁起开始识字，6 岁时举家迁居扬州，住徐凝门街余总门，后迁至羊巷，在扬州生活了 20 年。

1922 年，余冠英考入江苏省立第八中学。他每天放学回家跑半个城圈，因此曾荣获学校跳远、跳高、百米及 110 码低栏四项第一名。他于1926 年考入清华大学历史系，后改国文系，因张作霖绞杀李大钊，借读于东南大学一个学期。1931 年毕业后留校任教。抗日战争期间，余冠英任西南联合大学副教授、教授，讲授中国文学史、各体文习作、历代文选等课程，并主编《国文月刊》。1946 年秋回到清华园，任中国文学系教授，讲授中国文学史和汉魏六朝诗等课程。1953 年国家对高校院系进行调整时他被调至北京大学文学研究所（后划归中国社会科学研究院），长期担任文学所古代文学组（室）主要负责人，并任文学所副所长、学术委员会主任、

201

《文学遗产》主编等职。

　　余冠英先后任清华大学助教、讲师、教授，北京大学文学研究所、中国社会科学院研究生院研究员（兼古代文学研究室主任）、副所长（兼学术委员会主任）、顾问（兼学术委员会名誉主任）、博士生导师。余冠英历任中国作家协会理事、全国人大代表、全国政协委员、全国文联委员、国务院古籍整理出版规划小组顾问等职。担任《文学研究》、《文学评论》编委，主编《文学遗产》、《中国大百科全书·文学卷》（秦汉）。主要著作有：《汉魏六朝诗论丛》、《古代文学杂论》、《乐府诗选》、《三曹诗选》、《诗经选》、《汉魏六朝诗选》、《诗经选译》等，参与多项集体科研项目。

　　余冠英在扬州生活了 20 年，少小的事物给他留下了难以磨灭的印象。扬州旖旎的风光和浓郁的文化气息，陶冶了他的性情，滋养了他的文学素养。弥留之际，他念念不忘的还是扬州那让人眷恋的绿杨情。[①] 1995年 9 月 2 日，余冠英在北京逝世，享年 89 岁。他的骨灰与夫人陈竹因女士合葬于北京西郊福田公墓。同年 9 月 14 日，新华社发布余冠英逝世的电讯，随后《人民日报》、《光明日报》、《文汇报》、《文艺报》等国内各大报相继发布这一消息，《光明日报》的文化周刊、《中华儿女》（海外版）和《群言》等刊物还先后发表专文，对余冠英的逝世表示深切悼念，对他的学术成就给予高度评价。[②]

西南联大中文系教师合影（右二为余冠英）　　余冠英与儿子余绳武

　　① 见 http://bbs.gxsd.com.cn/forum.php?mod＝viewthread&tid＝73236。
　　② 赵昌智等：《文化扬州》，广陵书社 2006 年版，第 104 页。

余冠英的学术事业、遗泽芳踪永远活在中国文化大业的长河中，其墓碑上镌刻着"天地悠悠"四个大字，发人深省。

二、教育实践与思想

（一）爱国教育实践

20 世纪 20 年代中国革命风起云涌，余冠英开始阅读进步书刊，接触革命思想，结交进步同学朋友。"五卅运动"爆发时，扬州爱国学生也奋起支援，余冠英带领同学走上街头演说。他个子高，向市民借来板凳，站在板凳上，便大声地发表演讲：父老乡亲们，同胞们，帝国主义强盗杀害了我们的同胞，是可忍，孰不可忍？天下兴亡，匹夫有责！我们八中的学生们已经组织起来了，只要我们组织起来，全民起来反对帝国主义的暴行，支援上海工人，有人出人，有钱慷慨解囊，卧薪尝胆，英勇斗争，反帝斗争一定会胜利！

余冠英还编辑了《卧薪尝胆》杂志，发动全市罢工、罢课、罢市。15 所学校在公共体育场集合示威，查禁了英货日货。游行时虽大雨如注，却无一人退却，他们找到扬州商会会长朱竹轩，禁止商号进日货，共募捐款和游艺演剧收入计大洋 3 148.39 元，如数汇沪。在观音山香市时，学生又分班向香客募捐，汇沪各业工人。余冠英当选为新成立的扬州市学生会联合会第一任会长，邀请进步人士到学校讲演。5 月 22 日，革命先驱、共产党员恽代英莅扬，在绿杨旅社接见了他，并到江苏省立第八中学、第五师范宣传马列主义，给他留下极深印象。[1]

抗战期间，他发表了《潜广新乐府》，运用新乐府的艺术手法愤怒声讨日寇与汉奸的罪行。

（二）文学研究

1. 刻苦钻研，英才早慧

余冠英的父亲是清代武职人员，母亲虽没有太多的文化，但会读书绘画。幼年时，太夫人督教至严，教认方块字。11 岁时余冠英失怙。余冠英从小刻苦学习，落落大方，深得扬州名儒陈巽卿的器重，后来陈家八姑陈竹因与余冠英成为白头偕老的伉俪。16 岁时余冠英考入江苏省立第八中

---

① 蔡文锦：《余冠英先生传略》，《百家春秋》2000 年第 5 期。

学,编辑了《卧薪尝胆》杂志。

1926 年,余冠英考入清华大学中国文学系,很快成为清华园作家群的代表作家。他写了一些小说、散文、小品与新诗,1931 年署名灌婴在《清华周刊》发表《清华不是读书的好地方》,收入《中国新文学大系(1927—1937)》第十集。1937 年 8 月 5 日,清华园沦于日寇魔爪。余冠英一家南逃扬州,避难于东乡。联大发来聘书,他前往联大,讲授中国文学史、各体文习作、历代文选和国文教学实习指导,并主编了《国文月刊》(第三期至第四十期)。

2. 淡泊名利,潜心学术

余冠英是古典文学界德高望重的长者,公正无私的典范。凡涉及名誉、地位和物质利益时,他从不提要求,也很少议论是非,说长道短,评说他人。由文学所古代室集体编著的《唐诗选》(1978 年),实际上是余冠英主编,当时没有署名,后来他从不提这件事;而当社会上有人对该书某些注释提出意见时,他主动承担责任,负责修正。余冠英是首批博士研究生导师。中国社会科学院研究生院希望他招生,并建议可以挑选助手。余冠英说:"招硕士研究生时,已经请好几位帮忙;现在不能再麻烦别人了,而年龄、身体已不如前,恐怕误人子弟,不如不招。"这件事充分表现他崇实尚真、不务虚名的高尚风范。①

3. 严谨求实,见解独到

余冠英对中国古典诗歌发展史有独到的见解。他指出,中国诗史上有两个突出的时代,一是建安至黄初,也就是曹植、王粲的时代;二是天宝至元和,也就是杜甫、白居易的时代。这两个时代的共同特色是"为时而著,为事而作"的现实主义精神。

余冠英认为,"中国文学的现实主义精神虽然早就表现在《诗经》中,但是构成一个传统,却是汉以后的事,不能不归功于汉乐府"。基于对诗歌史的精湛认识,他多年来致力于汉魏六朝乐府诗的研究,高度评价汉魏六朝乐府诗在文学史上的地位,指出"就诗的精神而言,《诗经》和乐府是相同的",但是,"乐府绝不是《诗经》所能范围","里巷歌谣也是发展进步

---

① 谭家健:《春风化雨,润物无声——忆余冠英先生》,见 http://www.shzgh.org/shekebao/rw/wsy/u1a83.html。

的"。他论述了乐府诗在形式上、题材上、艺术手法上的发展，以及对建安文学的巨大影响，认为"在中国文学史上里巷歌谣影响文人制作并不止这一回，但是在内容上发生这么大的作用的例子还找不出第二个来，单凭这一点也应该大书特书"①。他的《乐府诗选》正是基于这一观点而编选的。

由于对乐府诗的关注，余冠英还对汉魏以来的诗人及其创作、汉魏六朝的诗歌发展史做了比较全面的研究，曾撰写《论蔡琰之悲愤诗》，博征史料，考证了蔡琰被虏的事实，断定五言《悲愤诗》是蔡琰所作。在《建安诗人代表曹植》一文中，他全面地论述了曹植的文学成就，指出曹植"有很深的古典文学——诗、骚、赋、颂——的修养，这对于他提炼诗的语言有所帮助。但他是在乐府民歌的基础上来提炼，不是把诗骚赋颂移植到诗里来。所以他发展了乐府民歌，不是僵化了它"。这些论述对于理解曹植乃至建安文学的传统都很有价值。在对建安文学的研究中，余冠英极其重视清新质朴的乐府民歌对文人创作的影响，这一观点已经广泛地被人们接受，直到今天仍然是研究建安文学的基本出发点。

此外，余冠英努力运用马克思主义理论指导古代文学研究。在有关《诗经》、乐府诗、六朝诗歌的论文中，他都以不同的社会制度和阶级关系为背景来探讨有关文学发生发展的规律及其特征，很有深度。他注意到《诗经》的某些篇章具有鲜明的阶级性，如《北风》，他不同意把它当成情歌来解说，指出这是"刺虐"的诗。但又不把阶级分析法当成标签，任意贴用。比如对于《月出》，他从作品本身所表达的内容、情绪出发，把它当成一篇情歌来处理，而不是像有的人从某个字的训诂生发开来，硬把它说成是描写起义英雄的诗。他坚持立足于作家作品的实际，按照作品实际去解说，还《诗经》篇义以本来面目，他的许多观点至今仍被《诗经》研究者们所沿用。②

余冠英解释古代诗歌，其独到处往往发人所不能发，而又十分妥帖确切，令人信服。他的《谈〈西洲曲〉》一文就是这样的例子。《西洲曲》一诗，历来号称难解，例如诗的主角究竟是男，还是女？"西洲"究竟在"江南"，还是在"江北"？说者纷纭，莫衷一是。应该承认，这些问题确实很难解决。余冠英作释时，选择了新的角度。他不仅从这个作品的"单衫杏子

---

① 余冠英：《乐府诗选·序》，人民出版社1953年版。
② 韦凤娟：《余冠英传略》，《晋学文刊》1990年第3期。

红","出门采红莲","仰首看飞鸿"等句子认定表明季节的意思,还从"日暮伯劳飞"和"海水摇空绿"诸句中,看出了比喻主人公孤独和日夜相思的意义,他还认为所谓"海水摇空",是倒装句,意谓隔帘见天倒真像是海水晃漾,而"海水梦悠悠",正是用来比喻楼头思妇无穷无尽的相思梦。由此他也就妥善地论定了从此诗开头到"海水摇空绿"句一段,是女子的口吻。这可以说是确切不移之论。他又认为,"吹梦到西洲"的"梦"不能理解为梦寐之梦,这里是指"忆","忆"就是梦。这又是十分通达而贴切的释意。余冠英的这一分析,就使全诗中深切的思念之情,涌现在人们眼前。因此全文虽是解释诗义,同时也是对全诗做了精辟而细致的艺术分析。这样的品赏诗义的论文,给我们后学提供了一个十分可贵的范本。

从余冠英的研究论著中,可以看出他凡所论及,无不有着许多卓识。其中,最可贵的是,他在纠正前人的误识时,并不孤立取证,而是汇总诸多现象,进行深入的观察、比较,由此及彼,得出许多发人深省的见解。例如,关于汉乐府的拼凑和分割问题,过去有许多学者对此缺乏理解,硬要作释,不免牵强附会。如有人对《饮马长城窟行》(古辞)和《白头吟》(古辞)的解释。有的学者即使发现了拼凑问题,但时有误说。余冠英认为,古乐府重声不重辞,乐工取诗合乐,随意并合裁剪,他综合多种作品,条分缕析,论证充分,增进了人们对古乐府"重声不重辞"现象的认识。

(三)文学教育

1.春风化雨,润物无声

余冠英在繁忙的工作中,对于向他求教的人无不尽其所能。天津杨任之著《诗经今译今注》前言云:本书承前辈余冠英先生,故友李长之先生多所匡正,不胜感激,借此致谢。人民文学出版社出版的《唐诗今译集》有余冠英译的王勃《送杜少府之任蜀州》、《滕王阁诗》和杨炯《从军行》。扬州大学顾农教授曾在《扬州日报》著文纪念先生,说在学生时代写信向余先生请教,余先生都回信赐教。[①]

余冠英为人谦和宽厚。他对同事朋友,都是那样的和气谦虚,在同辈先生中有"老大哥"之称。对我们这些后学,他又总是循循善诱,爱护备至。当我们在工作中遇到困难,去向他请教时,他总是那样耐心地教诲。

---

① 蔡文锦:《余冠英先生传略》,《百家春秋》2000 年第 5 期。

每当我们写了文章去请他审阅时，他总是细心地从材料、论点以至文字提出修改意见，或做精心的修改。他常常既充分地肯定我们的进步，也指出不足。凡和他在一起工作过的同志，无不知道待人宽厚的余先生在学术上又是谨严得一丝不苟的。[①]

2. 普及文学，传播文化

长期以来，余冠英以相当大的精力从事古典诗歌的选注工作。他怀着要把"优秀的作品择要推荐给一般文学爱好者"的热忱，以其深厚的学识和独具的眼力，对古典诗歌进行了去芜存菁的选择鉴别工作。他的《乐府诗选》（人民文学出版社 1953 年出版）、《诗经选》（人民文学出版社 1956 年出版）、《诗经选译》（人民文学出版社 1965 年出版）、《三曹诗选》（人民文学出版社 1956 年出版）、《汉魏六朝诗选》（人民文学出版社 1956 年出版）等几部选本，行文简洁准确，通俗生动。特别要指出的是他的《诗经选译》，为了使文字古老的《诗经》能被一般读者理解，他对译文提出很高的要求。他说"除了符合自己所理解的原诗的意思这一基础要求而外，我还要求语言流畅可读，并且多少传达一些原诗的风味情调"[②]。因此，我们看到的《诗经选译》，不仅在意义上忠于原著，而且具有浓郁的现代民歌韵味，实在是一种艺术的再创造，因此受到普遍的好评和欢迎。

余冠英治学决不拘守一家之说，而是博洽精深，掌握广博的材料，参考古今众家之言，并且博采众说之精华，自成一家之宏论。这在他编著的《诗经选》、《乐府诗选》、《汉魏六朝诗选》、《三曹诗选》和主持编著的《唐诗选》中，都充分地体现了出来。更可贵的是余冠英所编著的这些选本中，从来不是把训释诗中的词作为唯一的任务，而总是要从艺术赏析的角度，对作品的成就做细致深入的探讨。

三、影响与评价

余冠英作为忠厚长者，淳儒硕学，深受敬重。20 世纪 80 年代初，胡乔木同志登门访问，关心其健康，促膝谈心良久；匡亚明同志在他生日时送去花篮。1995 年 12 月 3 日，季羡林教授在赐示中写道：大函中所提及之

① 曹道衡、邓绍基：《读余冠英的学术论著——谨以此文悼念先生的逝世》。
② 余冠英：《诗经选》附记，人民出版社 1956 年版。

三位学者(余冠英、启功师、俞敏师)皆弟友人,我对于他们的道德文章皆极钦佩。

余冠英在学术研究工作中始终坚持实事求是的科学态度,这在他的几部选本中,在他主持编写的《中国文学史》三卷本及选注的《唐诗选》中,在他关于汉魏六朝诗人的评价中,都可以看到。30多年来,尽管我国思想文化领域风云变幻,但他的基本学术观点严谨、稳妥、平实,因此经得起时间的考验。

余冠英作为总负责人兼上古至隋段的主持人参加撰写《中国文学史》三卷本。这部书由人民文学出版社 1962 年出版,出版后得到广泛好评,被认为是"新中国成立以来文学史研究工作的一大收获"[①]。他又主持了《唐诗选》的编选工作。这部书从 1963 年即着手编选,并于 1966 年写成初稿,由于"文化大革命",直至 1978 年才由人民文学出版社出版。全书选录了唐代诗人 130 余家的 630 余篇作品,大体上反映了初、盛、中、晚唐各个时期诗歌的面貌,除突出重要诗人如李白、杜甫外,也选入了一些向来不被选家所重但有特色的作品,本书颇受国内外重视。

附　录

清华不是读书的好地方[②]

……

"清华不是读书的好地方"理由不和"春天不是读书天"一般简单吗? 春天有比读书更有趣的事让你做,清华有比读书更有趣的事叫你不得不做。

最可怪的,没有一个外人不对清华人赞叹:"贵校的读书环境真好!"而每一个清华人,纵然是最谦虚的你,也决不曾摇头否认。这是什么意思? 你当真相信清华最适于读书吗? 我不信你比我缺少那些经验,随便举一件便可以做这句话的反证。

---

① 韦风娟:《余冠英传略》,《晋学文刊》1990 年第 3 期。
② 《清华周刊》1931 年 6 月 1 日。

　　远的不用说，就以最近这两个礼拜说罢，你如曾有一次整个钟头耐心耐意地坐在教室里笔记，那才是奇迹呢！你有眼看得见黑板上的白字，当然也有眼看得见窗外那些轻摇曼舞的鹅黄细柳，那些笑靥迎人的碧桃，那些像有胭脂要滴下枝来的朱梅，那些火似的、像有一种要扑到你身上来的热情的不知名的花，那些，那些……迷人的东西，真的没有把你的心从a、b、c、d中勾走吗？就算你是道学家，有"目不窥园"的修养，还有玫瑰呢，丁香呢，它们会放香！熏风从那里钻进窗户，又在你鼻端打了一个回旋，你心不跳吗？就算你受了春寒，鼻子不通，还有云雀呢，杜鹃呢，远远地唱起来了，蜜蜂又团在窗外哼，甚至一双燕子索性坐在窗槛上说起情话来了，你又待怎样防御呢？总之，一切都引得你的心往外飞，这时的心，固然教授们的什么论，什么史，什么法，什么问题，什么公式抓它不住，便是你书中的颜如玉也照样不行。

　　再切实一点举例罢，你在三院教室，即使正听着法国革命史这样热闹的演讲，你也会忽然想到钓鱼的事情。因为你看见窗外的垂柳了，你自然会联想到正被那柔丝拂着的一河春水，和那正在水面吹沫的游鱼，也许那树杈上正搁着一根钓竿呢。

　　相类的事多着呢，譬如你在科学馆做化学实验，虽然一分钟的不当心也会发生烧炸了瓶子的危险，你竟然在那里想到，今天该约你的玛丽，或是莎菲，或是兰姊，或是蕙妹散步去了，这一念怎会闯进来的？因为只要你眼睛向窗外瞥一下，你不会看不见古月堂前那可爱的树木和那曲折通幽的小径哟。

　　决不止此！你在图书馆为了听见啄木鸟朗朗的鼓声而悠然掩卷的次数一定不在少，至于在生物馆听到稻田里水禽相唤而神游研究室之外的事，更不用数计了。

　　决不止此！你从新大楼挟着书走出来，有时自会觉得心里一动：怎么啦？原来那体育馆遮不住的一角青山蓦然跳到你的眼里来了。

　　平时犹可，倘在宿雨初晴，或是夕阳将下，你的心会因而怦怦地跳个不住。因为那平时只是轻描淡写的青山，这时会紫得叫你感到重量，浓得像要溢出它的轮廓；平时是远远的，缥缈的，平面的，这时却堆起来了，逼近了。于是你惊得喘了一口气，于是你忘了本来要去的地方，于是你拔步向西飞跑，越过草地，爬上土山，于是山呀，树呀，云呀，浮图呀，都一涌来到你的眼里。这时燕京大学的塔，万寿山的琳宫蛛宇，甚至圆明园的断垣残柱，一切都富于色彩，一切都放射光辉，一切都给你幻想，这幻想竟和这镶金镀紫的云块一般变幻奇丽。于是你呆了，直到树迷山暝，归巢的乱鸦将你唤醒，你才跄跟下山，恍恍惚惚地向灯火辉煌的食堂走去，也许直等一碗烩三鲜下肚之后你才想起今天缺了一堂什么课或是缺席一次什么练习了。

你点头笑了，这就够了，我想我不用再举你为了西园捉蛙，荷塘摘莲蓬，西园塑雪狮或是大礼堂晒太阳一类傻事而费去你用功的大好光阴的例子了。

但是你不要脸红，这并不怪你的心野，只怪自然中间有些东西太迷人了，而清华偏又具备了这样多。就如极平常的马路罢，在清华偏偏都高高的罩着翠柳的凉阴，并且还满布槐花的香气，散步一类的事，你自然会觉得是难以遏制的欲望了。

……

打住罢，假如再谈到清华的"花事"，一定更引起你的烦恼，我知道你现在正为了园里的丁香花盛开而满处乱钻，总找不到一个地方可以躲这香气，急得想找医生给你的鼻子动手术呢。

言归正传，清华虽是一个大学，而同时又是一个园，所以环境并不利于读书，这是我的观察。不过现在我又疑惑了，据我所知，清华的毕业生读书的成绩正被人家评为"不错"呢，这又当做何解释？呵，我懂了！这叫作"地灵人杰"，据说山水明秀的地方，灵气所钟，人物自然也会明秀，所以"水木清华"的清华园，人物也一样非常之"清华"了。然则我这个题目根本就是一句废话，该由我自动收回，那么"谢罪"！

晚年的余冠英　　　　　　　　余冠英作品

张卓如：从革命家到教育家

他前半生戎马生涯，后半生教育为业。主持扬州中学十二载，坚持课堂教学为主，注重能力培养。教学秩序有条不紊，教育质量稳步提高，使扬州中学成为全国名校。

一、生平小传

张卓如（1906—1990），无锡市锡山区人，1906 年 7 月出生。张卓如幼年丧父，很早就外出求学、谋生，逐渐养成了独立生活和不畏强暴的秉性。他 1938 年 5 月参加革命，1943年 1 月加入中国共产党，历任江南抗日义勇军独立支队副官主任、锡澄工委书记、锡北行署财经科科长、苏南财经处贸易局副局长等职，是一位驰骋锡澄，智勇兼备，对敌作战十一载的老革命、老英雄。新中国成立后，张卓如先后任中共无锡县委常委，无锡县人民政府副县长、县长等职，为新中国成立初期地方建设做出了自己的贡献。① 在无锡做县长的六年中，张卓如也是成绩斐然。全县人民的文化生活有了很大提高，文教卫生事业获得发展。到 1954 年，中学生入学 1万多人，比 1949 年增加 2 倍；全县有小学 788 所，学生 11.5 万多人，比1949 年增加 30％；有职工业余学校 12 所，参加人数达 10 万多人，有工农剧团 300 多个。②

张卓如 1955 年起任扬州中学校长至 1966 年"文化大革命"。1955

---

①　樊锡刚：《无锡革命英雄谱》，见 http://szw.wuxi.gov.cn/wxds/dsrw/2547771.shtml?jdfwkey＝fiqxb2。

②　沈仲兴：《张卓如纪念文集》，社会科学文献出版社 2002 年版，第 211 页。

年,为了强化党对教育工作的领导,从全国各条战线上抽调一批久经战争考验、有一定文化素养的干部加强教育战线,有的到教育领导部门,有的到高等院校,有的到重点中学去担任领导职务。在此形势下,组织上确定将张卓如从中共无锡县常委、县长的岗位上抽调去加强教育战线。张卓如接到通知后,迅速交接工作,没有向组织上提出任何要求,很快就到扬州中学走马上任,全身心地投入党的教育事业中去,正如他初到扬州中学时说的:"前半生是戎马生涯,后半生就要学习从事教育工作。"[①]这两句话,成为他一生的真实写照。从此,他兢兢业业,努力工作,为扬州的教育事业再立新功,为国家培养人才做出新的贡献。

张卓如1973年任鲁迅中学(即扬州师范学院附中)革命委员会主任,为新中国建设事业贡献了毕生精力。

张卓如在长期教育工作中,坚持思想教育与教学工作紧密结合。在主持扬州中学期间,他坚持以课堂教学为主,注重实践,培养学生的动手能力。在他倡导下,全校形成了"虚心求教,刻苦钻研,一丝不苟,持之以恒"的良好学风,教学秩序有条不紊,学生基本功扎实,知识面较宽,自学能力强,教育质量稳步提高,使扬州中学成为全省、全国知名的学校。[②]

1990年3月20日逝世,享年84岁。

二、教育活动与主张

1. 办学严格,细致深入

(1)重视师资,加强队伍建设

注重思想建设,在抓好党支部"三会一课"(党小组会、民主生活会、支部大会、党课)制度的基础上,加强教师队伍建设,既严格要求教师,又热心关怀教师。为保证师资质量,张卓如首先从"进口"把关,每年均提前到师范学院挑选毕业生。新教师到校后,他逐个谈话,了解情况,安排工作,提出要求。新教师一般从初中开始,每个年级教两年,经过12年的严格锻炼,才能成为合格的教师。在师资队伍建设上,张卓如特别重视教研组

---

① 沈仲兴:《张卓如纪念文集》,社会科学文献出版社2002年版,第212—213页。
② 江苏省扬州市地方志编纂委员会:《扬州市志》,中国大百科全书出版社1997年版,第306—307页。

的建设，他把教研组比作战斗在第一线的连队，教研组带领教师既"教"又"研"，重点放在"研"上，不断提高。在日常教学中，他倡导本色教学，不赞成"公开课"。他说，上课一定要从学生的实际需要出发，不是为了公开，做给人看，每堂课都应公开，保持本色。他主张开设有目的、有计划的"研究课"，通过几堂课，或几位教师上同一内容，试验比较，解决教学上的某个问题，达到改进提高的目的。他提倡"超前课"，让新、老教师教同一本教材，老教师超前一两天上课，青年教师先听后教，以保证质量。[①] 在培养教师方面，他总结出"提高质量千万条，提高师资第一条"，"提高教学质量，关键是教师，提高师资的关键是进修"[②]等多方面的经验。

张卓如对教师严格要求。有一次，一位当班主任的教师调动班上学生来为教师办公室打扫卫生，张卓如见了十分生气，严肃地批评那位教师，说教师应该自己动手打扫卫生，不能简单地将学生当作劳动力使用。学校教育要以人为本，以学生为本，只有教师做楷模，才能培养出合格的学生。

（2）关心教师，无微不至

张卓如在扬州中学做校长、书记期间，团结全校教职工，虚心学习，艰苦奋斗，一丝不苟地完成学校的各项任务，既严格要求教师，又对教师关怀备至，备受教师称赞。一位教师回忆说：

我的家庭经济相当困难，每次，老校长都不厌其烦地亲自或派人来调解、劝导、抚慰。一天，我在校园里与老校长擦肩而过，他说了声："你到会计室去一下。"我也不便多问，到了会计室，会计说："老校长给你补助20块钱！"我一愣："我从来没有申请补助呀！"会计笑笑："申请不申请，不要紧。学校里哪位老师的家庭困难，老校长不心里有数呀？"原来一向不苟言笑的老校长又是这副热心肠，他时刻把教师的冷暖放在心上。对于一个为申请补助而羞于启齿的年轻教师来说，内心是不小的震撼。当时的20元，可是三口人一个月的生活费

---

①　田如衡：《亦师亦友的好领导》，见沈仲兴：《张卓如纪念文集》，社会科学文献出版社2002年版，第101—102页。

②　李久翔等：《我们的校长张卓如》，见沈仲兴：《张卓如纪念文集》，社会科学文献出版社2002年版，第85—89页。

呀,如此雪中送炭难怪在他手下工作的教职员工,再苦再累也心甘。他不需要回报,唯一要求就是:更加安心,更加兢兢业业地教书育人。①

(3)善于学习,严于律己

张卓如从一个县长到学校担任校长,需要转变角色,转换思维,为此,他刻苦学习党的教育方针和党的知识分子政策,认真阅读《毛泽东选集》,学习《中学教育工作条例》,研读《人民教育》杂志,不放过每一篇文章,勾画重点,深刻领会,单是笔记就做了十几本。他每天都要将校园巡视一遍,教室、操场、饭堂、宿舍……到处都有他的身影。发现问题,一定明确责任,认真处理。

为了提高教学质量,张卓如深入实际,调查了解,推动工作。他每天至少听一两堂课,亲自抓点试水,以语文教研组为试点,组织教研组开展备课活动。他还克服自己手抖的困难,亲自参加备课。为了走进教学工作,他独立担任一个班的政治课,尝尝梨子的滋味,以便取得在教学工作上的发言权。

(4)为人低调,平易近人

论资历,论级别,张卓如远远高于当时的教育局局长、团委书记,但是到市里参加教育工作会议,或是听校团委书记回校汇报团市委会议精神时,他总是用那双患病的颤抖的手(在战争年代艰苦恶劣的环境中,患上了手抖的毛病,平时做报告、写字,两手总是颤抖着),认真地记录,那专注、虔诚的神情,让人感动。因为他清楚地感到,自己虽然是老革命,但是在管理上还要自觉服从当地的领导,从来不倚老卖老,赢得了人们对他的尊敬。

张卓如晚年在无锡颐养天年。一次,一位同志去看望他,感慨如今领导管理不尽如人意,怀念并盛赞当年张老管理有方,张卓如却连连摇手说,不能这么说,此一时彼一时,现在的情况比我那时复杂得

① 刘立人:《于细微处见精神》,见沈仲兴:《张卓如纪念文集》,社会科学文献出版社2002年版,第95—98页。

多，工作难度大，换了我也不一定搞得好。这是一位长者的谦虚，一位智者的清醒。张卓如地位高时清醒，身处逆境中清醒，年迈体弱了依然清醒。这种清醒，体现了他的坚定信念、辩证思维、自知之明与独立人格。①

2. 教学中心，严谨治教

张卓如将教学工作视为学校工作的中心和重点，十分重视经验的总结，亲自实践，总结出"四个为主"的经验：学校工作以教学为主，教学工作以课堂教学为主，课堂教学以教师讲授为主，教师讲授以课本知识为主。②教师讲授以课本知识为主，这种提法在今天看来，可能显得有些陈旧、保守、过时，但它是在"大炼钢铁"、"大跃进"对学校的冲击后，张卓如经过自己的实践和长期的思考，对比正反两方面的经验总结出来的，在当时特殊的政治背景下提出这样的经验，需要有很大的勇气和胆略。

为了提高教学质量，张卓如亲自参与教学、管理教学。他教一个班的政治课，并兼任一个班的班主任，组合一个教研组，尽可能参加各项教学研究活动，从中探索规律，研究问题，取得经验，指导全校的教学工作。他提出，要切实按规律办事，强调钻研教学大纲，结合学生实际制订教学计划，严格按照教科书进行教学，认真抓好"双基"，提高能力，抓好课堂教学阵地，总结出"少而精"、"精讲多练"、"讲读练结合"等教学方法。另外，在学生中开展学风教育，大力倡导"虚心求教、刻苦钻研、一丝不苟、持之以恒"和"虚心、踏实、刻苦、经常"的学风。③他要求任课教师都要熟悉、亲近所教的学生。他说，爱生才能尊师，才能上好课。

为了提高教学质量，张卓如重视建立稳定的教学秩序。他认为，严格执行上课日程表就是维护正常的教学秩序，要求教导部门根据学科性质、难易程度、教师力量搭配以及学生脑力负担等因素，科学地编排课表，一

① 郑万钟：《一位始终清醒的长者》，见沈仲兴：《张卓如纪念文集》，社会科学文献出版社2002年版，第91—93页。
② 李久翔等：《我们的校长张卓如》，见沈仲兴：《张卓如纪念文集》，社会科学文献出版社2002年版，第85—89页。
③ 李久翔等：《我们的校长张卓如》，见沈仲兴：《张卓如纪念文集》，社会科学文献出版社2002年版，第85—89页。

经排定,必须遵照执行,不得随便更动。他要求教师向教学改革要质量,而不是加班加点,不允许为完成自己的任务而占用学生的时间。

另外,张卓如注重组织学生参加社会劳动实践,培养实际能力。"每个学期,张校长都严格按照学校规定,带我们或去校办工厂学习,或到农村支农,或在学校各个部门学习做服务工作,就连在即将投入紧张的高三升学复习阶段,张校长仍坚持组织我们班参加了为期四五天的校办农场的劳动。"[1]

3. 德育优先,全面育人

张卓如坚定地贯彻党的教育方针,重视学生德智体全面发展。他坚持正确的办学方向,德育为先,注重智育与体育、劳动教育结合,为国家培养了大批优秀人才。在教学制度上,他严格按国家教学计划的规定设置课程,开全、开足全部课程,并鼓励学生从事课余活动,发展学生的兴趣特长,促进学生生动活泼地发展与成长。

学校育人,德育优先。张卓如经常教导学生说,中国的青年一定要树立为共产主义奋斗不懈的远大理想,同时,还要刻苦学习科学知识,学会为祖国、为人民服务的本领,做到德智体全面发展。[2] 张卓如育人有方。一位学生回忆道:"三年自然灾害"时期的一天,老校长于晚自习后查看学生宿舍,发现不少学生在泡炒面吃,心头顿时沉重起来,他问学生:"灾荒年头,你们每月供应 32 斤口粮还不知足吗?你们的炒面哪里来的,还不是从父母、爷爷奶奶有限的口粮里抠出来的吗?他们的口粮是度命的呀,你们怎么忍心吃呢?"说毕,老校长流泪了,学生们流泪了,有的想起父母家人的度日艰难,忍不住号啕大哭。从此,在学生宿舍里,再不见有人从家中带炒面来了。少不更事的学生们深深地受到一次爱的教育,懂得爱自己的亲人了,"仁者爱人",老校长是真正的仁者,他让学生懂得爱人,也让学生懂得怎样做人。[3] 还有一位学生回忆说:1960 年春季,班上少数人

---

① 陆荫棠、刘国怀:《严父、慈师》,见沈仲兴:《张卓如纪念文集》,社会科学文献出版社 2002 年版,第115—116 页。

② 崔如松:《启蒙恩师张卓如》,见沈仲兴:《张卓如纪念文集》,社会科学文献出版社 2002 年版,第 112 页。

③ 刘立人:《于细微处见精神》,见沈仲兴:《张卓如纪念文集》,社会科学文献出版社 2002 年版,第 95—98 页。

不想上学，原因有二：一是家庭经济拮据，想早点离校参加劳动，帮助家里解决困难；另一种则是觉得自己的基础差，智力比别人低，学习跟不上。针对这两种情况，张校长认真严肃地组织全班同学开展明确学习目的的教育活动。他请语文老师给同学们讲述革命烈士方志敏在国民党监狱中的斗争事迹及其著作《可爱的中国》，并给同学们讲述自己舍家为国、投身抗日的经历。通过这一系列的教育，同学们终于树立了远大理想，明确了学习目的，决心努力克服困难，坚持刻苦学习。[①]

在体育和劳动教育方面，张卓如也十分重视，他明确提出，毕业后"为党健康工作 40 年"，为此，他注重多种形式的体育活动，要求提高"一课两操"的质量，即上好体育课，搞好眼保健操和课间操。在劳动教育方面，他注重培养学生的劳动观念和对劳动人民的感情，组织学生学工、学农，创建了校办工厂和小农场，按计划上好劳动课，建立各班每周轮流服务劳动的制度，进行师生服务的劳动，学校各部门均有学生劳动，这个制度一直持续到 20 世纪 90 年代初。曾记得，当时的高中毕业生要下乡插队当农民，张卓如为了使学生适应下乡的需要，在校重视加强其劳动锻炼，培养劳动习惯，学习劳动技能，在校内的城墙遗址上开辟了两块农田学种水稻，并取得丰收。[②]

三、影响与评价

张卓如是一位勇于改革、求真务实的教育家。他早年投身革命，戎马生涯，出生入死，坚持敌后武装斗争，为建立革命根据地、解放全中国做出了很大贡献。新中国成立后，他又从无锡县县长的岗位上调到江苏省扬州中学工作，从事教育工作，呕心沥血，鞠躬尽瘁。

张卓如从 1955 年到扬州中学任校长、党支部书记至 1966 年"文化大革命"，共计 12 年时间。其间，他倾注后半生的全部精力于教育，从一个革命老战士成为教育战线上成绩卓越的行家里手。他治学严谨，工作的预见性、计划性、协调性、求实性、创造性很强，因此全校的工作像一盘象

---

① 陆荫棠、刘国怀：《严父、慈师》，见沈仲兴：《张卓如纪念文集》，社会科学文献出版社 2002 年版，第 115—116 页。

② 沈顺兴：《人格的魅力》，见沈仲兴：《张卓如纪念文集》，社会科学文献出版社 2002 年版，第 122 页。

棋,一丝不苟,工作效率也很高。他怀着强
烈的事业心和责任感,团结全校教职工,艰
苦努力,使得扬州中学全校师生团结向上,
学校教学秩序稳定,教学质量稳步上升。
在校学生思想品德好,基础知识扎实,基本
技能过硬,知识面宽,自学能力强,深受社
会各界欢迎。在加强思想政治工作,提高
教学质量方面,他创造了一批经验,为后来
的扬州中学和其他学校提供了重要的办学
经验。1962年,扬州中学已成为江苏省示
范中学,省教育系统"四大名旦"之一。原
国家教委巡视员苏灵扬女士,曾经来到扬
州中学调查该校办学传统,了解到张卓如

晚年的张卓如

校长的业绩,深受感动,便到无锡拜会张卓如,交谈后激动地说:"如果全
国中学的校长都像张卓如同志一样,中华民族的科技文化水平很快会翻
一番,我们民族的素质也会大大提高。"①

① 刘立人:《于细微处见精神》,见沈仲兴:《张卓如纪念文集》,社会科学文献出版社2002年
版,第95—98页。

顾黄初:影响当今语文教坛的风云人物

他在扬州从教50余年,致力于中国语文教育理论探索、教材建设和师资培养,开拓语文教育史研究新领域,为我国语文教育事业做出了贡献。

一、生平小传

顾黄初(1933—2009),我国当代著名语文教育家。1933年10月出生于浙江省嘉善县古镇西塘。顾黄初大学毕业后,一直在扬州工作、生活,因此,他把扬州作为自己的第二故乡,曾在名片上特地印了"浙江籍扬州人"六个字。半个多世纪以来,他致力于中国语文教育研究、教材建设和师资培养工作,形成了较为完整的语文教育思想体系,为我国语文教育事业做出了重大贡献。

顾黄初中学就读于浙江嘉兴秀州中学,高中语文老师是著名翻译家朱生豪的夫人宋清如。在她的影响下,顾先生立志专攻戏剧文学与戏剧理论。因著名戏剧理论家、翻译家陈瘦竹先生在南京大学中文系执教,顾黄初中学毕业时便报考了南京大学中文系并被录取。

顾黄初1953年毕业于南京大学中文系。当时国家为了尽快解决中学师资匮乏的问题,要求国内所有综合性大学各系科的学生都提前一年毕业,分配到中学去,充实中学的师资队伍。立志专攻戏剧的顾黄初被分配到扬州,在苏北农学院附属工农速成中学当上了一名语文教员。

1962年苏北农学院附属工农速成中学解散,顾黄初被调到扬州教师进修学院负责在职教师的培训工作。1963年又调入扬州师范学院函授部负责中学语文教师函授工作。这期间,他不仅给前来进修的学员认真讲课,还深入乡村中学去听课、辅导。他的足迹几乎遍及扬州、南通两市十多个县,当时极少有中学语文教师不认识他。

1978 年,扬州师院举办了多年的高师函授停办。关于顾黄初的工作,当时中文系主任和现代文学教研室主任同时登门提出两种方案:一是直接将他转到现代文学教研室任教;二是把"文化大革命"期间已中断多年、当年的任课教师已星散的语文教学法课程恢复起来,并逐步筹建相应的教研室。顾黄初想,语文教学法这门课程从高师院校的培养目标看,是一门十分重要、不可或缺的专业基础课,既然原先的教师已各奔前程,就不妨去试一试,所以他自告奋勇地选择了筹建语文教学法教研室的任务。

1978 年以后,顾黄初历任中文系讲师、教研室主任、副教授、教授,兼任扬州师范学院教育科学研究所所长。1992 年起享受国务院专家特殊津贴。2003 年退休前任扬州大学文学院教授、语文课程与教学论硕士生导师。

顾黄初生前曾担任中国教育学会语文教学法研究会副理事长,中国高等教育学会语文教育专业委员会首席顾问,江苏省叶圣陶研究会副会长、顾问等职务。先后获得江苏省第三、五届哲学社会科学优秀成果奖,第六届全国图书金钥匙优胜奖,第一届全国教育图书奖等奖项。

顾黄初还是一位有一定影响的社会活动家。1984 年,顾黄初因崇敬时任民进中央主席叶圣陶而加入中国民主促进会。担任民进扬州市委副主委、主委,先后主持民进扬州市委工作 17 年。顾黄初 1988 年后多次当选民进中央委员、省人大代表、省政协委员和全国人大代表。他积极参政议政,为坚持和完善中国共产党领导的多党合作和政治协商制度而努力工作,为扬州的党派工作、地方经济建设和社会发展做出了积极的贡献。

顾黄初著作等身。据统计,截至 2007 年,顾黄初共发表论文 178 篇,出版专著 9 部,主编 13 部,主编丛书 4 套(22 卷),参编著作教材 10 部,主审著作教材 3 部。书评、书序、卷首语 85 篇。

2009 年 3 月 9 日,顾黄初因病医治无效,在上海长海医院与世长辞,享年 76 岁。

二、教育实践与思想

1. 躬耕语文教育讲台

顾黄初从教整整 50 年,他做过中学语文教师,担任过中学语文教师函授工作,在任高校中文系讲师、教研室主任、副教授、教授期间,他坚持到中学语文课堂听课,保持与中学语文教师的密切联系。他的一生,是实至名归的语文人生。他对语文教育所做的思考探究、改革创新都是深深扎根于语文教学实践中的。

尽管做中学语文教师不是顾黄初的初衷,但他认为,既然被安排在教师岗位上,就要努力做个称职的教师。为此,他认真系统地研读了中外文学史、中国哲学、语言学、逻辑学等著作教材。凡是语文教学用得着的,他都拿来研读。此外,他还积极向老教师学习取经。

在扬州师范学院函授部工作时,有人说:"函授,真正有学问的人不屑去搞;而如果确实没有学问,却又必定搞不好。"顾黄初却竭尽全力把语文函授工作搞得有声有色。除开设"现代文选"课外,他还增设"中学语文教学研究"专题讲座。这是没有现成资料可参考的专题讲座,非得"逼"着自己去研究中学语文教学问题,去探索中学语文教学改革方向。此外,他还重视给前来进修的老师讲马列经典著作。没有现成的函授教材,他就和同事们合作自编教材。这期间,顾黄初主编过《鲁迅著作选读》、《马列经典著作选读》、《现代文选》、《各体文选》等十多种函授教材。同时,顾黄初还主编内部刊物《语文函授》。《语文函授》摘选刊登有价值的语文资讯供大家阅读,也为大家交流看法、讨论问题提供了一个平台。通过主编《语文函授》,顾黄初扶植、培养了一大批优秀的中学语文教师。当时的函授学员中有许多日后都成为当地中学语文教育界从事教学研究的骨干,其中有一些甚至成为省内外有名的语文特级教师。他们中多数人的第一篇文章都是刊登在《语文函授》上的,因为受到鼓舞,从此走上语文教育科研之路。

函授部停办后,当时有老师劝他,到现代文学教研室去,对个人将来的发展更有好处。顾黄初却选择了重新筹建语文教学法教研室这条曲折的路,就像培育一棵幼苗,他倾注了极大的心血。他曾在一篇文章中写下这样一段话:"在过去 20 多年的教学生涯中,客观环境似乎并没有给我提供多少好的机遇,我总是在常人认为是'贫瘠'的土地上翻土下种,争取获得一般幸运儿在肥壤沃土上获得的同样的收获。这种'争取',当然很艰难,而且也未必能如愿,但毕竟养成了我一种淡漠于机遇而信赖于自力的习惯,这也是一种收获。"①

2. 潜心语文教材建设

顾黄初认为:"教学方法的改革方案不管如何圆满,如果不相应地改革教材,不让改革了的教材对教法起促进和制约作用,任何理想的教学方法终究难以普及和推广。"②顾黄初对中学语文教材的编制理论做了比较系统的研究。他与顾振彪合著《语文教材的编制与使用》(江苏教育出版社 1996 年出版)、《语文课程与语文教材》(社会科学文献出版社 2001 年出版),并受教育部之聘,自 1985 年至 2000 年担任第一、二、三届全国中小学教材审定委员会中学语文学科审查委员,同时应聘担任人民教育出版社特约编审、课程教材研究所学术顾问,担任洪宗礼主持的苏教版初中语文教材编写组和"中外母语教材比较研究"课题组顾问。

关于语文教材的性质,顾黄初非常赞同叶圣陶的"凭借说"。叶圣陶说:"知识不能凭空得到,习惯不能凭空养成,必须有所凭借。那凭借就是国文教本。"③"语文教材无非是例子,凭这个例子要使学生能够举一而反三,练成阅读和作文的熟练技能。"④他一方面吸收、继承叶圣陶的"凭借说";另一方面,他在叶圣陶"凭借说"的基础上融入自己的思考,发展叶圣陶的"凭借说",提出语文教材的性质是"特殊凭借物",是传递和接受人类精神财富的特殊凭借物。⑤ 说其"特殊",主要是从语文教材的教育教学功能角度断言的。他在《语文教材的编制与使用》一书中将语文教材在教育教学实践中应产生的功能细化为:智德启迪功能、语文历练功能、语言积累功能、知识扩展功能。

---

① 顾黄初:《在"贫瘠"的土地上继续耕耘》,见《顾黄初语文教育文集》,人民教育出版社 2002 年版,第 1126 页。
② 顾黄初:《语文教材的编制与使用》,江苏教育出版社 1996 年版,第 314 页。
③ 叶圣陶:《略谈学习国文》,见《叶圣陶语文教育论集》,教育科学出版社 1980 年版,第 3 页。
④ 叶圣陶:《谈语文教本——〈笔记文选读〉序》,见《叶圣陶语文教育论集》,教育科学出版社 1980 年版,第 183 页。
⑤ 顾黄初:《语文教材的编制与使用》,江苏教育出版社 1996 年版,第 1 页。

顾黄初还认为,在"语文训练"中有机渗透"精神训练"是改革语文教材的基本前提。首先,重在"语文训练"。顾黄初认为中学语文适宜编制三种教材:阅读教材、写作教材和语言教材。阅读教材用来提高、发展学生阅读各类文章的能力和鉴赏文学作品的能力。写作教材中既有关于写作的理论知识,也有"范文示例",还有思考练习题。语言教材旨在使学生掌握语言文字的性质、特征、功能、遵循法则以及实际运用技能等,内容以字、词、句、篇、语、修、逻、文划分,要保证知识要点、实例剖析、实习作业三者的恰当配合。其次,兼顾"精神训练"。不过这种"精神训练"不是直接的,语文科的"精神训练"融合在字里行间,需要通过阅读文字去感悟。

针对语文知识"繁杂"的特点,顾黄初提出教材编制的两大关键:优化选择、合理序列。优化选择的依据是汉语文特点、学生实际情况和社会需要。优化选择的原则是精要、好懂、有用。把优化选择出来的知识按照"块状串联、点状分布"进行合理列序。有些语文知识自成系统,可以写成若干篇相互联系的短文,附在各单元后面或者整册书最后,即"块状串联"。有些语文知识比较零散,不宜形成专文,可以点点滴滴穿插在课文的注释、作业、提示中,即"点状分布"。

顾黄初不是一位把自己困在狭小圈子内的研究者,他思考深刻、见解独特,对于新鲜事物、未曾关注的事物,总是保持着高度敏感。关于中学语文教材研究,他虽然已经提出不少真知灼见,但时代日新月异的发展让他意识到教材编制工作要想达到完美的程度,必须不断研究,在原有基础上不断拓展。他的拓展工作主要有两项:一是研究语文课外辅助教材编制,丰富教材;二是研究国外母语教材编制,汲取养料。没有完美的语文教材,只有通过坚持改革来达到不断完善。

顾黄初心目中理想的教材编制格局是百花齐放,在竞争中相互取长补短。"百花齐放",一是指教材形式多样化。无论是分编型教材还是合编型教材,无论是两分法(汉语、文学)还是三分法(阅读、写作、语文基础知识),他认为,只要有特色、效果,具有合理性,都可以大胆尝试,各展其长。二是指教材内容生活化。教材编制向生活靠拢,把真实的、丰富多彩的生活情景巧妙设计、妥善安排在教材中,让学生读写听说思的语文能力在生活的模拟场景中得到锻炼。三是指教材编写队伍完备。他把编写分成编、写两个队伍。"编"的队伍,不仅要有语言学、文章学、文史学、文艺学的专家参与,还要聘请教育学、心理学的相关专家参与,这样才能保证编制出来的语文教材适合学生需要、社会需求。"写"的队伍,中国语文教材习惯选用现成文章,很少有为编教材专门写文章的,无所谓"写"的队伍。现代社会要求学生了解多元化、多学科知识,所以编者应该邀请各个领域既有学术建树又善于写文章的专家专门为学生写一些介绍该领域的文章,这才是科学做法。此外,他还提出教材编制要树立"精品"意识,只有编写人员具有"精品"意识,把所编写的教材投入市场,大家公平竞争,优胜劣汰,才能促进教材质量的不断提高和教材建设的逐渐完善。

3. 开拓语文教育史研究领域

1980 年,顾黄初应邀参加在河南开封举办的全国语文教学法研究会成立大会暨首届年会。1981 年他应邀参加在杭州西湖边举办的"西湖笔会"。西湖笔会的参加者对他 1980 年在郑州《教学通讯》上发表的《试论叶圣陶语文教学思想》一文大为赞赏,肯定了他研究叶圣陶的价值以及成果。1982 年,顾黄初参加语文教学法研究会在四川乐山举行的第二届年会,提交了一篇题为"且看前辈留下的脚印"的论文。论文就 20 世纪 20年代王森然编著的《中学国文教学概要》、30 年代阮真编著的《中学国文教学法》和 40 年代蒋伯潜编著的《中学国文教学法》这三本在当时具有一定影响的中学语文教学法教材做了全面研究。这篇论文得到许多与会专家的赞赏。

1984 年,顾黄初和上海的李杏保邀请陈必祥,在上海老城隍庙附近一所石库门房子里商谈编写《现代语文教育史》的事宜,经过一年多努力,一部署名为陈必祥主编、顾黄初和李杏保等担任编委的《中国现代语文教育发展史》正式问世,填补了我国语文学科教育史的研究空白。此后,顾黄初又或独立撰写或参编或主编多本语文教育史书籍,主要有:1991 年 2 月由南京出版社出版的《现代语文教育史札记》、1991 年 9 月由四川教育出版社出版的《二十世纪前期中国语文教育论集》(与李杏保合编)、1997 年4 月由四川教育出版社出版的《中国现代语文教育史》(与李杏保合著)、2000 年 9 月由四川教育出版社出版的《二十世纪后期中国语文教育论集》(与李杏保合编)、2001 年 12 月由上海教育出版社出版的《中国现代语文教育百年事典》。这些都是在国内较具影响力、代表性甚至是"独一无二"的著作,它们的问世不仅填补了语文教育学科史的空白,也充实了我国教育史的研究内容。在顾黄初实际行动的影响下,大家都逐渐关心、重视起语文教育史,在以后出版的语文教学法教材中或分散或集中地有了相关学科教育史的内容。

顾黄初深知研究语文教育史的重大意义,从那里可以汲取养料来解决当今语文教育存在的问题,也可以发现问题、引以为戒,避免当今语文教育改革走弯路。他说过:"我并非为研究'史'而研究'史',我的目的是鉴古而铸今,推陈而出新,旨在为改革语文教育的现状服务。"①他的研究主要集中在现代语文教育史这一块,并且研究得很深很透,被誉为现代语文教育史的研究专家。顾黄初曾殷切希望研究语文教育史的同仁能够去关注当代语文教育史的发展历程。他指出"现今的所谓'当代'已超过半个世纪,时间跨度和空间广度都应当作为一个独立的历史阶段来考察,才符合探索未来语文教育发展道路的需要"②。他在《吁请重视当代语文教育史研究——某次学术年会上的发言提纲》这篇文章里谈到了研究当代语文教育史的必要性,研究框架、研究领域以及研究时的注意点,字里行间都充溢着一位语文教育家对语文教育史的深厚情感。

4. 完善语文教育思想体系

1996 年,顾黄初在《关于语文教育研究》一文中,将自己多年来关于语文教育的思考,概括为三个基本观点:语文教育是提高全民族素质的一项奠基工程;语文教育改革的根本指导思想是"贴近生活";语文教育必须走民族化与科学化相结合的道路。2003 年,顾黄初以 70 高龄退休后,仍然坚持读书写作,关心语文教育的改革和发展。顾黄初的语文教育"三生观"是他晚年对自己上述三个基本观点重新思考的结果。所谓语文教育"三生观",是指语文教育生命观、语文教育生活观和语文教育生态观。

(1)语文教育生命观

顾黄初关于"语文教育是提高全民族素质的一项奠基工程"的观点,将语文教育与民族未来联系在一起,从宏观层面阐述了语文教育的重要性。"语文教育生命观",则是进一步从"人之所以为人"的角度,从微观层

① 顾黄初:《关于语文教育研究》,见《顾黄初语文教育文集》,人民教育出版社 2002 年版,第1113 页。
② 顾黄初:《吁请重视当代语文教育史研究——一次学术年会上的发言提纲》,《中学语文》2006 年第 11 期。

面揭示语文教育在个体生命历程中的重要性。

人之所以能区别于其他动物而为人，与其他动物分道扬镳的最重要标志是语言。语言是人类表达需要、交流思想、传播文化的工具。可以说，人类是语言的中心，语言是人类的一种存在方式。顾黄初说："生命始于交流，交流促进思维，思维催生感悟，这是生命历程的三大标志，而这一切都得凭借语言（言语）。"语文教育生命观把语言学习提升到生命存在的高度，深化了语文教育的意义。从这一点来讲，一个人活着，就是学语文、用语文的过程，他的一生都离不开语文。

（2）语文教育生活观

早在 1988 年，顾黄初就提出"语文教学要贴近生活"的观点。他建议从生活中寻找学语文的方法，拓宽学语文的空间，规划语文教育的未来。生活，在他看来，是"根"，是"源泉"。后来，他提出"语文教育生活观"，把"贴近"二字拿掉，将语文教育和生活合二为一，目的在于更鲜明地表明自己的观点立场，提醒人们务必要把"生活"和"语文教育"联系在一起考虑问题。

为了使自己的观点具有充分说服力，顾黄初用语文教育生活观来分析语文教育界存有争议的一些问题。"文道之争"历经了大半个世纪的讨论，至今还有人拿出来做文章。他根据"语文"本身在实际生活中运用的特点，说明语文的"文"和"道"是不可分割的。"淡化语法"是改革开放后语文教育界提出的新问题。一部分人认为语法知识与实际运用脱节，提出语文教学要淡化语法。一部分人提出不了解一些语法规则，能说规范的话、写规范的文吗？对此，他提出两点建议：一是根据生活中运用语文工具的情况来编写语法知识短文，也就是教给学生切合实用的语法知识；二是对生活实际中使用语言所应当掌握的规律性知识做调查和整理，进行语法的动态研究，把现代语言学中关于"语用学"、"语体学"和"语境学"的理论知识引入语文教学中来。文道之争、淡化语法论争搞得沸沸扬扬，顾黄初从"语文教育与生活紧密联系"的思路来分析，问题就变得简单许多。

（3）语文教育生态观

语文教育生态观，是顾黄初受生态学启发，从生态环境想到语文教育环境而提出来的。"环境建设"是语文教育中非常重要的环节。第一，交流需要环境。语文教育研究的重要对象是人，是有生命的人。当人与适当的环境接触时，不论年龄大小，都会产生与别人交流的欲望。语文教育应该重视这种生命欲望，建立生命系统与环境系统的联系。第二，环境对学生语文能力的形成和发展影响很大。学生学习语言所接触的环境是非常宽广的，有母语环境、生活环境、学校环境、社会环境、家庭环境等，这些环境都会或深或浅地影响学生的语文素养。他认为，"种种环境的综合影响，如果是良好的，丝毫不被'污染'的，那么我们的语文教育离'科学化'目标也就不远了"①。第三，环境是动态的，语文教育必须适应环境的不断变化。随着社会的演进，必然会产生反映新生活的新词汇和新的表达方式：电脑书写、网络语言、电子阅读等。这都是"环境"造成语文行为和交际工具所发生的变化。这种种新的客观存在，必然要使语文教育在内容和形式方面产生具有"时代新质"的变革。语文教育紧紧与新的现实相适应，这是"科学化"追求的内在要求。

顾黄初的语文教育"三生观"与他20世纪90年代总结出来的三个基本观点有一定的前后继承性，但更多是在原来基础上的发展。"三生观"之"生命观"寻求语文教育更深刻的本源意义，从"人之所以为人"的角度来谈语言在一个人生命中的重要性。任何人的生存、发展都离不开语文。"三生观"之"生活观"把语文教育放在更宽广的空间——在生活中思考。"语文学习的外延与生活的外延相等。"语文和生活有着天然的联系，一旦把语文学习放在生活空间里，将会增添许多趣味。"三生观"之"生态观"强调语文教育的环境建设。无论学习哪种语言，语言学习环境都很重要。首先，规范的语言环境有助于学习健康规范的语言。其次，不同的环境，语体要求就不一样，让学生接触不同的环境，学会"在需要的时候说恰当的话"（叶圣陶语）。语文教育"三生观"对于指导当今语文教育的改革和发展，无疑是有积极意义的。

三、影响与评价

顾黄初说自己"是石板缝里挣扎出来的芽，不指望成为参天大树，只是勉力向世间奉献一点绿意"②。其实，何止是一点绿意，顾黄初是撑起了

① 顾黄初：《生命·生活·生态——我的语文教育观》，《湖南教育·语文教师》2006年8月号。

② 顾黄初：《人生的选择》，见《顾黄初语文教育文集》，人民教育出版社2002年版，第1118页。

语文教育事业的一片绿荫。他的语文教育思想已引起国内语文教育界的高度重视。1996年3月,上海《语文学习》杂志"世纪回眸"专栏誉之为"影响当今语文教坛的风云人物"。2002年10月,中国教育学会语文教学法专业委员会与扬州大学等单位联合举办了"顾黄初从教50周年暨语文教育思想研讨会",全国各地语文教育界的专家学者150余人出席了会议。与会代表对顾黄初在半个世纪以来的语文教育实践和理论研究中形成的具有鲜明特色的语文教育思想给予了高度评价。人民教育出版社和课程教材研究所把顾黄初早年的个人专著《语文教育论稿》增补修订后重新出版,书名为《顾黄初语文教育文集》(上、下卷)。2003年教育部特授予他"感谢您为我国中小学教材建设做出的贡献"的奖牌。

原中央教育科学研究所所长阎立钦评价顾黄初是"我国语文教育研究界德高望重的学术带头人,又是全国语文教育学术研究组织中富于开拓精神和奉献精神的杰出领导者"[1]。高等教育出版社副总编辑郑惠坚称赞他是"我国语文教学法界具有很高学术造诣和影响力、凝聚力的老前辈、老专家之一,也是长期以来全方位指导、帮助高等教育出版社工作的资深专家之一"[2]。语文特级教师欧阳代娜说"顾先生的工作就是当代语文教育研究工作中的一座坚实的桥梁"[3]。语文特级教师洪宗礼认为顾黄初"无愧为一位崇实求真的语文教育专家"[4]。语文教育专家刘国正更是说"我在工作中时时向你学习,我相信所有教育科学研究工作者和教师都能从你那里学到非常有益的东西"[5]。

对于顾黄初的语文教育研究,一些研究者从不同角度进行了高度评价,现举要如下:

> 顾黄初关于语文的符号性、工具性、社会性的论述,从本源上廓清了对语文的基本认识,匡正了语文教育的学科定位,昭示了语文教

---

[1] 王乃森、徐林祥:《顾黄初语文教育思想研究》,社会科学文献出版社2003年版,第8页。
[2] 王乃森、徐林祥:《顾黄初语文教育思想研究》,社会科学文献出版社2003年版,第12页。
[3] 王乃森、徐林祥:《顾黄初语文教育思想研究》,社会科学文献出版社2003年版,第20页。
[4] 王乃森、徐林祥:《顾黄初语文教育思想研究》,社会科学文献出版社2003年版,第35页。
[5] 王乃森、徐林祥:《顾黄初语文教育思想研究》,社会科学文献出版社2003年版,第32页。

育的前景，从而"把握当代语文教育导向"。①

顾黄初以"史"为鉴的语文教育改革思路，能使人知其然而且知其所以然，"他对语文教育改革的意义、指导思想和方向等的论述，往往能切中肯綮，令人信服"。②

顾黄初关注各个领域的发展动态，善于吸收各个领域的研究成果，包容万物，宽容待人，具有"陶铸百家、有容乃大"的学者风范。③

顾黄初除了自己在语文教育研究领域里不断探索外，还时刻不忘培养新一代语文教育研究工作者。很多老师就是在顾黄初的引领下，真正走上了科研的道路，并取得丰硕的成果，具有"奖掖后学的圣者心肠"。④

顾黄初是我国语文教育界老一辈专家学者的杰出代表，是我国语文教育理论研究和历史研究的旗帜。他的一生是与语文结缘的一生。他的为人，忍耐清贫、孜孜不倦；他的为学，大胆创新、著作等身。其语文教育思想，理论上高屋建瓴，实践中切实好用，值得研究、继承和发展。

顾黄初语文教育思想研讨会（2002 年）

顾黄初著作

---

① 王松泉：《把握当代语文教育导向的学者》，见王乃森、徐林祥：《顾黄初语文教育思想研究》，社会科学文献出版社 2003 年版，第 47 页。

② 徐林祥：《以"史"为鉴，推进当今语文教育改革》，见王乃森、徐林祥：《顾黄初语文教育思想研究》，社会科学文献出版社 2003 年版，第 56 页。

③ 曾祥芹：《陶铸百家，有容乃大》，见王乃森、徐林祥：《顾黄初语文教育思想研究》，社会科学文献出版社 2003 年版，第 310 页。

④ 周裕国：《执着忘情，此生无悔》，见王乃森、徐林祥：《顾黄初语文教育思想研究》，社会科学文献出版社 2003 年版，第 323 页。

金成梁：数学教育研究的探索者

他执教 60 年，不知疲倦地从事数学教育研究、数学教材建设、教学改革和教师教育，为数学教育事业做出了贡献。

一、生平小传

金成梁，1935 年 1 月 12 日出生，祖籍江苏盐城。1952 年 6 月毕业于湖南省立第一中学。1955 年毕业于南京华东航空学院航空发动机设计专业（后并入西北工业大学），11 月被分配到江苏省高邮县中学，开始了至今半个多世纪的教育生涯。为了适应工作需要，他主动学习，调整知识结构，系统自学数学系本科课程，努力实现从工科大学生到中学教师的角色转变。他除负责中学数学、制图学和物理学的教学工作外，还承担几个年级的数学、物理小组课外活动的指导工作等。

1966 年 6 月，当金成梁结束夏忙支农劳动从农村回校后，"文化大革命"开始了，金成梁免不了首当其冲。在高邮中学的"文化大革命"开始后的第四天，他被列入"修正主义教育路线"的重点人物之一，受到了"大字报"的围攻，人身自由也受到了一些限制，1968 年底被"隔离审查"。1969 年 12 月下放到高邮县龙奔公社华东大队生产劳动。

1972 年，金成梁被借调到"五七"中学教授初中一年级数学。1973 年 7 月，高邮师范恢复招生，他被调入该校，开始了师范数学教学与研究——从编写数学讲义到主编江苏省中师数学教材，从全国中师数学教材和教学大纲的编写，到组织江苏省和全国中师教师、小学教师培训等工作。

2001 年以来，他虽年事已高，仍主持修订和编写高师小学教育专业教材,与小学教师合作研究有关教材、教法的各种问题,举办一系列专题讲座,指导培训青年教师,应《江苏教育》、《小学教学》等杂志社之邀撰写小学数学教育系列文章,主编出版《小学数学教学概论》、《小学数学竞赛指导》、《小学数学疑难问题研究》、《小学数学教学案例研究》、《小学数学课程与教学论》等著作教材。金成梁虽年届八旬,仍坚持小学数学教学研究,目前应邀仍担任扬州市几所小学的教学研究顾问,为小学教师提供指导和帮助。

金成梁历任江苏省特级教师,高邮师范学校副校长,全国高师数学教育研究会小教培训工作委员会副主任委员,江苏省有突出贡献的中青年专家,江苏省人民代表大会代表,高邮市政协委员、常委、副主席等职。1995年获得"曾宪梓教育基金会"一等奖,享受国务院的政府特殊津贴。他始终坚持辛勤耕耘在教育第一线,据不完全统计,他已发表论文74篇,出版著作教材29部,主编参编教学用书和读物43部,主审小学数学教科书6部。

二、教育实践与思想

(一)数学教学实践:把学生发展放在头等重要的位置

1. 工作第一站——高邮中学的数学教学实践

1955年金成梁在高邮中学开始了他的数学教师生涯。教学中,他十分注重学生的思维训练,培养学生学会数学思考,利用课外活动拓宽学生的知识面,提高学生学习数学的兴趣和分析问题、解决问题的能力。他积极组织数学、物理课外小组,在科技活动中,组织学生广泛阅读科普读物,制作飞机模型、矿石收音机、电动机模型和电动起重机模型等;在数学小组中,他举办过多种数学讲座和其他科学技术讲座,开展数学竞赛,自己印发数学习题集和问题集,组织数学小组开展"数学问题征解",带领学生解答《数学通报》上的征解问题,组织学生参观工厂、测绘学校平面图,请解放军同志做目测距离的报告,以及举办数学俱乐部(数学游艺会)等。为了帮助学生掌握数学概念,金成梁在概念教学中运用欧拉图和维恩图,使学生的抽象思维能力得到了具体形象的支持,从而减轻了学生学习数学,尤其是学习数学新概念的困难。在教授"立体几何"这一门课程时,他运用平面几何为立体几何搭桥,对平面几何定理在立体几何中的运用进行论证,说明平面几何定理在立体几何中的适用性,在证明中揭示定理的隐含条件,培养学生思维的严密性和深刻性。他的课总能深深吸引学生的注意力,总能将讲解、谈话、讨论、探究等方法恰到好处地加以运用,充分发挥了学生的主体作用。

2. 转向教师教育——高邮师范的数学教学实践

1973 年金成梁被调到高邮师范,开始了中师数学教学实践研究工作,成了"教师的教师"。在教学研究中,他认为,教学不能满足于知识教学,要把学生的智力发展和能力培养放在头等重要的位置上。在加强"双基"的同时,他在设计课堂教学时,突出学生学习过程中的思维活动,充分展示分析、综合、比较、提出猜想和检验猜想(归纳和演绎)等思维过程,以达到在知识教学过程中强化思维训练的目的。20 世纪 80 年代,在数学思想方法研究的热潮下,他提出,在中小学数学教学中渗透数学思想方法,加强思想方法的教学,从数学的各个分支学科中提炼总结数学思想方法,来揭示数学的本质和规律。在加强思想方法的教学中,他把过程的教学放在重要位置上,充分展现概念的形成过程、结论的发现过程和解题思路的探索过程,以提高学生的发现发明能力和论证推理能力。在师范生的基本功培养方面,他强调从基本技能的训练到教学基本功训练的转变,打好师范生的教学基本功,包括小学教师的数学基本功和小学数学教学基本功。他注重在课堂教学中培养师范生的各种能力,其核心是培养师范生的教学能力和教学研究能力。1996 年,高邮师范举办首届"三二分段"(理科)大专班,此时金成梁已"超期服役",为了提高学生的教育理论修养,培养他们的教学和研究能力,他将课程进行了精心设计,将传统的接受学习与研究学习相结合,将自主学习与讨论交流相结合,将案例观摩、实践模仿、创新提升相结合,包括研究获奖录像,观摩名师上课以及真实情境体验等,来提高学生的教学设计水平、课堂教学水平和评课水平。他还以课题为载体,让学生参与课题研究,提高教学研究能力与论文写作能力,培养出了一批优秀的师范生。由于学校师生的一再挽留,他在高邮师范的教学一直坚持到 2010 年暑假,当时他已 75 岁高龄。

(二)数学教材建设:从教材的编写者到编审者

1. 编写校用讲义和教材

1973 年,刚复办的高邮师范学校急需相应的教材,金成梁参与了中师函授数学教材《算术》的编写、修改和定稿工作。1974 年他主编本校讲义《算术》，这部 24 万字的数学材料可以算是他主持编写的第一部教材。像这样为满足本校和兄弟学校教学需要而编写的教材还有《有理数教学》、《整式与分式教学》、《代数》（上、下）、《中学数学教学法》等。1973 年至 1984 年间近 300 万字的写作，使金成梁经受了前所未有的"大运动量"训练，积累了教材编写的经验，提高了教材编写的能力与合作共事的能力，为正规的、大范围使用的教材的编写工作打下了良好的基础。

2. 编写江苏省和全国通用中师数学教材及教学大纲

1984 年，金成梁负责江苏省中师数学教材"《代数与初等函数》、《几何》编写组"，承担江苏省中等师范学校五本数学教材《代数与初等函数》（一）（二）（三）、《逻辑初步与立体几何》、《平面解析几何与简单微积分》的编写，出版了与之配套的《形成性测验手册》。1989 年，根据中师开设选修课的需要，他主持编写了中师数学选修课教材。在 1989 年至 1998 年期间，他主编的教材主要有：《少年数学竞赛指导》、《小学数学竞赛教程》、《小学数学教学研究》、《数学思想方法选讲》、《农村经济应用数学选讲》、《小学数学教学基本功训练教程》；主编或参与编写的中师数学课外活动用书有：《小学数坛漫思录》、《趣味数学系列讲座》、《讲数学故事的技巧与训练》、《小学数学课外活动资料》、《逻辑思维与小学数学教学》、《新编小学生数学辞典》、《小学数学解题手册》、《小学数学知识、能力、素质训练与测试》和《图解小学数学应用题》等。

1986 年应人民教育出版社约请，金成梁参加全国中师数学教材的编写工作。1989 年至 1996 年期间，出版的三年制"中等师范学校数学课本"有：《几何（第一册）》、《几何（第二册）》的教师教学用书。1996 年他为中国电视师范学院策划、撰稿和主讲 13 集专题教学录像《小学数学中的思想方法》。1989 年至 1990 年期间，他受国家教委和江苏省教委的委派，分别参加了中师数学新教学大纲的编写工作和江苏省中师数学教学大纲研究课题组的工作，并撰写了《中师数学教学大纲研究报告》上报国家教委。

在从事小学教师教育工作以后，金成梁应出版社和作者邀请审定的教材共 30 余本。在参与审定的过程中，他常常扮演着"顾问"的角色，与编写人员就教材中的各种问题进行探讨，从理论的正确性、知识的科学性和实际教学的可行性等方面字斟句酌。

（三）培养青年教师：他视为一项快乐的责任

1. 培训小学数学教师

20 世纪 80 年代以来，受省教育厅委派，金成梁多次承担"江苏省小学数学教学研究班"的办班工作。他坚持高标准、严要求，在提高学员理论水平、业务水平和研究水平上下功夫，通过研究课对学员进行综合性考核，要求学员撰写专题研究论文。许多学员在结业时感慨地说：在他们的学习生涯中，没有比这研究班学习中收获更大的了。学员们不仅提高了教学和教研水平，还从研究班的教师们严谨的治学态度、忘我的工作精神中认识到应该如何对待自己的工作。

2000 年 8 月，已是 65 岁的金成梁受江苏省教育厅的委托，带着印好的十多公斤"讲课提纲"前往"世界屋脊"拉萨讲学，在氧气稀薄的高原地区，他凭着自己相当的体力，顶着高原反应，给拉萨师范三、二分段大专班（理科）二年级的约 100 名学生，讲授 40 课时。用金老师的话说，这样的讲课充满了兄弟民族之间的深厚情谊。几十年间，他为小学教师做过的报告、讲座已无法精确统计，时至今日，还时常给一线的小学数学教师提供专业指导。

2. 扶持中等师范新生力量

1985 年，江苏省组织编写的《中师数学》新教材在省内各校开始使用，为了使各校的数学教师了解编写这套教材的指导思想及编写意图，金成梁带领编写组举办了"江苏省中师数学新教材讲习班"。在试用新教材的过程中，他针对教师普遍感到困难的《几何》第一册中"逻辑"一章，加强了重点、难点课题的教学研究，他作为这一章的编写人，深入开展课堂教学，研究逻辑教学问题，和全体学员对教材分析、教材处理和教法运用进行多次评议和深入研讨，提出意见和建议，给学员以具体指导。

1992 年 1 月"江苏省中师数学青年教师教学研究班"开学，金成梁作为领衔人和其他人员精心策划并组织各项活动，历时两年，提高了学员的思想理论水平，增强了数学教学和教研能力，对中等师范学校新教学方案和中师数学新教学大纲的学习和研究达到了新的水平。

（四）求真务实：坚持不懈地进行数学教育学术研究

1. 数学教育学科的理论探索

（1）枝形推理问题的数学研究。1962 年初，金成梁根据自己多年来的课堂教学中运用枝形推理图和枝形计算图培养学生的逻辑思维和提高解题能力的经验,写成研究论文《枝形推理简图和它在中学数学教学中的应用》[1],发表于权威性的杂志《数学通报》,几乎占用了该期六分之一的版面。该文介绍了有关的逻辑理论的基础知识,说明了枝形推理图的逻辑意义和理论根据以及这种图在简单而又明了地表达证明的逻辑结构时的作用及其应用。枝形推理简图用于课堂教学中,不但能减少学生学习数学证明时产生的困难,还能有效培养学生逻辑思维能力和探索能力。20世纪80年代初期,这种枝形推理简图出现在人民教育出版社编辑出版的中学数学教材中。

(2)中小学数学中逻辑问题研究。为了有助于学生数学思维发展,提高数学教学质量,金成梁仔细研读数理逻辑和控制论方面的中外著作,密切结合教材编写和教学改革的具体任务精心研究中小学数学的逻辑问题。他还研读了复旦大学数学系编著的《数理逻辑与控制论》,提出了1万多字的评论和修改意见并寄至复旦大学数学系。1979年至1991年他发表了关于中小学数学中的逻辑问题的学术研究文章17篇。

2. 农村天地里的数学应用研究

(1)自制普通草粪塘方数表。在参加生产劳动的过程中,为了解决农民群众关心的农业生产问题:草粪塘的方数(即容积的立方米数)能不能满足增产措施的需要? 在开挖新塘时,如何使它的方数恰好能符合农民的要求? 金成梁潜心研究出理论上正确、实用上简便、易于为农村广大干群所掌握的草粪塘方数的测算方法,而且自制了"普通草粪塘方数表",表里的1万多个数据是他1972年在农村的草房里用算盘计算出来的。1980年8月,他编了一个程序,在南京师范大学计算中心的DJS130计算机上重算了一次。令人欣慰的是计算机打印出来的表格里的数据和他手工计算的完全相同。

(2)矩形田块的"点面运输"问题。金成梁在农村劳动时,为了解决在像这种由面(大田)到点(打谷场)或由点(草粪塘)到面(整个田块)的"点面运输"中,怎样才能使劳动量的耗费最节省的问题,他尝试用高等数学的方法解决这一问题,并且借助"光学模型",使问题的解决浅显而易于理

---

① 金成梁:《枝形推理简图和它在中学数学教学中的应用》,《数学通报》1964年第1期。

解,并把思考的结果写成了《关于矩形田块的点面运输问题》一文。他认为,这些数学理论知识得出的结论都必须在实践中进一步检验,决不能由于数学方法的严密性而忽视了计算前提的假设性。

(3) 自制平面图的"土法测量"。20 世纪 70 年代,当金成梁带领师范生到农村小学实习时,这些农村学校甚至连木工自制的简易测量设备都没有。于是,他在农村劳动期间研究和设计的、运用简单的普通工具测绘平面图的方法派上了用场。运用这种方法,不但能测绘一个生产队(组)的平面图,而且还能测绘一个地形不太复杂的大队(村)的平面图。他把这种用自制的简易工具进行的、精度不高但已能满足当时农村的简单需要的测量叫作平面图的"土法测量"。实践表明,他用自制的简易工具(测绳等)进行平面图的"土法测量",即使在一个村、组的范围内都是可行的,更不用说测绘一所学校的平面图了,并且可以达到平板测量图解导线所要求的精度。

(4) 11 万伏输变电工程中高次方程的解算。1976 年,江苏省高邮县 11 万伏输变电工程指挥部给高邮师范学校送来了一批大系数的高次方程,要求金成梁和他的学生们帮助解算。在当时,甚至连手摇计算机都没有,计算尺又达不到要求的精确度,只能用"七位对数表"帮助计算,对于目前习惯用计算机工作的人们来说,当时的那种工作情况是无法想象的,工作量相当大。因此,金成梁和他的同事们只好组织师范学生参加工作。他们为师范生举办了数学讲座"高次方程的解法",为方程的解算和解的检验制定了详细的步骤,以确保解算结果的正确性。他们就是利用这种"手工操作"方式和"人海战术",借助于苏格兰数学家纳皮尔(J. Napier,1550—1617)发明的对数,解出了输变电工程指挥部提交给他们的 14 个大系数的高次方程,为地方建设事业提交了准确的满意答卷。

三、影响与评价

1983 年至 1995 年期间,金成梁担任"江苏省中师数学中心组"副组长,通过中心组,依托全省各师范学校,积极开展学术交流活动。1988 年金成梁被推选为华东十省(市、自治区)中师数学协作组组长,推动了"全国高师数学教育研究会中等师范学校工作委员会"的成立。1994 年 8 月,国际数学教育委员会在上海召开地区性会议。金成梁应邀参加这次会

议,作为参加这次会议的中等师范学校数学教师中的唯一代表,他撰写的
1.4万字的《中国小学教师职前培养中的数学课程和教材》一文被大会程
序委员会指定30分钟交流发言。会后,这篇论文被全文收入澳大利亚出
版的文集 *Review of Mathematics Education in Asia and the Pacific*
(《亚太数学教育评论》,1995)。

金成梁热爱教育事业,以自己的道德、精神、学识深深地影响学生。
1995年金成梁获"曾宪梓教育基金会"颁发的中等师范学校教师一等奖,
奖金4万元。获奖后,他和以前的一位学生张椿年共同发起筹备"江苏省
高邮市青少年科技活动奖励基金会"。先后颁奖四次共颁发奖金4.88
万元。

金成梁身体力行,辛勤耕耘,把自己的青春年华投入小学数学教育研
究之中,积极探索,富于创造。他编写的《小学数学教学研究》、《数学思想
方法选讲》、《农村经济应用数学选讲》等书因其特有的创新性而获得好评
和奖励,2005年他主编的《小学数学课程与教学论》被评为江苏省精品
教材。

天道酬勤,金成梁的教学研究工作硕果累累,得到了社会的充分肯
定,获得了一系列荣誉:江苏省特级教师(1990年)、江苏省"有突出贡献的
中青年专家"(1991年)、"曾宪梓教育基金会"教师奖一等奖(1995年)、享
受国务院颁发的政府特殊津贴(1996年),等等。

2013年十月,适逢金成梁八十寿辰,为了进一步学习和研究金成梁的
教育思想,探索名特优教师的成长轨迹和规律,全国高师数学教育研究会
小教培训工作委员会、江苏省教师教育研究会、江苏省高师数学协作组于
11—12日在江苏省如皋高等师范学校联合举办了"金成梁教育思想研讨
会"。全国高师数学教育研究会小教培训工作委员会在给他的贺词中说,
他"为我国小学数学教育改革建功立业,为我国千千万万儿童的健康成长
奠定坚实基础"[1]。葛忠龙在金成梁教育思想研讨会上说,"金老师的教育
思想是深厚的,教学思想是鲜活的、累积的、专业的、经得起时间冲刷
的。……金老师的教学,在他的教学思想指导下,精彩之处不在于多媒体

---

[1] 《致金成梁老师生日贺词》,见 http://www.sxxjgw.com/show.aspx?id=174&cid=46.
2013-10-18。

的应用有多么绚丽,而在于精讲多练、实实在在,把课堂搞活,在于注重激发学生的求知兴趣和数学体验,让学生积极参与、动手操作、主动探索"[1]。如今,年届八旬的他仍以饱满的精力和旺盛的斗志,为我国的教育事业继续贡献着他的智慧和力量。

金成梁在八十寿辰祝贺会上讲话

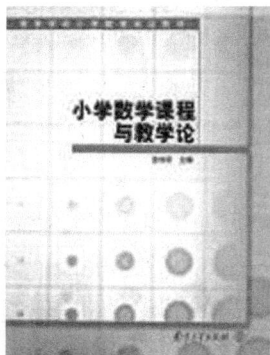

金成梁主编的教材

金成梁在做讲座

① 葛忠龙:《金成梁教学思想刍议》,见 http://www.sxxjgw.com/show.aspx?id=179&cid=46.2013-10-18。

洪宗礼：一线走出来的语文教育家

当代著名语文教育家，"中国语文教育改革的一面旗帜"（顾明远语）。他在语文教育研究、语文教材建设领域成就瞩目，令人肃然起敬。

一、生平小传

洪宗礼，江苏省丹阳人，当代著名语文教育家、语文教育学家。1937年8月14日出生于江苏镇江市宝堰镇，1955年毕业于丹徒县宝埝初级中学，1958年毕业于丹阳中学，1960年毕业于扬州师范学院文史科，分配到江苏省泰州中学担任语文教师。

初任人师的洪宗礼，利用一切可以利用的时间学习语文专业知识，阅读大量的政治、哲学、史学等方面的著作，苦练教学基本功。"我悉心研究如何精心设计、精心组织、精心'施工'上好每一堂课。吃饭想，走路想，食不甘味，寝不安席。有时沏开水把水洒了一地，原来忘了打开水瓶塞子；下浴池洗澡多次忘了脱下手表。"①正是通过这种刻苦、忘我的钻研，洪宗礼逐渐在教学实践中摸索出调动学生学习主动性，提高语文教学质量的路径。"为了使课堂气氛活跃起来，教《天山景物记》时，我就假定自己成了天山'牧民'，把学生引迸特定的情景，指点学生'畅游天山'、饱览佳景，品尝硕大的蘑菇的奇鲜；教《松树的风格》时，我就让学生想象松树的英姿，体味'要求人的甚少，而给予人的却甚多'的共产主义情愫。在写作教学中，我让学生驰骋想象，写思结合，调动他们思维的积极性。为了帮助学生积累写作素材，我让学生准备了

---

① 洪宗礼：《洪宗礼文集6——虔诚的教育者》，江苏教育出版社2008年版，第73页。

题名为'酿蜜'的资料卡;为了让学生'在需要的时候说恰当的话',我要求学生备有'课外练笔簿';为了培养学生自己评析作文的能力,我替学生设计了'作文病历本'。在批改作文时,我既与学生斟酌语言技巧,又交流感情,学生都愿意在作文中把心里的'秘密'透露给我……"①

"文化大革命"结束后,洪宗礼"自觉不自觉地以强烈的民族责任感投入了'抢救'语文的工作"。他大胆抛弃传统的语文"教读"的教学方法,创造性地实施"引读"、"引写"的"双引"教学法,即视学生为"能动的学习主体","引导学生学语文,让学生学会语文",从而大大提高了语文教学的效率。与此同时,他开始了对语文的理论思考和建构。1978 年,他发表了《试论语文的工具性》的论文,论述了语文是基础工具以及文道统一的两大问题;该文"在当时的背景下,如此旗帜鲜明地阐述语文学科的'工具性'",被认为"是在教学思想上坚决肃清'左'的思潮影响的积极反映,十分难能可贵"。随后,他又撰写了《重在引读》、《想,是一个总开关》、《给学生一双鹰眼》、《练字·练话·练文》等一系列重要论文。这些发表在 20 世纪 80 年代前后的 200 多篇论文,经精选后辑成论文集《中学语文教学之路》(与程良方同署名)于 1986 年出版。

为了将自己理论探索的成果转化为一线教师的教学行为,1983 年起洪宗礼踏上了语文教材编写之路。他的教材实验从一个班到多个班,从一个学校到多个学校,从一个县市到多个县市,前后经过了三轮,最终形成了"单元合成,整体训练"这一更加符合语文教学规律的极富特色的初中语文教材。1988 年秋,实验教材正式出版,1992 年教材通过国家审查,面向全国使用。由于取得了辉煌的教学成就,洪宗礼在 1984 年获得江苏省首批"中学语文特级教师"称号,1988 年获得江苏省人民政府授予的"有突出贡献的中青年专家"称号,1993 年国家教委、国家人事部表彰他为全国教育系统劳动模范,同时获"人民教师"奖章。

1997 年,洪宗礼开始主持全国教育科学规划"九五"重点课题"中外母语教材比较研究",对国外有代表性的 21 个国家和地区母语教材的发展历史和现状进行了深入的比较研究。2003 年,他又开始主持全国教育科学规划"十五"重点课题"中外母语教育比较与我国母语课程教材创新研

---

① 洪宗礼:《洪宗礼文集 6——虔诚的教育者》,江苏教育出版社 2008 年版,第 73—74 页。

究"，扫描百年来我国各个时期母语教育，尤其是母语课程教材建设的全景，同时，探索 40 多个国家的母语课程标准和母语教材建设的共同规律和特点，为我国当前和未来的语文教材建设提供了宝贵的经验。两项课题先后出版了《中外母语教材比较研究丛书》和《母语教材研究丛书》共 16 本母语教材研究著作，约 800 万字。

课题研究促进了教材编写实践。洪宗礼根据第八次基础教育课程改革的精神，勇于否定原有教材不符合时代要求的旧有经验，编写了全新的"国标版"初中语文教材，即第三套洪氏初中语文教材。该套教材以其崭新的理念和独特的创新设计，与教育部主管的人民教育出版社、语文出版社出版的七至九年级语文实验教材形成鼎足之势，成为在全国范围内有广泛影响、获广泛好评的优秀教材。

洪宗礼获得多种奖励与荣誉。1984 年，他被评为江苏省首批中学语文特级教师；1993 年，他被评为全国教育系统劳动模范；1994 年，他在全国普教界首次享受国务院颁发的政府特殊津贴；1999 年，他被确定为首届江苏省名教师，曾作为中国优秀教师代表团中国大陆优秀教师代表访问十多个国家和地区。洪宗礼历任江苏省泰州中学教导主任、副校长、江

《洪宗礼文集》（共六卷）

苏省中语会副理事长，全国中语会理事，江苏省特级教师评审委员会副主任，江苏省人大代表，苏教版初中语文主编。2009 年，洪宗礼荣膺"新中国成立 60 年课堂教学的开拓者"、"新中国成立 60 年江苏教育最有影响的人物"等称号，同年获得任命教师奖章。

洪宗礼先后在报刊发表文章 300 余篇，撰写专著 14 部。2008 年六卷本《洪宗礼文集》出版，该文集收录了洪宗礼从 1978 年至 2008 年间主要的教育论文，全面展示了洪宗礼语文教育成就，记录了他一生语文教育思想的发展历程，是洪宗礼语文教育思想全面而系统的总结，标志着洪宗礼语文教育

思想的完善和成熟。

二、教育实践与思想

洪宗礼的教育实践与思想主要集中在语文教学、语文教材编写实践和思想、母语教材研究三个方面。

(一) 语文教学

1. "双引"语文教学实践与理论

洪宗礼为解决当时语文教学实践领域普遍存在的少、慢、差、费问题，开展了长期不懈的语文教学改革实验，摸索出行之有效的"双引"教学法。"双引"教学法是指教师引读、引写，教师启发诱导学生通过一篇篇课文的阅读和作文的训练，学会独立阅读和写作。就引读而言，他十分重视"指路子、授方法、交钥匙"。"指路子"是在指导学生阅读时，循文觅路，把握作者的思路，从而更准确地抓住文章的中心。"授方法"，首先要把阅读文章的主要方法传授给学生，如提要钩玄的方法，不动笔墨不读书的方法，默读、速读、朗读、跳读、浏览等阅读方法，以及审题读注、勾画圈点、思考辨析、查阅工具书、自读自测等方法。"交钥匙"，就是要交给学生阅读文章的基本规律，让学生掌握分析文章的解剖刀。就引写而言，洪宗礼非常注重在开源、体验、梳理思路、表达技巧等方面的引导。他主张放手让学生大胆写作，提倡所谓"死去活来"；重视修改文章的训练，强调通过指导学生作文修改提高作文表达能力。在实践的基础上，他总结出了"双引"教学系统。在该系统中，"引读"教学系统由"五个目标"和"二十三种引读法"构成，其中引读的五个目标分别是重点读、主动读、深入读、仔细读和独立读；二十三种引读法包括扶读法、设境法、提示法、读议法、揭疑法、反刍法、反三法、比勘法、历练法、小结法、激趣法、求异法、探究法、溯源法等；引写教学系统则包括"死去活来"八种引写教学思路和"引写十法"（知识引写、例文引写、情境引写、激思引写、导源引写、厚积引写、阶步引写、观察引写、活动引写、说文引写）以及"阶步训练"、"读写思同步发展"、"从读练文"、"自主作文"四种引写模式。其中的"阶步引写法"，亦称"三阶十六步"，"三阶"，即基础阶、提高阶、灵活阶，每一台阶再由十六个步点组成，从而引导学生拾级而上。

"双引"教学一方面"最大限度调动学生学习的积极性"，"引导学生自己读和写"；另一方面"教给学生学习的规律和方法，引导学生广泛而熟练地读"，是孔子"不愤不启，不悱不发"，"举一反三"的启发教学思想在语文领域的具体体现。"双引"教学是科学性与艺术性的统一。一方面，"双引"教学是有系统与层次的："通过一篇篇课文的阅读，一篇篇作文的训练，达到能够独立阅读和写作一类文章的目的；通过一套教材中各类文章的阅读和写作，能够具有基本的阅读和写作能力，养成良好的读写习惯；通过课内的读写训练，能在课外广泛而熟练地运用读写工具阅读一般政治、科技、文艺作品和通俗的期刊，写作记叙文、应用文和简单的说明文、议论文，在教师引导下，学生由篇及类、由少到多、由课内及课外地进行读写训练，就构成了'双引'教学的系统和层次。"①另一方面，"双引"教学是教师在具体教学情境下的艺术创造。他说："'双引'的教学艺术核心是一个'活'字。"②这个"活"字，实际上是对"双引"教学中教师根据学生思维情感的具体状态相机指导、引导的生动揭示。

2. 语文教育"五说"与语文教育"链"理论

洪宗礼在多年实践的基础之上，始终致力于客观而辩证地把握语文教育中的各种矛盾关系，先后确立了"五说"语文教育观。这"五说"分别是工具说、导学说、学思同步说、渗透说和端点说。其中，"工具说，突出语文教学的个性特质，谋求语言与思想的统一，旨在取得'综合效应'；导学说，阐述教与学的关系，体现了教学过程内在的认知规律，旨在取得'双边效应'；学思同步说，探求传授语文知识与发展智力的关系，注重智力开发，旨在取得'发展效应'；渗透说，论述语文与生活、平行学科的联系，探求课内外的关系，旨在突破旧语文教学的封闭体系，实现'开放效应'；端点说，注重分析标与本的关系，把当今语文教学作为学生未来学习、运用语文的一个起点，把语文学习作为终身学习的过程，即强调语文教学的'长期效应'"③。"五说"语文教育观在思想上实现了语文教育中文与道、教与学、学与思、内与外、标与本、知与行的辩证和谐统一，以发挥语文教

---

① 洪宗礼：《锤炼"双引"教学艺术》，见《洪宗礼文集 2——引导的艺术》，江苏教育出版社2008 年版，第 2—3 页。

② 洪宗礼：《锤炼"双引"教学艺术》，见《洪宗礼文集 2——引导的艺术》，江苏教育出版社2008 年版，第 5 页。

③ 袁振国：《品读洪宗礼——这就是教育家》，教育科学出版社 2009 年版，第 280 页。

育的整体综合效应。

在"五说"语文教育观的理论基础上,洪宗礼又把语文的要素及其构成关系、规律、序列编织成网状的语文教育"链",以寻求高效的语文教学序列。语文教育"链"实质上就是由引导历练、能力发展、习惯养成、方法获得和思想文化素养提高等构成的一个纵横交错的科学体系。在这个体系中,知识和技能是基础,通过历练转化为能力;能力定型化,形成习惯,获得方法;在获得知识、能力的过程中渗透思想道德教育、文化教育、情感教育,达到知识技能与思维同步发展,酿成过程和方法、情感态度与价值观的和谐统一,从而达到全面提高学生语文素养的目标。语文教育"链"以简洁的模型全面、准确、直观地展现了语文教育的基本元素及其相互关系、转化规律,对于语文教育实践者和研究者有着极其重要的认识意义、实践价值和方法论启示。

(二)语文教材编写实践和思想

20世纪80年代初,洪宗礼基于多年探索获得的语文教学的真知灼见,带着全面改革语文教学、提高语文教学效益的强烈责任心,开始了艰难而幸福的教材编写之旅。他主编的"单元合成,整体训练"初中语文教材在内容和体例上都极富特色,比较好地梳理了语文各方面的序列,并将这些序列组合起来。即"分之则序列分明,合之则互相为用"(刘国正语)。具体而言,就是采用"三个一"的语文教材编写体系:"一本书、一串珠、一条线。"所谓"一本书"就是说每学期只用一本语文课本。在这本书中,以阅读、写作、语文基础知识为"经",以单元听说读写训练为"纬",编成一张经纬交织的语文训练"网"。"一串珠"是指一本语文书中有若干"珠"式单元,每一个单元就是一个"训练点"。每颗珠都是一个阶段阅读、写作和语文知识集成的小型综合体,三点合一,不可分割。"一条线"就是指贯穿全套教材的一条线索。这条线多股交织,主线是听说读写能力训练,辅线是读写基础知识、思维能力和心理品质的培育。如果每颗珠像一个集成路的"集成块",这里多股交织就像一根"集成缆"。这样的教材"巧在合成",妙在整体效应,使学生既学得扎扎实实,又学得生动活泼。

此后,洪宗礼又根据教育部颁发的《九年义务教育全日制初中语文教学大纲〈试用修订〉》以及《全日制义务教育语文课程标准(实验稿)》主编了第二、三套经审定通过、推荐全国使用的义务教育初中语文教科书,均获得广泛好评。

洪宗礼成功的教材编写实践是由他科学正确的教材编写指导思想所决定的。首先是教材编写的精品意识。他深刻地认识到："教材是教学之本，育人之本。教法学法改革，无不受制于教材。如果教材质量低劣，再好的教法也难以奏效，正确的教育思想也得不到体现。"①编写教材是百年大计，质量第一。他经常反问自己："教科书如果不是精品，能进课堂吗？不是精品的教材，能算好教材吗？没有精品意识的编者能算称职的编者吗？"②正是本着这种强烈的精品意识，洪宗礼带领着他的团队坚持精编、精研、精改、严格、严肃、严谨的科学态度，用学养、智慧、经验，把语文教科书编成一流的卓越的"特殊精神产品"，让学生从有限的课本中去获取无限的知识。其次是教材编写的学本意识。洪宗礼认为语文教科书不仅仅是"语文教学之本"，更是"帮助学生自主学习之本"，"引导学生学会学习之本"，"促进学生创造性学习之本"。"教材不是供学生欣赏的知识花盆，也不是展示范文、注释、插图、练习等的展览厅，它是引领学生进行探究学习、独立思考的路标，是促进学生自主发展、自我构建的'催化剂'。"③正是本着这样的编写理念，洪氏教材打破了单一的文选体例，把知识学习、能力培养、人格教育优化整合，获得了语文教育的整体综合效应。

（三）母语教材研究

洪宗礼在致力于教材编写的同时，深刻地认识到"要使教材能长期立得住，飞得高而远，必须把目光投向 21 世纪，投向中国百年语文教育，投向世界的母语教育，努力把中国的语文教育的优良传统与国外母语教育的先进经验相融合，建立具有中国特色的、与中华民族传统文化相统一的新型的母语教材体系，使今后的教材编写工作更臻完美和成熟"④。基于这样的认识，洪宗礼先后主持了全国教育科学规划"九五"重点课题"中外母语教材比较研究"和全国教育科学规划"十五"重点课题"中外母语教育比较与我国母语课程教材创新研究"。研究前后历经 12 年，其研究成果

---

① 袁振国：《品读洪宗礼——这就是教育家》，教育科学出版社 2009 年版，第 275 页。

② 袁振国：《品读洪宗礼——这就是教育家》，教育科学出版社 2009 年版，第 277 页。

③ 袁振国：《品读洪宗礼——这就是教育家》，教育科学出版社 2009 年版，第 274 页。

④ 洪宗礼：《我与课题研究》，见《洪宗礼文集 4——中外母语教材研究》，江苏教育出版社 2008 年版，第 2 页。

十卷本的《母语教材研究》被誉为 21 世纪初我国语文教育课程创新的奠基之作、世界母语教材研究的里程碑。其里程碑意义主要表现为：第一，扫描百年来我国各时期母语教育，尤其是母语课程教材建设的全景，展示我国丰富多彩的母语教材文化长廊，分析研究我国母语课程的历史演进、理念更新、教材变化和文化建构，并探求其动因，在一定程度上揭示了我国母语课程教材发展的规律。第二，首次引进 40 余国母语课程标准和教材，并由众多国内外学者评介了原汁原味的母语教育、母语课程教材，打开了一扇扇千姿百态的全球母语教育之窗，探求了不同历史文化背景、不同社会制度、不同经济发展水平和不同民族心理、民族传统的国家母语教材建设的各自特点和共同规律，为我国当前和未来的母语教材建设提供了可资参考的经验。第三，国内外 160 余名专家联合攻关，分 30 多个专题对母语课程的目标、功能、地位、性质及母语教材编写的思路、策略、理念、内容、体系等做了全方位、多角度的理论探讨，初步形成了我国母语课程教材理论的雏形，填补了这一领域的空白，从而为我国母语教材当代建设及长远发展奠定了良好的基础。

三、影响与评价

洪宗礼在语文教育的实践和理论领域都取得了令人瞩目的巨大成就，成为"功在当代泽被后世的教育家"。他所取得的成就，以及他对母语及母语教育的热爱和求索，他脚踏实地、精益求精的实践精神，他"自以为是"同时又"自以为非"的执着和反思精神，使得各级领导、知名学者都深深为之折服。原教育部副部长、江苏省副省长王湛称洪宗礼为"基础教育一线成长起来的优秀教育家"，取得了"卓越的教育工作成就"。原国家课程改革专家工作组组长钟启泉教授认为"对学生、对母语、对教育的热爱成就了洪宗礼老师的事业，成为他专业发展的不竭动力"。原全国人大常委会副委员长许嘉璐称自己不只是因为洪宗礼"在语文教学理论研究领域的成就或在编写中学语文教材方面的贡献而对他肃然起敬"，"更是因为在他辉煌成就背后的无私精神、与时俱进永不停步的品格"。全国人大常委会委员、中国教育学会副会长朱永新教授将洪宗礼视为"当代知识分子的杰出代表和优秀楷模"，对他"做人做事做学问的热情和专注、执着和毅力"深表钦佩。著名语文教育家顾黄初教授称赞洪宗礼创造了奇迹，

"对祖国的语文教育改革事业爱得执着，爱得深沉，爱得痴迷，让病魔畏而却步、束手无策，所以他能击退包括病魔在内的一切阻力，最终创造了奇迹"。

洪宗礼的影响还不限于此。在教育界洪宗礼这个闪亮的名字更代表了一位普通中学教师在事业上、人生境界上所可能达到的高度，代表了一种从普通教师成长为草根教育家的专业发展模式。钟启泉教授认为洪宗礼的成长历程生动演绎了教师专业发展的黄金法则——满怀着"教育爱"，不懈地追求实践知识与理论知识的统一发展，从而形成反思性的教育实践，成就教育学术的高度，这对新手教师的专业发展有着重要的启示意义。[①] 对于那些有理想、有志向的教师而言，洪宗礼是一种榜样，是一面旗帜，是可以不断从中汲取灵感和力量的源泉，从而形成当代教育界的"洪宗礼现象"[②]。

洪宗礼在查阅资料

洪宗礼（左）在做报告

---

① 袁振国：《品读洪宗礼——这就是教育家》序言二，教育科学出版社 2009 年版。
② 王荣生、于龙：《行成于思："洪宗礼"的教育学阐释》，《全球教育展望》2008 年第 2 期。

附录1 扬州教育家传略

（以出生年代为序，计62人）

前文比较全面地介绍了25位扬州教育家，由于篇幅所限，不能将所有在扬州或在外地生活、工作的有影响的扬州教育家一一详细列出。根据我们手头现有的一些资料如《扬州历史人物辞典》[①]、《扬州市志》、《仪征市志》、《高邮县志》、《宝应县志》、《扬州市教育志》等作为参考。同时，利用互联网进行资料搜索，现择其要者，将其简况整理罗列于后，供读者参考与研究。

王起（760—847），字举之。唐代江苏扬州人。贞元十四年（798年）进士。他先后任尚书左仆射、同平章事，充山南西道节度使等职。在任曾四次掌管贡举，所选皆当时才学之士，如白敏中、裴休、李训、袁不约、李敬方等。他孜孜好学，博览群书，所以被引入翰林，讲论经史，曾兼任太子侍读。著有《文集》120卷、《五纬图》10卷、《写宣》10卷等。《全唐文》收其文3卷，其中律赋60多篇。《全唐诗》收其诗6首，《唐摭言》收其诗1首。

孙觉（1028—1090），字莘老。宋代江苏高邮人。经学家、文学家。皇祐元年（1049年）考取进士，曾担任御史中丞。孙觉传授胡瑗《春秋》之学，其学说以"抑霸王"为主，以"谷梁"为本，兼采"公羊"、"左氏"历代儒家之长。著有《春秋经解》、《春秋尊王》等十余种百余卷。

朱泽沄（1666—1732），字湘淘，号止泉。清代江苏宝应人。他学识渊博，对朱子之学造诣颇深。不谋仕途，以授徒、著述为事。许多名士出其门下。著有《朱止泉文集》8卷、《朱子圣学考略》10卷、《吏治集览》、《师表集览》、《先儒辟佛考》、《易旨》、《止泉外集》5卷及《合意编》、《三学辨》等。辑有《朱子分类文选》9卷。

王曾禄（1672—1743），字西受，号古堂。清代江苏高邮人。弟王曾

---

① 王澄：《扬州历史人物辞典》，江苏古籍出版社2001年版。

248

祜,父王安国。幼承家训,博通典籍。雍正元年(1723 年)考取贡生,精研"四子书",成为一时名儒。教授百余人,无不心悦诚服。著述等身,乡试屡试不中。后以子贵,被封为光禄大夫。

吴鼎(1755—1821),字及之,号抑庵。清代安徽全椒人,客居扬州。嘉庆年间官至侍讲学士,后主讲扬州梅花书院,善于书画。著有《夕葵书屋集》,辑有《韩晏书屋集》《韩晏合编》。

毛梦兰(1782—?),字缄斋,号秋伯。清代江苏甘泉人。他于嘉庆十四年(1809 年)考取进士。历任湖南邵阳、沅江、武陵等县知县。后主讲淮安奎文书院 35 年,因材施教。著有《荆花书屋杂著》4 卷、《荆花书屋诗文集》16 卷。

朱凤仪(1840—1898),字葵生。清代江苏甘泉人。他于同治六年(1867 年)中举。三次礼部考试不中,遂绝意仕途,教授弟子数十年,成就甚众。著有《教子录》2 卷、《数学通释》2 卷、《赘言》2 卷、《诗文集制艺》,均散佚。

王世芴(1854—1895),字芷卿。清代江苏宝应人。廪膳生。以授徒为业。学识渊博,能文善诗。循循善诱,多有成就。著有《槐荫堂杂著》、《务本广训》、《困学录》、《槐荫堂吟稿》。

尤璋(1865—?),字研仙。湖南攸县人。光绪二十六年(1900 年)任泰兴县知县,兴绪三十三年(1907 年)离任。担任知县期间,善政颇多。他为振兴教育,先将旧有襟江书院改建为学堂,添置校舍,购买书籍,置备仪器,延请教习。然后在全县境内广设初等小学,校舍不敷使用,遂将丛祠废庙改建为校舍。于城南集贤祠设学堂筹费局,以筹集办学经费。又增设学务公所,以统一管理公私学堂。教育之风振兴后,泰兴出国留学或赴外地读书者渐多,如丁文江赴英、周铭辰赴美、王一飞赴德,均为尤璋主政时泰兴最早出国的读书者。光绪二十八年(1902 年),尤璋曾回湖南,资助黄兴、张继、陈天华等人从事反清活动。光绪三十一年(1905 年)11 月,黄兴等人在长沙起义未成,至上海被捕。蔡锷专程赶至泰兴,向尤璋求援,尤璋以千金购物送狱吏,使黄兴等获释。

方尔谦(1871—1936),字地山,别署大方。江苏扬州人。方尔谦 13 岁时与弟尔咸同中秀才,一时传为美谈,人称"二方"。16 岁以精研古史选拔为贡生。无意仕进,于光绪十五年(1889 年)出门远游,就馆授徒谋生。后任京师大学堂(今北京大学前身)教授。他精于文史,善于鉴藏,长于考据,书法挺峭,尤擅制联,有"联圣"之誉。戊戌变法后,他常于报端发表评论,抨击袁世凯。袁世凯为笼络其心,延为家庭教师。袁世凯次子袁克文,与方尔谦感情笃甚,受方尔谦影响亦最深,曾谏其父不要称帝,袁世凯怒而不听。方尔谦唯恐遭害,与袁克文一道逃至天津日本租界,以卖字为生,并结为儿女姻亲。

石鸣镛(1880—1952),字金声。江苏兴化人。幼承家学,18 岁举秀才。清末留学日本,在留日期间,加入中国同盟会。1912 年回国,他被选为江苏省首届议会议员,与省长韩紫石、议员李更生为莫逆之交。后受聘为江苏省立第八中学训育主任,达十年之久。1922 年以父病辞职归里。1925 年任兴化县教育局局长,整顿学产,集中经费,保障教师供给。继又发起创办县立中学和私立初阳中学。后兼任县公款公产管理处主任,致力于地方公共事业。他对水利亦有研究,受聘为治淮委员会委员。1941 年,兴化沦陷,他愤然离城,到东乡抗日民主根据地吴家舍寓居。1946 年秋,国民党军队占领兴化,他不惜以身家性命保护未及撤离的革命干部。时夫人去世,便去南京和扬州的儿子家中就养。1952 年 7 月病逝。晚年著有《磊翁吟草》一册,已散佚。

李方漠(1882—1958),字显文。江苏仪征人。他毕生从教,历任仪征启秀女子小学教员,仪征县乐仪,鼓楼女子小学校长,江苏省立八中、江苏省立十中、省立扬中、仪征扬子初中、无锡洛社师范等校教师,南京栖霞乡村师范教务主任,江都县立师范校长,仪征县督学等职。抗日战争前,他在仪征县城创办蚕桑学校。抗日战争胜利后,创办仪征县立中学及附属师范,担任校长。又募集资金,利用天宁寺房屋办免费的初级小学。撰著有《物理器械自制法》、《物理实验用书》、《常识三字经》、《小天文学家手册》、《通俗中西看天歌》、《天文常识教学法》等。新中国成立后仍任仪征中学校长,直至退休。

任诚(1883—1953),字孟闲。江苏扬州人。他早年加入孙中山领导的同盟会。辛亥革命后,应黄炎培之邀任江苏省教育司督学。1913 年任省立第五师范校长。经常延请不同观点、不同流派的名人学者来校讲演,如恽代英、陈启天、杨杏佛、黄炎培等,使学生开拓思想,扩大视野。他还鼓励学生出墙报,发表各自观点,展开争论。五四运动中,与全体师生一起发表宣言。"五卅"惨案后,与全体师生一道参加示威游行。他主张"三育"并重,对学生中德、智、体得三"甲"者给予奖励。在课程开设上,增设了天文、测量、统计、生理卫生等课程,以扩大学生的知识面,适应"万能"小学教师的需要。还试行文、理、艺术三科选修制,以适应学生专长的发展。又倡导开展丰富多彩的课外活动,聘请教师辅导学生组织数、理、文、史、美术研究会,定期举行文体竞赛或娱乐晚会,促使学生身心健康发展。任诚掌校15年,每日早晨6时到校,晚上10时学生就寝方回家。一日三餐与学生共食,感情笃甚,曾手书格言:"整饬家庭者,当视家庭如学校;努力教育者,当视学校如家庭。"1927年春,北伐军先头部队进驻扬州城,军阀孙传芳反扑袭城,扬言要杀尽学生,师生惊惶,任诚挺身而出,亲守校门,彻夜不眠。是年夏,江苏省立五师与江苏省立八中合并为江苏省立扬州中学,任诚离校他任。

刘伯厚(1886—1946),原名宗宽,字伯厚。江苏泰兴人。清宣统二年(1910年),毕业于南京两江师范学堂文史科,后投身教育事业,先后在泰兴近20所中、小学任教,长达30余年。1927年,他参与沈毅领导的反"清党"斗争,随后又参与斗争贪污、吸毒、反共的县公安局局长陆文风,遂被捕入狱。出狱后,他积极支持和参与沈毅领导的农民暴动。1928年"济南惨案"发生后,率领学生上街游行,宣传抗日。九一八事变后,他组织学生上街抵制日货,并起草宣言,动员群众募捐衣物经费,支援东北抗日义勇军。后因当局将募捐经费"移作他用",遂发动师生罢课示威,为泰兴历史上第一次学潮。新四军东进黄桥,他坚决支持新四军抗日,1941年,担任泰兴县参政会议长兼泰兴乡村师范校长,苏中第三行政区专员公署教育处处长。因战事频繁,校址屡迁,坚持游击办学。1944年春,他带领联合师范全体师生,跋涉400余里,穿过敌人封锁线,到达宝应县境,继续办学。1945年加入中国共产党,同年任第三行政区专员公署专员。1946年任苏皖边区第一行政区临时参议会参议长。同年随军北撤,抵阜宁时,路遭敌机轰炸。为浓烟所呛,气管炎急剧发作,就医华中野战军医院,因内奸医生以纯海洛因冒充止咳药,使其吸用后中毒去世。

孙芗谷(1886—1969),原名树馨,号澹远。江苏江都人。1912年进南京民国法政大学攻读。毕业后弃仕途,回家创建高等小学。后从事中小学教育30余年。新中国成立后历任江都县人民代表、政协委员。少好文艺,喜收藏书画、文物,精鉴古画。擅书法,行草能融合各家所长而有所创新,刚劲有力而又婉转自如。京工画兰、竹。

王翰芬(1888—1970),一作翰荼,名渥然。江苏扬州人。曾为盐商肖玉峰西席、镇江京江中学创建人。历任南通文学院院长、扬州市政协第三、四届委员。擅诗词古文,工书法。著作颇丰,未刊行。撰有《扬州仪董、笃材两学堂概况》等文。

丁文渊(1889—1957),字月波。江苏泰兴人。1920 年毕业于同济医学院后赴瑞士、德国留学,获法兰克福大学医学博士学位。旋任德国法兰克福大学中国学院副院长、中国驻德国大使馆参赞。1936 年回国后,任国民政府行政院参议、考试院参事。1942 年抗战期间,他在四川李庄任同济大学校长。1949 年 4 月去台湾地区,未几转往香港地区,创办半月刊《前途杂志》。1956 年任香港地区"中国文化协会"主任委员。1957 年病逝于香港地区。遗著汇刊于《几年丁文渊先生》一书中。

江武子(1892—1967),名钟彦。江苏仪征人。就读江南高等商业学校时,受历史老师柳诒徵启迪,有志于历史地理学。他 20 岁时着手编绘从上古到清代的历史地图。经过 20 余年的艰辛劳动,广检史籍,钩玄稽沉,于 1930 年,编成两套历史地图,一套供中、小学教学用,一套供大学用,名为《中国读史地图》,计 130 幅,复制五份。柳诒徵、梁启超为之审阅,并介绍给上海商务印书馆出版。未及印刷,毁于"一二·八"闸北大火。抗日战争胜利后他又重新绘制,无锡国学专科学校唐文治校长为之审稿并写序。新中国成立后,五份图稿转入中国地图出版社,1956 年中国地图出版社邀请江武子重新制定疆域表,并由朱谌秋重编重绘数十幅,历时三年多完成并出版。1959 年,应地图出版社邀请,他参与改编清代杨守敬的《历代舆地图》。此外,还与王德昌合作,编制扬州市交通图等。著有《簿记学》、《商簿记学》等书。江武子毕生从事中学教育,教历史地理学、会计统计学,曾任江苏省通志局沿革地理分纂。

丁西林(1893—1974),原名燮林,字巽甫。江苏泰兴人。早年在上海读书,后赴英国攻读物理。1919 年,获英国伯明翰大学理科硕士学位。次年回国,先后担任北京大学物理学教授、中央研究院物理研究所所长。1945 年,任台湾大学物理学院院长(一说为台湾大学教务长)。1949 年回到大陆,出席中国人民政治协商会议。1951 年,他率中国文化代表团访问印度、缅甸。后任文化部副部长、对外文化联络委员会副主任、中国科学技术协会副主席、中国人民对外友好协会副会长、中国戏剧家协会常务理事等职，曾当选为全国人民代表大会第一、二、三届委员和全国政协第二、三届委员。丁西林喜欢文艺创作，写有多种剧本，有《丁西林剧作全集》行世。

　　许心武(1894—1987)，字介尘、介忱。江苏仪征人。水利工程专家。1919年毕业于河海工程专科学校。在天津顺直水利委员会任职三年，1923年赴美国留学，学习水利工程，1926年于美国爱荷华大学研究院获硕士学位。1927年回国，为国民政府拟订华北及淮河、黄河等水利机构的组织和工作方案，并整理导淮图案，编写导淮工程计划，于1930年出版巨册。此书收录了清末民初数十年间前人所做的有关导淮测量计划。1931年，他任河南大学校长，扩建建工学院，设立课程完备的土建系，办水工试验厂、材料试验厂，遍聘知名教授，并亲自兼课。1933年，任黄河委员会副总工程师。1934年，他为江苏省政府借调，任导淮工程处处长，负责工程全盘工作。他以疏浚淮河故道为宗旨，领导挖河及闸坝施工。历时两年半，浩大的导淮工程初步计划全部完工。黄河1935年董庄决口，1938年花园口决口，苏北均因有导淮工程而大为减灾。此后，许心武仍从事水利工程的勘测、规划和教学，直至1965年退休。1986年被授予美国科学院外籍院士。

　　孙云铸(1895—1979)，江苏高邮人。1920年毕业于北京大学地质系，留校任教。1922年，参加发起成立中国地质会。1923年去德国留学。1927年，在哈勒大学地质系获理学博士学位，同年回国，任北京大学地质系教授。1929年，他倡导成立中国古生物学会，任首届会长，历任理事、常务理事、理事长。1937年，任西南联合大学地质地理气象系教授兼主任。次年，他曾代表中国古生物学会出席第十八届国际会议及国际古生物协会会议，当选为国际古生物协会副会长。新中国成立后，曾任中国地质工作计划指导委员会委员，中国海洋湖沼学会理事长，地质部教育司司长，地质部地质矿产研究所副所长，中国地质科学院副院长，中国地质学会理事、理事长，第二、三届全国政协委员，第三届全国人大代表。著有《古生物学在科学上之地位》、《中国北部寒武纪动物化石》、《中国古生代各系界线问题》等。

　　孙云遐(1895—1984)，原名云霞。江苏高邮人。毕业于国立南京高等师范学校，历任天津南开学校、江苏省立南京中学教员，浙江省立第九中学校长，甘肃省政府教育厅主任秘书，甘肃学院、国立西北技艺专科学校教授。去台湾地区后，任台湾大学教授。著有《陇上纪游》、《诗经与楚辞》、《中等学校行政》、《孟子选注》等。

　　罗炳之(1896—1993)，原名廷光。江西庐陵(今吉安)人。1916年中学毕业后任小学教员。1918年7月考入南京高等师范教育专业修科学习。毕业后先后任教于厦门集美师专、河南第一师范。1925年再赴南京入东南大学进修，同时任教于第一女子师范。东南大学毕业后，任教于南昌鸿声中学、扬州中学、无锡中学。1928年7月，他参加江西省欧美留学考试，录取后被公费派往美国留学。8月入美国斯坦福大学教育研究院，主攻教育史及教育行政。一年后转入哥伦比亚大学师范学院学习，主攻比较教育、教育行政，兼及研究教育科学方法。1931年获美国哥伦比亚大学教育学硕士学位。同年8月他从纽约经欧洲回国到达南京，任中央大学副教授，翌年升教授兼教育社会学系主任及该校实验学校(含中、小学)校长。曾任湖北教育学院教授、院长，西南联合大学教授、教育系主任，中央大学师范学院教授、院长。新中国成立后，历任南京师范学院、南京师范大学教授、教育系主任，江苏省哲学社会科学界联合会第一届副主席。长期从事教育科学的教学和研究，专于外国教育史。著有《教育科学研究大纲》、《教育行政》、《外国教育史》等。

　　朱白吾(1896—1980)，字增壁。江苏宝应氾水镇人。1916年毕业于江苏省立第八中学，1921年毕业于北京高等师范学校。1921年秋从教，先后在省立第七师范、省立第十中学和省立扬州中学任博物、生物教员。抗战期间一度在泰州、上海的省立扬中分校任教。1943年在苏中第三行政区高师任教务主任兼教员。1945年7月任苏中一分区建设专门学校中学部主任，同年11月被委任为界首乡村师范学校校长。1946年8月任苏皖第二行政区联合中学副校长。1948年10月二分区成立区立中学，朱白吾任副校长。1949年2月区立中学改为师范学校，朱白吾任校长。苏北师专创建后，又任苏北师专副校长、扬州师范学院副院长。历任苏北人民代表会议代表、苏北行政公署委员、苏北行署土地改革委员会委员、苏北抗美援朝分会宣传部部长、苏北教育工会福利部部长、江苏省人民代表大会代表、九三学社扬州分社主任委员等,为扬州和苏北地区中、高等师范教育贡献了自己的智慧和力量。1980年,朱白吾在扬州逝世,终年84岁。

乔一凡(1896—?),江苏宝应人。毕业于暨南大学,后入东南大学中学部任教。1924年于南京创办中学。1927年主持南京教育会。1934年,他率南京中等学校校长考察团赴日本考察,归国后办《南京日报》。1937年抗日战争爆发后赴重庆。抗日战争胜利后,当选为立法院立法委员。新中国成立前夕去台湾地区,在"三军联大"等校任教。著有《音律概论》、《论语教育比义》、《孝经、大学、中庸三通义》、《中国文化大纲》、《大学文选》等。

马博庵(1899—1966),原名文焕。江苏仪征人。1928年赴美国留学。先后在芝加哥大学、哥伦比亚大学攻读外交史和国际法,获博士学位。1931年回国,任金陵大学教授兼历史系主任和政治学系主任。1934年,他在仪征举办暑假讲演会,邀请学者名流讲演,以开发民智。九一八事变后,领导成立中国县政研究会,使县政改革成为金陵大学政治系的主要研究项目。抗战初期,他在长沙任湖南省地方行政干部学校教授。1939年,去重庆与晏阳初等合办中国乡村建设学院,任地方行政系主任。翌年,去江西主持筹办国立中正大学,任教授兼文法学院院长。1944年任中国地方建设研究所所长。1948年参加创办中国地方建设协会,担任总干事,并与包明叔共同领衔组织仪征地方建设协会。是年秋,在无锡任江苏省立教育学院教授、代院长,曾亲往镇江特刑法庭营救被捕的爱国学生。新中国成立之初,任东吴大学法学院教授。1951年他被派到香港地区,泰国、日本、菲律宾等国家进行农村建设方面的考察和研究活动,1955年回上海。1957年到上海历史研究所从事研究和编译工作。从《北华捷报》等英文书报翻译大批资料,出版《上海小刀会起义史料汇编》,受到郭沫若、罗尔纲等人的赞扬。

冯焕文(1899—1958),江苏宜兴人。1918年毕业于无锡私立华氏大学农业学校。翌年,留学美国威斯康星农学院、加利福尼亚州立大学农学院,获加州大学农科硕士学位。1926年回国,历任上海劳动大学、致用大学副教授,南通农学院农科教授、执行会副主任、副院长兼农科主任,苏北农学院建校委员会主任、院长等职。曾当选为江苏省第一届人民代表大会代表。冯焕文倡导教学、科研、生产相结合,深入农村开设校外基地,帮助农民解决农业技术问题。他重视师资队伍建设和中青年专家的培养，为创办苏北农学院做出了重要贡献。著有《畜牧学》、《果树栽培法》,以及养牛、羊、鸡、鸭、蜂等专著 30 余种,在国内外享有一定声誉。

江轸光(1900—1989),江苏扬州人。1923 年毕业于上海美术专科学校,曾两度受业于国画大师吕凤子,得到其悉心指导,绘画日益精进。1934 年东渡日本,从事绘画艺术及美术理论的研究。回国后,在镇江师范学校任美术教师。日军占领镇江时,他以卖画为生。抗战胜利后,任南京国立音乐学院教授。1947 年回家乡,在扬州中学任教。1960 年,他创建扬州国画院,负责主持工作,并团结社会画家,努力促进国画事业的发展,培养青年美术工作者。1973 年退休,任市国画院顾问。曾任江苏省美术家协会理事,扬州市文联副主席、美术协会副主席、政协常委、人大代表。1985 年出版《江轸光书画辑》,收录他 60 岁至 85 岁期间绘画作品 14 件、书法作品 4 件。

张作人(1900—1991),原名念恃,号觉任。江苏泰兴人。早年赴欧,1930 年和 1932 年分别在比利时布鲁塞尔大学和法国斯特拉斯堡大学获得自然科学博士学位。回国后,受聘为中山大学教授、生物系主任。1950 年,他应陈毅电邀至沪,先后任同济大学理学院动物系主任,华东师范大学生物系主任,中科院海洋研究所特约研究员,上海自然博物馆学术委员会主任、动物馆馆长,第三至六届上海市政协委员等职。20 世纪 60 年代起,他带领研究组通过干扰细胞质而不触动细胞核的方法,在国际上首次获得了人工创造能分裂遗传的双体原生动物,并提出了原生动物细胞核质关系的新见解,受到国际学术界的高度重视。曾任国际原生动物学家协会荣誉会员,中国原生动物学会名誉理事长,华东师范大学生物系博士生导师、博士后科学流动站导师。

邱子进(1900—1986),原名增祥。江苏扬州人。1923 年毕业于国立南京高等师范。曾在江苏省立第六师范、省立扬州中学、省立第三临时中学、扬州震旦中学等校任数理化教师、校长。新中国成立后长期任扬州中学物理教师、教研组组长。1965 年被评为中学一级教师。他从事中学教育 48 年,兢兢业业,恪守职责,成绩卓著。合著有《物理教学法》,译有《生活素》。曾多次参加省中学物理教材、教学参考资料的编写工作。1960 年获全国和省教育、文化、卫生、体育和新闻方面社会主义建设先进工作者称号。

卞彭(1901—?)，原名彭年，字蠡洲。江苏仪征人。早年就读于清华大学，后赴美留学，获麻省理工学院博士学位。回国后历任东北大学、华中大学、华中师范学院教授。1950年任中国物理学会武汉分会副理事长。1958年任电子学会武汉分会副理事长，后任电子研究所研究员、《电子学学刊》总编辑等职。著有《热处理阴极表面涨落之研究》、《关于两种低压均发射阴极研究的发展》等。

刘少椿(1901—1971)，名昭，以字行。陕西富平县人。1915年随父经营盐业迁居扬州。师承孙绍陶、史荫美，习琴艺。数十年痴情古琴，集蜀、吴、金陵诸琴派之长，琴艺在广陵琴社中堪称一绝。1926年，他赴苏州参加查阜西召集的今虞琴社，献奏《樵歌》一曲，赢得众人赞叹。1956年，全国普查古琴名人时，他被邀至南京录音，从而保留了我国第一部广陵派古琴音响资料。后被留在南京乐社任古琴教师，并担任江苏省文史馆馆员。1958年，受聘于南京艺术学院，培养了一批古琴人才。1963年退休回扬州后，他仍潜心琴学，并竭力促成扬州恢复古琴活动。1964年，在萃园招待所举行的迎接诸城派著名琴家徐立孙的琴筝演奏会上，他登台弹奏《樵歌》、《梅花三弄》等曲，曲毕掌声满堂。《樵歌》被收入人民出版社出版的《古琴曲集》第二集。

李方训(1902—1962)，字绳武。江苏仪征人。1925年毕业于金陵大学化学系，留校任助教。1928年赴美国，入西北大学，获博士学位。1930年回国后一直任教于金陵大学，曾任理学院院长。1949年参加中国民主同盟。新中国成立后，任金陵大学校务委员会主任委员。1952年后任南京大学副校长。1955年当选为中国科学院学部委员，还曾担任中国化学会常务理事及《中国化学会会志》编辑委员、全国政协委员、江苏省人大代表。李方训是我国最早从事物理化学的研究者之一。在美国西北大学开创了对葛林亚试剂非水溶液中一系列性质的研究，并连续在世界著名期刊上发表论文。抗日战争期间，他在十分困难的情况下继续溶液中离子性质的研究，取得了一批创造性成果。1947年，美国西北大学授予他荣誉科学博士学位，并获赠金钥匙。英国著名科学史家李约瑟博士在《科学前沿》一书中评价道："物理化学博士李方训是杰出的科学家，他在离子熵、离子体积和水化作用方面的研究工作是中外驰名的。"在南京大学任职期间,他领导建立了电化试验室和研究室,对混合电解质的活度系数进行了系统的研究。他的理论得到国际化学界的公认。著有《水合离子熵的绝对值》、《气态离子的水化热》、《无限稀溶液中表现离子体积》等论文。

毛起鵕(1903—1982),字启俊,别字蓼墅。江苏宝应人。社会学家,教授。他长期在上海、苏州高校任教。治学严谨,工作勤奋。常与知名学者童第周、顾鸣球等研讨学问。出版《社会学原理》、《社会统计学》、《上海市之社会事业》、《在马克思哲学思想指导下研究社会学》等著作。又工书法,与书法名流蒋吟秋、沙曼翁等过从甚密。晚年与王力教授互通信函,切磋《诗法六论》等。

车载(1904—1977),又名铭琛。江苏高邮临泽人。早年在上海读书,为上海中学语文教师。1942年以后,历任苏北盐阜行政学院教育长,华东、山东等地大学教授,上海图书馆馆长,上海市文物保管委员会副主任委员等职。他对老子思想颇有研究,著有《老子书谈道德和德》、《论老子书道与道法自然》等。

王绳祖(1905—?),字伯武。江苏高邮人。1928年毕业于金陵大学。1936年赴英国,入牛津大学。1939年毕业,获文学硕士学位。回国后任金陵大学历史系教授兼系主任。1949年任金陵大学文学院院长。1952年任南京大学历史系教授。1964年任南京大学近现代史、英美对外关系研究室主任。1977年任南京大学学位、学术两委员会委员。1980年任中国国际关系史博士研究生导师。曾参加九三学社。任江苏省政协第二、三、四届委员。著有《欧洲近代史》、《近代欧洲外交史》、《国际关系史》、《中美关系史论丛》等。

冯立生(1905—1949),原名冯昆。江苏宝应县郭桥乡赵雍村人。他在13岁插班上小学时改名冯立生。1918年暑后考入江苏省立第八中学。1924年他考入了南洋大学(今上海交通大学前身)。毕业后先到中德合办的上海华洋德律丰公司任副工程师,不久就因不堪忍受帝国主义买办的欺压而愤然离职。后来他先后在省立南京中学和省立第二临时中学任教。1941年初他应乡里群众和失学青年的要求,与当地的知识分子一起创办了冯氏补习团,校址在宝应县农村郑渡、柳堡等地。1944年他出席抗日民主政府召开的苏中教育工作会议,与刘伯厚、孙蔚民等同志被会议誉为"苏中八老"(指在抗日民主根据地建立后一直坚持在农村进行抗日民主教育而且成绩卓著的老教育工作者),受到苏中行署的奖励和表彰。苏中教育会议后担任安宜师范学校副校长,着力培养和训练抗日民主根据地的基层干部。抗战胜利后,调任宝应中学校长。1948年底继任宝应县中学校长。1949年因病逝世,年仅44岁。去世后,人民政府追认他为革命烈士。

王葆仁(1906—1986),江苏扬州人。1926年毕业于东南大学化学系,留校任助教。1933年赴英国留学,入伦敦大学帝国学院,1935年获哲学博士学位。1936年在德国慕尼黑工业大学任客籍研究员。同年回国,任同济大学教授兼理学院院长。1941年至1951年,任浙江大学教授兼化学系主任、教务长。1951年后,历任中国科学院有机化学研究所研究员兼副所长、高分子委员会副主任、《高分子通讯》主编、中国科技大学高分子教授兼系主任、中国化学会常务理事。1980年当选为中国科学院化学学部委员。王葆仁是我国从事有机化学研究的先驱。曾试制出我国第一块有机玻璃和第一根尼龙纤维,并培养出我国第一批高分子科研、教学和生产方式的专门人才。他曾十次主持全国高分子学术会议,多次组织国际高分子学术交流活动。撰写了不少高分子科普读物,推动了学科的普及。他曾负责制订全国高分子科学的研究规划。晚年著成200多万字的《有机合成反应》一书,并将此书稿酬和平日积蓄的1万元捐赠给中国化学会,设立"中国化学会高分子基础研究王葆仁奖金"。

丁廷标(1906—1959),原名果生。江苏泰兴人。1926年,在家乡集资捐地,创办私立黄桥中学,任校长。后赴英国伦敦大学留学,1931年回国,先后在河南中州大学和上海法政大学任教。1940年潜居上海,负责青年党苏沪党务。抗日战争胜利后,历任青年党执行委员、江苏省党部书记、立法院立法委员等职。1949年迁居香港地区,开办出版社、杂志社。1951年,至日本美军总部任事,后任青年党驻日本联络员。1956年返香港地区,为中国台湾省驻香港地区代表。1959年8月病逝于香港地区。主要著作有《国际联盟的起源及组织主权论》、《论行政》、《论现代国家》等。

吴白匋(1906—1992),名征铸,笔名陶甫。江苏扬州人。戏曲作家,南京大学中文系教授。1925年9月,考入金陵大学。毕业后留该校任助教、讲师、副教授、教授,直至1946年始离该校。1952年任苏南文联副主席。此后历任江苏省文化局剧目审定组组长、戏曲编审室主任,江苏省文联创作委员会主任,江苏省文化局副局长等职。著有《吴白匋戏剧文集》、《吴白匋诗词集》,辑《历代包公戏选》,创作和参与创作、整理锡剧《双推磨》、《红楼梦》,扬剧《金山寺》、《百岁挂帅》,历史剧《吕后篡国》等。①

孙达伍(1907—1990),江苏建湖县人。1941年参加革命工作,次年加入中国共产党。他曾任建湖县第九区区长、西南办事处副主任、第七区区长兼荡西游击队大队长,建湖县政府文教科科长、民政科科长,盐阜区立师范学校校长等职。新中国成立后,历任苏北建设学校大队长,苏北行署文教处编审室副主任,苏北工农速成中学副校长,苏北师范专科学校教务主任、副校长,是扬州师范学院创建人之一。1983年离职休养后,撰写论文和革命回忆录,整理出版古籍2部。

毛启爽(1907—1966),江苏宝应人。民国时期,历任浙江大学、交通大学、复旦大学教授。上海解放后,历任上海科技大学无线电系教授,上海市人民政府公用局计划室副主任、建设委员会委员兼辅导处处长和综合计划处处长,九三学社上海分社副主任委员,上海科学技术协会秘书长,上海电子学会副理事长兼编译委员会主任委员等职。他在从事教育工作期间,译编《电工学》,撰写科普读物多册,参加《辞海》编辑委员会,主编电工部分。曾与同人一起,受毛泽东主席接见。"文化大革命"中横遭迫害,含冤去世。1979年6月平反昭雪。

束星北(1907—1983),江苏扬州人。理论物理学家,"中国雷达之父"。1924年求学于杭州之江大学,翌年转入齐鲁大学。1926年自费赴美留学,入美国堪萨斯州拜克大学物理系,次年转入旧金山加州大学学习。在此期间他对爱因斯坦的相对论产生浓厚兴趣,1927年几经周折,去柏林见到爱因斯坦,得到爱因斯坦的赞赏并从柏林大学取得资助,成为爱因斯坦的研究助手。1928年入英国爱丁堡大学深造,1930年获硕士学

---

① 其兄弟吴征鉴为寄生虫病和昆虫学家,曾任中国医学科学院副院长、研究员;吴征铠为物理学家、化学家、中国科学院院士,曾任湖南大学、浙江大学、复旦大学教授;吴征镒为植物学家、中国科学院院士,曾任中国科学院昆明职务研究生研究员,均是从扬州"测海楼"走出来的学者专家,并称"吴氏四杰"。他们为我国教育事业与科学事业做出了贡献。1978年3月,吴征鉴、吴征铠、吴征镒兄弟三人一起出席全国科学大会。今扬州市区泰州路中段的吴道台为建于1904年的吴家宅第,是江苏省文物保护单位。见赵昌智等:《文化扬州》,广陵书社2006年版,第106—108页。

位。随后返回美国,进入麻省理工学院,1931年再获理学硕士学位。1931年回国,先后在浙江大学、上海暨南大学、交通大学任教授,从事物理和数学教学。抗战爆发后,应国民政府邀请,赴重庆研制雷达,1945年成功研制出中国第一部雷达,为抗击日本侵略做出了重要贡献。抗战胜利后,他回到浙江大学继续教学生涯,与王淦昌、苏步青等成为亲密的同事和朋友。1952年,被调到山东大学物理系从事教学工作,并开展气象学研究,取得显著成绩,后任山东大学海洋系气象研究室主任。1955年在"肃反"运动中他被停职审查,1958年被错定为"极右分子"和"历史反革命分子",开除公职,"管制劳动"三年。1960年转到青岛医学院任教员,继续"管制劳动"。在受到政治打击之后,于1965年写成《狭义相对论》书稿(该书于1995年12月由青岛出版社正式出版)。1978年任青岛国家海洋局第一海洋研究所研究员。1979年获得平反,同年春参加了我国首枚洲际弹道导弹试验。1981年起,他先后当选为山东省物理学会名誉理事长,中国海洋物理学会副理事长、名誉理事长,国家海洋局学术委员会委员等职。1983年1月任中国人民政治协商会议第五届山东省委员会委员。5月,被青岛海洋局第一海洋研究所聘为研究员,开展海洋物理研究。1983年10月病逝于青岛。[①] 青岛百花苑置有他的雕像。束星北毕生致力于我国教育事业与科学研究,有深厚的数学物理基础,讲课富有思想性和启发性,培养了一批优秀的人才。李政道、吴健雄等均是受教于他的高才生。他是我国早期从事量子力学和相对论研究的物理学家之一,在相对论、量子力学、无线电和电磁学等方面多有建树。后转向气象科学研究。晚年,为开创我国海洋物理研究做出了重要贡献。

王慰曾(1909—1966),江苏泰州人。1936年毕业于山东齐鲁大学医学院。历任上海仁济医院医师、国立中央大学医学院讲师、重庆中央医院主治医师兼北碚江苏医院教授、上海平民医院院长兼苏北医学院教授。1948年赴美国加州大学神经病研究所留学。1949年回国后,历任南京神经病防治院院长兼南京大学医学院教授、南京医学院教授。历任《中华神经精神科杂志》副主编,中华医学会江苏省分会副理事长,江苏省三届人大代表,全国四届政协委员。著有《格林巴利氏综合病症》、《精神病院的设计问题》,与他人合著《原发性脑膜成黑色素细胞瘤之临床病理观察》、《急性一氧化碳中毒的神经系统后发症》、《中枢神经系统原发性肉瘤》、《家族性黑朦性痴呆》等。

黄久征(1911—1984),原名福麟。江苏扬州人。中国共产党员,九三学社扬州分社副主任委员,特级教师。1934年毕业于上海大夏大学,先后执教于扬州平民中学、德州中学、济南中学、苏北师专、盐城师专、扬州中学等校。在近50年的教学中,他潜心钻研,严谨踏实,重视培养学生的逻辑思维能力。授课深入浅出,引人入胜。他曾多次参加江苏省中学数学参考资料的编写工作。著有数学丛书《分式》。1960年出席全国和江苏省文教群英会,获"先进工作者"称号。

方定一(1912—1985),浙江嘉兴人。1940年毕业于中央大学牧医系。长期从事传染病学和预防兽医学的教学和科研工作。在国际上第一个发明并分离出"小鹅瘟病毒",并研制出疫苗在全国推广应用。主编《兽医病毒学》、《仔猪大肠杆菌文集》、《小鹅瘟文集》、《禽病免瘟专辑》、《布氏杆菌》等书,发表论文40余篇。其研究成果多次获奖。曾任南通农学院副教授、江苏农学院牧医系主任、扬州市政协副主席、第六届全国政协委员、中国禽病研究会副理事长。1980年获"江苏省先进工作者"称号。

成克坚(1912—1997),安徽金寨县人。1938年12月加入中国共产党,1937年投身抗日救亡运动,后历任工作团团长、中学教员、区长、县政府秘书等职。解放战争期间曾任苏皖第五专员公署文教处副处长等职。新中国成立后历任苏北建设学校教育长、党委副书记,苏北区党委宣传部理论教育处处长,苏北农学院党委书记、副院长等职。"文化大革命"后任扬州师范学院党委书记、革委会主任,扬州师范学院党委书记、院长;1983年8月至1985年11月任扬州师范学院顾问。1985年离休。成克坚早年投身革命,长期从事教育工作,为发展扬州的高等教育事业做出了很大贡献。

卢宗藩(1913—1997),广西人。在江苏农学院从教30余年,曾任省畜牧兽医学会理事。他主持和指导的研究项目,曾获江苏省科技奖三等奖、上海市科研奖三等奖。主编《家畜及实验动物生理生化参数》。

王祥麟(1913—?),江苏泰县人。1938年毕业于中央大学法学院经济系。后相继为中央研究所、中央大学研究院法科研究所研究生,获硕士学位。1942年任国立中正大学文法学院经济系讲师,翌年任副教授,1948年升任教授。新中国成立后,在国立南昌大学任教授。1952年历任中南财经学院、湖北大学、湖北财经学院教授、总务长、系主任。著有《物价指数编制法》《统计学原理》《统计专业外语讲义》(与人合编)。译著有《英国中央统计局在协助公共政策中的职能》等。

张照(1913—1998),字生千,江苏无锡人。1952年起在扬州从教40余年,曾任江苏农学院副教授、教授,牧医系副主任,科研处处长,省畜牧兽医学会副理事长,太湖猪育种中心顾问。1960年出席全国文教群英会。1973年赴法国、比利时、丹麦考察畜牧业,著有《法国、丹麦、比利时畜牧业考察报告》《中国猪种》《日本的猪种选育工作》,参与编写全国高等农林院校统编教材《养猪学》(副主编)。其科研项目"中国主要地方猪种种质特性的研究"1985年获农牧渔业部颁发的科技进步奖一等奖,1987年获国家科技进步奖二等奖,其参与的"新淮猪选育"项目1981年获农牧渔业部颁发的农牧渔业技术改进奖一等奖。

江树峰(1914—1993),原名世伯,笔名隐琴、南鸿,字达臣。江苏扬州人。通晓英、俄、德、法等多国文字。他长期从事教育工作,曾主编新四军东进后的《东南晨报》。新中国成立后,历任扬州市政协副主席,扬州师范学院外国文学研究室主任,江苏省文联常委、作协理事,中华诗词学会学术委员会主任,《中国名城》杂志顾问等职。著译有《"水浒"的好处》《阿·托尔斯泰》《苏联文学小史》《梦翰诗词钞》等。

陈侠(1915—1992),江苏扬州人。著名课程论专家。1943年毕业于西北师范学院教育系,1948年毕业于该院教育研究所。新中国成立前,曾任小学和师范学校教师,江苏《乡村教育》、甘肃《地方教育辅导丛刊》编辑,西北师范学院讲师兼附小校长。新中国成立后,历任中央人民政府出版总署编审局编辑、人民教育出版社教育编辑室主任、《教育译报》副主编、《课程·教材·教法》杂志副主编、河北大学等校教授、全国教育学研究会秘书长等职。著有《课程论》(新中国第一本课程论著作)、《师范教育和教育科学》《近代中国小学课程演变史》等多部著作。

朱九思(1916—),江苏扬州人。革命家、高等教育专家。他曾为抗日战争和解放战争的新闻宣传工作做出了重要贡献。新中国成立后,历任新湖南报社社长兼总编辑、湖南省教育厅副厅长,原华中工学院(现华中科技大学)院长兼党委书记,直到 1984 年离休。他独具慧眼,用发展的目光,招聘了很多在"文化大革命"时被打倒的教授,使华中工学院从一个教学型的地方学院发展为研究型的国家重点大学,为华中工学院的发展,也为当代中国高等教育做出了为世人称道的贡献。他先后出版《高等学校管理》《高等教育散论》等多部著作,发表学术论文 50 余篇,主持国家级教育科研课题多项。

冯霖(1924—1994),江苏灌云县人。1980 年 11 月来扬州工作,任扬州工业专科学校复校筹建处副主任、校党委书记等职。1986 年 10 月离职休养,1994 年病逝于扬州。在扬州工业专科学校复校工作中,他带领全校师生员工艰苦创业,并多方集资办学。他尊师重教,引进人才,大胆任用青年干部,为扬州教育事业的发展不遗余力。

陈桂生(1933 年—),江苏高邮人。华东师范大学教育系教授,全国马克思主义教育思想研究会副理事长,是享受国务院特殊津贴的专家。他发表学术论文 260 余篇,出版专著和主编教材 30 余部。他是新中国成立以来首屈一指的教育学家之一。代表著作有《教育原理》《普通教育学纲要》等。其中,《教育原理》一书先后获得上海市哲学社会科学优秀成果著作类一等奖(1994 年)、普通高校优秀教材一等奖(1996 年)、普通高等学校国家级教学成果一等奖(1998 年)。陈桂生多年来主要从事教育基本原理研究,以擅长精密的逻辑思维和对教育细致的审视著称。

李庆甲(1935—1985),江苏兴化人。1949 年 7 月参加工作,1958 年毕业于上海复旦大学中文系,后留校工作,历任古典文学教研室副主任、中国古代文学教授等职。参加编写《中国古代文学作品选》《中国文学批评史》《中国历代文论选》。发表《刘勰卒年考》《文心雕龙与佛学思想》等论文 20 余篇,整理、校点出版《词综》《楚辞集注》《瀛奎律髓》等。

郑万钟(1942—),1959 年考入扬州师范学院中文系,1961 年毕业后任扬州中学语文教师。1981 年任副校长,次年任校长。1985 年至 1996 年任扬州市教育局局长兼党委书记。郑万钟是我国语文教坛上最早将"红学理论"移植到中学语文教学与科研中的人,1994 年由四川教育出版社出版的《漫说红楼话教育》,在中学语文教学领域里可谓独树一帜。他于 2002 年退休后,受扬州中学重托,与张铨老师筚路蓝缕、兢兢业业,投身于扬州中学校史整理编撰工作,先后编辑出版《扬州中学》、《扬州中学校史资料长编》系列丛书(耗时三年搜集约 500 万字的前编 1 卷与上编 7 卷已由江苏古籍出版社 2012 年正式出版)。

纪宝成(1944—　),江苏仪征人。中国人民大学教授、博士生导师,是享受国务院特殊津贴的专家。主要从事市场与商品流通、商业经济等领域的教学和研究工作,曾任中国人民大学校长、全国人大代表、中国职业技术教育学会理事会会长等职。他先后出版学术专著 7 部,编著 20 多部,发表论文 400 余篇,出版诗词集《岁月诗痕》、《乐斋词》。获"改革开放 30 年中国教育风云人物"、教育部高等学校科学研究优秀成果奖经济学一等奖(2009 年)、国家级教学成果奖一等奖(2005 年)等荣誉。

张庆林(1948—　),西南大学心理学院院长、教授,博士生导师,历任重庆市心理学会副理事长兼秘书长、《基础教育》副主编等职。主要从事学习、创造、社会认知及脑科学的研究。主持国家自然科学基金课题 6 项,国家社会科学基金课题 3 项,教育部人文社会科学重大课题 4 项,发表论文 400 余篇,出版专著 30 多本,编写教材 60 多册。获重庆市社会科学优秀科研成果奖二等奖 5 项、三等奖 2 项,全国教育科学研究优秀成果奖三等奖 1 项等。

陈家麟(1949—2013),江苏泰州人。扬州大学教授。历任扬州大学教育科学研究所所长、师范学院副院长、教育科学与技术学院副院长、心理学研究所所长,中国大陆学校心理健康教育开拓者之一。1982 年华东师范大学心理学系本科毕业,1987 年华东师范大学心理学硕士研究生毕业。1988 年至 1989 年在苏联基辅大学访问进修。1995 年晋升为教授。长期从事心理学教学与研究工作,已出版《学校心理卫生学》等著作 10 部,主编、合编、合译 20 余部,在《心理学报》、《教育研究》、《哲学研究》等刊物发表论文 100 余篇。先后获江苏省第四至八届哲学社会科学优秀成果奖、全国高等师范院校教师奖(曾宪梓基金会)等荣誉。

辜伟节(1955—　),江苏省特级教师。1979 年毕业于高邮师范并留校,1981 年毕业于江苏师院(现苏州大学)政教系专科,1986 年毕业于江苏教育学院教育管理系本科,2000 年 9 月调任扬州市教委教研室主任、教科研究所所长,兼任扬州市教育学会副会长、江苏省教育管理专业委员会副秘书长等职。1999 年获"享受国务院特殊津贴专家"称号,2002 年被评为江苏省"333工程"第二层次培养对象。在省级以上报纸杂志发表论文120余篇，主编、参编各类著作教材30余种。主持省部级课题2项。

徐金才(1956—)，江苏省特级教师。1978年9月考入扬州师范学院中文系，1982年7月毕业，任邗江县中学语文教师。1994年8月，担任邗江县中学校长兼党支部书记，兼任扬州市心理学会副理事长、江苏省教育学会高中专业委员会副理事长等职。获江苏省首届基础教育教学成果奖特别奖、江苏省第三届教育科学优秀成果奖一等奖等荣誉，以及"全国优秀教育工作者"、"全国名校长"等称号。在省级以上刊物发表、获奖论文80余篇，主编、参编著作教材近30部，主持省部级课题2项。

附录2　当代扬州教育人物名录

（以评定年份为序）

扬州市特级教师,157 人

姓　名	工作单位	学科	评定年份
黄久征	扬州中学	数学	1978
徐宝娣	扬州市东关中心小学	语文	1978
季海刚	江都县中学	语文	不详
田如衡	扬州中学	语文	1984
常　静	扬州市广陵中心小学	语文	1984
田毓珩	江都县实验小学	数学	1984
陈秉章	仪征县实验小学	语文	1984
金成梁	高邮师范学校	数学	1990
张乃达	扬州中学	数学	1990
刘承武	江都县张纲小学	数学	1990
袁　桐	扬州市第五中学	数学	1990
陈明义	江都县教育局教研室	数学	1990
汤希龙	扬州师院附中	数学	1990
朱瑞足	邗江县实验小学	语文	1990
冷宗成	扬州市新华中学	政治	1990
蒋念祖	扬州中学	语文	1994
马家祚	邗江县教育局教研室	数学	1994
王克洪	江都县邵伯小学	数学	1994
王锦树	高邮市教育局教研室	语文	1994
徐玉太	仪征中学	物理	1994
翟裕康	扬州市梅岭小学	数学	1994
钱浩明	扬州市新华中学	数学	1994

沈子牛	仪征市教育局教研室	语文	1994
殷家骅	高邮市实验小学	数学	1994
辜伟节	高邮师范学校	教育学	1994
黄万尧	高邮市中学	数学	1996
郑承祚	江都市中学	语文	1996
陈金鹏	扬州市第五中学	物理	1996
孙宝祺	宝应县中学	数学	1996
张贞忠	扬州中学	语文	1996
胡明健	扬州中学	数学	1996
沈怡文	扬州中学	化学	1996
陈中强	高邮市教育局教研室	语文	1996
曹民光	高邮师范学校	语文	1996
张世俊	扬大师院附中	数学	1996
黄正瑶	扬州中学	语文	1998
姜际红	江都市中学	英语	1998
吴吉昌	扬州大学附属中学	数学	1998
秦 晓	高邮市中学	数学	1998
朱肇祺	江都市教研室	语文	1998
张于福	宝应县中学	英语	1998
周荣保	邗江县教师进修学校	数学	1998
笪祖礼	扬州市新华中学	化学	1998
陈长顺	扬州师范学校	中师计算机	2000
唐丽珍	扬州中学	语文(初中)	2000
张天若	高邮市中学	化学	2000
陈金才	宝应县实验小学	语文	2000
方钧鹤	新华中学	语文(初中)	2000
尤善培	邗江县蒋王中学	数学(初中)	2000
卢有源	高邮市教委教研室	化学	2000
陈世龙	高邮市实验小学	语文	2000
成授昌	扬州师范学校	中师语文	2000
刘俭国	邗江县实验小学	语文	2000

刘寿华	宝应县桃源小学	语文	2000
孙祥兴	江都市中学	历史(初中)	2000
张福俭	扬州中学	数学(初中)	2002
卫　刚	扬州中学	数学(初中)	2002
陈祥悦	扬州市邗江区实验小学	思品	2002
王力耕	扬州市梅岭中学	数学(初中)	2002
朱　慧	扬州大学附属中学	地理(初中)	2002
吴育杭	扬州大学附属中学	物理(初中)	2002
王怀宜	扬州师范学校	中师语文	2002
王安琪	邗江县教委教研室	语文(初中)	2002
王诚祥	邗江中学	数学(初中)	2002
陈士才	宝应县实验小学	数学	2002
刘久成	高邮师范学校	中师数学	2002
丁筱青	高邮师范学校	中师语文	2002
徐德兰	高邮市天山镇中心小学	语文	2002
林　俊	高邮市城北小学	数学	2005
吴立宏	江都市实验小学	思品	2005
刘萍丽	扬州市育才小学	语文	2005
严济良	扬州教育学院附属中学	化学(初中)	2005
何继刚	扬州大学附属中学	数学(初中)	2005
黄桂君	高邮市中学	数学	2005
常国庆	扬州市新华中学	数学	2005
冯小秋	扬州中学	物理	2005
叶宁庆	扬州中学	英语	2005
钱士宽	高邮市中学	语文	2005
王兆银	高邮市第一中学	语文	2005
高　潮	扬州中学	语文	2005
夏　坚	扬州大学附属中学	语文	2005
吕金榕	扬州市新华中学	政治	2005
王恒富	邗江县中学	政治	2005
王　雄	扬州中学	历史	2005

赵公明	江都市教育局教研室	数学(初中)	2005
刘咏春	宝应县教育局教研室	语文(小学)	2005
陈　萍	扬州市教育局教研室	思品(小学)	2005
龚海萍	广陵区教育局教研室	英语(小学)	2005
张秀花	仪征实验小学	数学	2008
岳乃红	扬州市维扬实验小学	语文	2008
杜稼勤	扬州市梅岭中学	化学	2008
冯长宏	扬州市梅岭小学	思品	2008
陈玲玲	扬州市教育局教研室	语文(初中)	2008
刘满希	扬州市教育局教研室	生物(初中)	2008
杨国斌	邗江区实验学校	化学(初中)	2008
洪祥美	邗江区实验小学	数学	2008
张悦群	邗江区教育局教研室	语文(初中)	2008
葛敏芸	扬州市东关小学	语文	2008
陆　群	扬州市第一中学	地理(初中)	2008
吴红漫	扬州大学附属中学	生物	2008
昌　明	扬州大学附属中学	数学	2008
胡曼玲	扬州大学附属中学	体育	2008
胡存宏	宝应县实验小学	数学	2008
卢　谦	宝应县实验小学	语文	2008
沈寿鸿	宝应县实验初级中学	语文	2008
姚国平	仪征中学	历史	2008
张一山	仪征中学	语文	2008
孟　华	江都中学	语文	2008
高正球	邗江中学	物理	2008
韩炳华	邗江中学	英语	2008
徐金才	邗江中学	中学教育学	2008
钟志键	高邮中学	化学	2008
贾永祥	江都市育才中学	政治(初中)	2008
魏光明	江都市仙女镇双沟小学	数学	2008
陈士文	广陵区教育局教研室	数学(小学)	2008

周红梅	宝应县教育局教研室	幼儿教育	2008
马式先	宝应县氾水镇中心小学	语文	2008
储广林	江都市黄思中心小学	语文	2008
韦 建	邗江区美琪学校	语文(小学)	2008
丁雪飞	仪征市实验小学	语文	2008
于 扬	扬州中学	语文	2010
陈国林	扬州中学	语文	2010
曹茂昌	邗江中学	语文	2010
卢廷顺	扬州大学附属中学	语文	2010
邰雨春	翔宇教育集团宝应县中学	语文	2010
王桂喜	宝应县曹甸高级中学	数学	2010
赵浩岭	扬州中学	政治	2010
陈国兵	高邮市界首中学	历史	2010
朱雪梅	扬州市教育局教研室	地理(初中)	2010
陈桂珍	扬州中学	地理	2010
郭如松	高邮中学	物理	2010
赵 华	扬州市教育局教研室	化学	2010
鞠东胜	扬州中学	化学	2010
陈宝定	邗江中学	生物	2010
滕家庆	邗江区教育局教研室	英语(初中)	2010
白振宇	扬州中学教育集团树人学校	物理(初中)	2010
孙厚琴	邗江区美琪学校	化学(初中)	2010
张明凤	仪征市育才中心小学	语文	2010
张宏军	宝应县氾水镇中心小学	语文	2010
冷 颖	仪征市真州小学	语文	2010
韦波富	扬州市东关小学	数学	2010
王兆正	翔宇教育集团宝应实验小学	数学	2010
沐文扬	扬州市机关第三幼儿园	学前教育	2010
王国峥	广陵区教育局教研室	化学	2012
张晓林	扬州市第一中学	数学	2012
陈国安	广陵区新坝中学	英语	2012

袁爱国	宝应县实验初级小学	语文	2012
张玉明	仪征中学	生物	2012
潘海耘	高邮市第一中学	数学	2012
薛义荣	扬州市新华中学	物理	2012
张丹彤	扬州市教育局教研室	物理	2012
宗兆宏	宝应县中学	英语	2012
王步勇	宝应县氾水高级中学	政治	2012
蔡月珍	扬州市育才小学	数学	2012
朱　宇	高邮市天山镇中心小学	数学	2012
郝玉梅	宝应县实验小学	语文	2012
吴雪梅	江都区育才幼儿园	幼教	2012

扬州市正高级（教授级）教师名单，44 人

姓　　名	工作单位	学科	评定年份
蒋念祖	扬州中学	语文	2006
吕金榕	新华中学	政治	2006
常国庆	新华中学	数学	2006
王诚祥	邗江中学	数学	2006
杨国彬	邗江实验中学	化学（初中）	2006
冯小秋	扬州中学	物理	2006
叶宁庆	扬州中学	英语	2006
王　雄	扬州中学	历史	2006
黄正瑶	扬州大学附属中学	语文	2006
吴育杭	扬州大学附属中学	物理	2006
张天若	新华中学	化学	2006
方俊鹤	扬州中学	语文	2006
贾永祥	江都育才中学	政治	2006
张悦群	邗江教研室	语文	2009
韩炳华	邗江中学	英语	2009
辜伟节	扬州市教育局教研室	教育学	2009
王安琪	扬州市教育局教研室	语文	2009

高　潮	扬州中学	语文	2009
夏　坚	扬州大学附属中学	语文	2009
陈玲玲	扬州市教育局教研室	语文	2009
朱雪梅	扬州市教育局教研室	地理	2009
严济良	扬州大学附属中学	化学	2009
杜稼勤	梅岭中学	化学(初中)	2009
刘满希	扬州市教育局教研室	生物	2009
黄桂君	高邮中学	数学	2011
宗兆宏	宝应中学	英语	2011
滕家庆	邗江教研室	英语(初中)	2011
高正球	邗江中学	物理	2011
陈国林	扬州中学	语文	2011
何继刚	扬州大学附属中学	数学	2011
卢廷顺	扬州大学附属中学	语文	2011
陈桂珍	扬州中学	地理	2011
吴红漫	扬州大学附属中学	生物	2011
王恒富	扬州市教育局教研室	政治	2011
沈寿鸿	宝应县实验初级中学	语文(初中)	2012
陈兆森	高邮中学	政治	2012
徐晓思	高邮市教育局教研室	语文	2012
葛敏芸	扬州市沙口小学	语文	2012
林　俊	扬州市育才实验学校	数学(小学)	2012
于　扬	扬州中学	语文	2012
陆　群	扬州市第一中学	地理	2012
张福俭	扬州中学	数学	2012
赵　华	扬州市教育局教研室	化学	2012
陈　萍	扬州市教育局教研室	思品(小学)	2012

扬州市泰州特级教师名单(1996 年前),20 人

姓　名	工作单位	学科	评定年份
钱一武	泰县姜堰中学	物理	不详

王一美	靖江县中学	化学	不详
吴金山	泰兴师范学校	化学	不详
杨九俊	泰兴师范学校	语文	不详
宋雨章	泰县实验小学	语文	不详
王希娟	泰州市实验小学	语文	不详
朱道玲	兴化市昭阳新生中心小学	语文	不详
严荣德	泰兴市第一高级中学	英语	1994
夏天林	泰县姜堰中学	英语	1994
曹椿灵	泰兴师范学校	数学	1994
戚玉生	泰兴师范学校	语文	1994
陈书高	泰兴师范学校	语文	1994
眭世甲	泰县实验小学	数学	1994
黄桂林	泰兴市新市镇中心小学	语文	1996
曹琳	泰兴中学	语文	1996
任祖镛	兴化中学	语文	1996
沈骅	姜堰中学	数学	1996
吕维民	兴化市实验小学	数学	1996
蒋书林	姜堰市第六中学	语文	1996
刘守立	泰兴市教育局教研室	语文	1996

主题词索引

（以拼音为序）

安定书院（14,21,34,43）

北柳诗存（83,84,86,89）

导师制（58,176,179,191）

分科教学（19,97）

分科制（97,98,177）

分斋教学（13—15,20,68）

革命教育（137,146）

诂经精舍（53,54,56—62）

国学（85,102—104,106,148,252）

汉民中学（155,160,161,164）

毁家兴学（90,93,99,100）

吉州学记（24,31）

教育实习（80）

抗战教育（138）

科学教育（178）

劳动教育（127,216,217）

龙门书院（20,66—69）

民众教育（137）

民主主义（172）

明体达用（15,18,20,70）

母语教材（222,223,240—242,245,246）

母语教育（240,241,245,246）

南轩（109—120）

女子教育（92,99,100）

平民教育（35,40,143）

朴学（51,62,67）

启蒙教育（33）

乾嘉学派（42,63）

日记教学法（69）

三大文教政策（1,5,6,10）

散曲学（157,158,163,164）

生活教育（126,127,133,180,181）

师范学校（72,75—77,80,83—86,103,121—123,127,129,130,132—136,143,145—147,173,184,231—234,236,237,254,256,259,260,263,267—269,274）

诗人教育家（83）

诗文革新（22,31）

实业教育（78—80,82）

树人堂（182,183）

数学教材（194,197,230,232,233,235）

数学教育（195,199,230,231,234,

236,237)

"双引"教学法(240,242)

四步读书法(57)

苏湖教法(13,15,20)

太学寄宿制度(16)

泰州学派(33,35,36,39—41)

唐艺学(155,158)

体育（98,99,142,145,160,161,
178,181,182,197,203,209,216,
217,256,270)

天人感应(4,8,10,11)

文学教育(206)

文学批评(147,149,150,153,168,
264)

文学史（31,102,104—108,147,
149,163,166,168,171,201,204,
205,208,221)

西南联大(168,188,202)

下帷讲诵(5)

贤良对策(2,5—9)

乡村教育（121—126,128,131—
135,143,263)

乡村师范（121—126,128—134,
250,251,254)

心理卫生(113,116,119,265)

学海堂(53,54,56,58—62)

扬州文化(137,144)

扬州学派(42,46,53,156)

扬州中学（83—87,90,100,101,
172—183,194—197,199,211—
213,217,218,251,254,256,262,
264,265,267—269,271—273)

艺术教育(142)

因材施教（9,14,26,48,51,58,60,
63,70,98,144,179,191,249)

语文教材（170—172,222—224,
239—242,244,246)

语文教育（172,219—222,224—
229,239,241,243—247)

正谊书院(3,12)

传记文学(147—151,153,154)

自编教材(86,167,189,192,221)

参考文献

（以教育家出生先后为序）

[1] 马勇. 董仲舒评传. 北京:中国社会出版社,2010.

[2] 王永祥. 董仲舒评传. 南京:南京大学出版社,2011.

[3] 吕思勉. 中国简史(上卷). 北京:中国工人出版社,2007.

[4] 冯友兰. 中国哲学简史. 北京:北京大学出版社,1996.

[5] 欧阳修. 欧阳修全集. 北京:中国书店,1986.

[6] 龚杰. 王艮评传. 南京:南京大学出版社,2011.

[7] 支伟成. 清代朴学大师列传. 长沙:岳麓书社,1986.

[8] 焦循. 焦循论曲三种. 韦明铧点校. 扬州:广陵书社,2008.

[9] 刘建臻. 焦循著述新证. 北京:社会科学文献出版社,2005.

[10] 王章涛. 阮元评传. 合肥:黄山书社,2013.

[11] 阮锡安,姚正根. 阮元研究论文选(上下册). 扬州:广陵书社,2014.

[12] 张鉴等. 阮元年谱. 黄爱平点校. 北京:中华书局,1995.

[13] 陈居渊. 焦循阮元评传(上下册). 南京:南京大学出版社,2011.

[14] 刘熙载. 刘熙载文集. 薛正兴点校. 南京:江苏古籍出版社,2000.

[15] 徐林祥. 刘熙载及其文艺美学思想. 北京:社会科学文献出版社,2010.

[16] 杨抱朴. 刘熙载年谱. 沈阳:辽海出版社,2010.

[17] 卫春回. 张謇评传. 南京:南京大学出版社,2001.

[18] 张斌. 张謇实业与教育思想概论. 苏州:苏州大学出版社,2006.

[19] 万仕国. 刘师培年谱. 扬州:广陵书社,2003.

[20] 刘琅. 精读刘师培. 厦门:鹭江出版社,2007.

[21] 刘师培. 刘师培全集(精装四册). 北京:中共中央党校出版社,1997.

[22] 刘师培. 刘师培史学论著选集. 上海：上海古籍出版社,2006.

[23] 复旦大学校史研究会. 复旦大学百年志. 上海：复旦大学出版社,2005.

[24] 杨秀明,安永新等. 黄质夫教育文选. 贵阳：贵州教育出版社,2001.

[25] 南京市栖霞区地方志办公室等. 师之魂——黄质夫在南京栖霞. 北京：中国文史出版社,2012.

[26] 孙蔚民. 鉴真和尚东渡记. 上海：上海古籍出版社,1979.

[27] 朱东润. 张居正大传. 武汉：湖北人民出版社,1981.

[28] 朱东润. 中国文学批评史大纲. 上海：上海古籍出版社,2001.

[29] 朱东润. 朱东润传记作品全集（全四卷）. 上海：东方出版中心,1999.

[30] 朱东润. 朱东润自传. 上海：上海人民出版社,2009.

[31] 任中敏等.《任中敏文集》系列. 南京：凤凰出版社,2013—2014.

[32] 朱自清. 朱自清语文教学经验. 北京：教育科学出版社,2007.

[33] 朱自清. 朱自清经典大全集（全四册）. 北京：中国华侨出版社,2011.

[34] 朱自清. 朱自清回忆录. 北京：北京大学出版社,2013.

[35] 朱自清. 朱自清散文精选. 南京：南京大学出版社,2009.

[36] 扬州中学. 江苏省扬州中学建校九十周年纪念册（1902—1992）. 扬州中学,1992.

[37] 黄泰. 初中代数（上下册）. 南京：正中书局,1947.

[38] 黄泰. 高中解析几何. 上海：中华书局,1934.

[39] 余冠英. 余冠英作品集（全四册）. 北京：中华书局,2012.

[40] 余冠英. 汉魏六朝诗论丛. 北京：商务印书馆,2010.

[41] 沈仲兴. 张卓如纪念文集. 北京：社会科学文献出版社,2002.

[42] 顾黄初. 语文教材的编制与使用. 南京：江苏教育出版社,1996.

[43] 顾黄初. 顾黄初语文教育文集. 北京：人民教育出版社,2002.

[44] 王乃森,徐林祥. 顾黄初语文教育思想研究. 北京：社会科学文献出版社,2003.

[45] 顾黄初. 顾黄初语文教育文集外集（上下册）. 南京：江苏教育出

版社,2013.

　　〔46〕金成梁. 小学数学课程与教学论. 南京:南京大学出版社,2005.

　　〔47〕金成梁等. 小学数学疑难问题研究. 南京:江苏教育出版社,2010.

　　〔48〕金成梁. 小学数学教学概论. 南京:南京大学出版社,2001.

　　〔49〕金成梁. 小学数学竞赛指导. 北京:人民教育出版社,2005.

　　〔50〕金成梁. 小学数学教学案例研究. 北京:高等教育出版社,2010.

　　〔51〕金成梁,刘久成. 小学数学课程与教学. 南京:南京大学出版社,2013.

　　〔52〕洪宗礼. 洪宗礼文集(六卷本). 南京:江苏教育出版社,2008.

　　〔53〕袁振国. 品读洪宗礼——这就是教育家. 北京:教育科学出版社,2009.

　　〔54〕洪宗礼. 洪宗礼与母语教育. 北京:北京师范大学出版社,2011.

　　〔55〕东缨. 从教师到教育家(洪宗礼评传). 北京:教育科学出版社,2010.

　　〔56〕江苏省扬州市地方志编纂委员会. 扬州市志. 北京:中国大百科全书出版社,1997.

　　〔57〕王澄. 扬州历史人物辞典. 南京:江苏古籍出版社,2001.

图书在版编目（CIP）数据

扬州地方教育家研究／潘洪建，刘华编著.—南京：南京大学出版社，2014.12

（江苏区域协调与发展特色研究丛书）

ISBN 978 - 7 - 305 - 13596 - 5

Ⅰ.①扬⋯　Ⅱ.①潘⋯ ② 刘⋯　Ⅲ.①教育家－人物研究－江苏省　Ⅳ.①K825.46

中国版本图书馆 CIP 数据核字(2014)第 157940 号

出版发行　南京大学出版社
社　　址　南京市汉口路 22 号　　　　邮　编 210093
出 版 人　金鑫荣
丛 书 名　江苏区域协调与发展特色研究丛书
书　　名　扬州地方教育家研究
编　　著　潘洪建　刘　华
责任编辑　赵宇翔　王其平　　　　编辑热线　025 - 83685720
照　　排　南京紫藤制版印务中心
印　　刷　江苏凤凰数码印务有限公司
开　　本　787×960　1/16　印张 18.25　字数 290 千
版　　次　2014 年 12 月第 1 版　2014 年 12 月第 1 次印刷
ISBN　978 - 7 - 305 - 13596 - 5
定　　价　42.00 元

网址：http://www.njupco.com
官方微博：http://weibo.com/njupco
官方微信号：njupress
销售咨询热线：(025)83594756